微信O2O

100家公司的微信营销之道

常建功 编著

電子工業出版社
Publishing House of Electronics Industry
北京·BEIJING

内容简介

微信已经大大改变了人们的生活，从衣食住行这些人们最基础的需求出发，微信已经都能满足，O2O 的火爆又让微信成了连接线上和线下的有力武器。对于普通人来说，生活更方便了；对于商家来说，更直接地面对用户了。本书介绍的就是如何拉近商家与用户的案例，通过分析 100 个案例，真正帮助商家实现微信公众号从“有”到“有用”的飞跃。

本书包含 12 章 100 个案例，基本上涉及了目前市场上所有的行业，包括餐饮、娱乐、金融、汽车、生活、教育、旅游、房地产、酒店、互联网等等，所选案例都是最具行业代表意义的，所说的营销方式都是目前最流行、最实用的。希望本书不仅能开拓您的视野，还能让您在微信客户开发上大放异彩。

图书在版编目（CIP）数据

微信 O2O：100 家公司的微信营销之道 / 常建功编著. —北京：电子工业出版社，2015.8
ISBN 978-7-121-26162-6

Ⅰ. ①微… Ⅱ. ①常… Ⅲ. ①网络营销 Ⅳ. ①F713.36

中国版本图书馆 CIP 数据核字（2015）第 114167 号

责任编辑：张 毅　　特约编辑：徐 岩
印　　刷：三河市鑫金马印装有限公司
装　　订：三河市鑫金马印装有限公司
出版发行：电子工业出版社
　　　　　北京市海淀区万寿路 173 信箱　邮编：100036
开　　本：720×1000　1/16　印张：19　字数：325 千字
版　　次：2015 年 8 月第 1 版
印　　次：2015 年 8 月第 1 次印刷
定　　价：49.80 元

凡所购买电子工业出版社图书有缺损问题，请向购买书店调换。若书店售缺，请与本社发行部联系，联系及邮购电话：（010）88254888。

质量投诉请发邮件至 zlts@phei.com.cn，盗版侵权举报请发邮件至 dbqq@phei.com.cn。

服务热线：（010）88258888。

前　言

微信重新定义了品牌与用户之间的交流方式。品牌可以为用户提供更加丰富的贴身服务，制定更明确的营销策略，而且这些营销内容的到达率几乎为100%。

所以，只要是品牌，只要做服务，就万万离不开微信。越来越多的企业围绕微信，又展开了线上、线下融为一体的O2O服务，使得微信+O2O一跃成为2014年最热的商业词汇。本书精选的100个案例，会告诉你微信为什么这么火，如何结合微信实现真正的O2O线下服务，以及如何真正地吸引用户、黏住用户。

通过本书，我们能深刻了解微信和O2O组合实战的一些营销方法和技巧，这里先让大家一览为快：

◆　互动式推送微信

通过一对一的推送，品牌可以与粉丝开展个性化的互动活动，提供更加直接的互动体验。

◆　活动式微信

举办各种活动，增加用户的黏性和公众平台的打开率和转发率。

◆　陪聊式对话微信

让品牌用户之间做交互沟通，提供自动+人工的回复形式，让用户感觉更温馨和更及时。

◆　O2O模式——二维码

随时随地出现的二维码，用户可以通过扫描查信息、返券，还可以扫描玩游戏，商家通过这些二维码，直接面对用户。

◆　社交分享——第三方应用

应用开发者可通过微信开放接口接入第三方应用，还可以将应用的LOGO放入微信附件栏中，让微信用户方便地在会话中调用第三方应用进行内容选择与分享。

◆　地理位置推送——LBS

用户点击“查看附近的商家”后，可以根据自己的地理位置查找到周围的商家，还可以接收商家的推送优惠券或活动信息，真正地一对一即时沟通。

以上六种模式，本书都提供了很多案例加以详细说明，在移动时代，不会微信营销，不懂O2O，就等于没有营销。笔者希望本书中的营销技巧，能让各小企业主站在大咖的肩膀上，做出更好的营销和更为动人的用户体验。

目 录

第 1 章 微信、O2O 的大时代背景

2012 年，腾讯总裁马化腾就说过，当下移动互联网具有两大新机遇：O2O（Online To offline，即线上到线下）和二维码。当时的二维码，大家还不知道怎么用，但 3 年了，微信二维码和 O2O 的结合，已经成为线上、线下结合的关键入口。每个餐厅的门口都摆着二维码，每个活动场所的入口都摆着二维码，每个餐台上都有餐厅的二维码微信公众号，扫一扫就能打折甚至免单。

曾经有很多人说“微信和 O2O 是天然结合”，具体怎么结合的，却是各家有各家的看法。本章作为介绍微信 O2O 营销的第一章，首先就来搞清楚它们之间的关系。

1.1 微信和公众号

微信，本来是朋友之间交流的一个平台，但是公众号的推出，给个人、企业和组织提供了业务服务与用户管理能力的全新服务平台。这里不再是朋友之间的交流，而成为了企业与用户之间的交流。

如果只了解微信，不了解公众号，那说明你还没有开始让微信为企业服务。这里就简单来说明一下公众号的使用，为接下来 O2O 的推广做一个铺垫。因为没有公众号，就不会有微信 O2O 的强强联合。

微信公众号有 3 种：

- 服务号：给企业和组织提供更强大的业务服务与用户管理能力，帮助企业快速实现全新的公众号服务平台。
- 订阅号：为媒体和个人提供一种新的信息传播方式，构建与读者之间更好的沟通与管理模式。
- 企业号：为企业或组织提供移动应用入口，帮助企业建立与员工、上下游供应链及企业应用间的连接。

不同类型的公众号的功能不一样，权限也不一样，如图 1-1 所示。

功能权限	普通订阅号	认证订阅号	普通服务号	认证服务号
消息直接显示在好友对话列表中			✔	✔
消息显示在"订阅号"文件夹中	✔	✔		
每天可以群发1条消息	✔	✔		
每个月可以群发4条消息			✔	✔
基本的消息接收/回复接口	✔	✔	✔	✔
聊天界面底部，自定义菜单		✔	✔	✔
九大高级接口				✔
可申请开通微信支付				✔

图 1-1　公众号的区别

既然要做营销，肯定要有自己的平台，比如用户去哪里了解你，去哪里关注你的新消息。这些正是公众号刚开始存在的意义。当然，随着营销和微信开发的功能越来越多，用户和公众号之间的黏性也越来越大。

1.2 微信做 O2O 的优势

O2O 最简单的解释就是线上到线下。再简单地来解释就是：把关注你微信公众号里的用户拉到你线下的店里来。比如，你的公众号提供了在线订房优惠，用户被吸引过来订了房，就得来你的店里体验了。

很多人说，以前也有这种形式，我们通过携程订房，然后到酒店入住。没错，只是微信让一切可以随时随地发生，而且步骤更简单，操作更轻松。最重要的是，企业可以直接面对自己的用户，更直接，也更垂直。传统企业把 O2O 作为一种线上的营销渠道，利用网络渠道把业务面覆盖得更广。实际上，O2O 最直接的好处就是减少一切中间桥梁，让业务或者说让服务直接面向消费者。

了解了 O2O，我们再来了解一下，为什么微信+O2O 的威力巨大？微信已经成为了一个生态链，公众号作为大入口，结合 SOSO 地图、大众点评、滴滴打车、高朋网等生活服务模块，以微支付作为闭环，使微信的 O2O 整个链条都完善起来。在这个 O2O 里，有微会员卡帮我们笼络用户，有服务用户的所有衣食住行服务，最关键的就是微支付，用户用一个微信平台就能完成所有的事情，从搜索查找到支付离店。

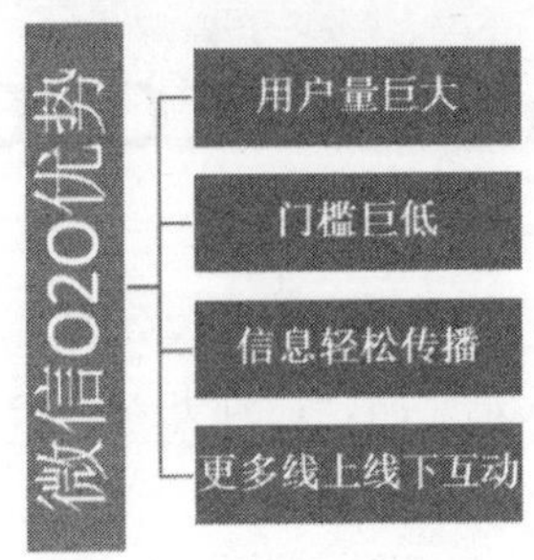

图 1-2 微信 O2O 的优势

利用微信来做 O2O 有 4 大优势，如图 1-2 所示。

1. 用户量巨大

6 亿的微信用户，毫无疑问是用户量最大的平台了，甚至超过了 QQ，因为微信植根于手机，我们无时无刻不在用它，用户在哪里，商家的眼球就应该在哪里，这是微信 O2O 最关键的所在。

2. 门槛巨低

什么样的人或企业能申请公众号呢？这个基本没有底线，拿一张身份证，个人也可以开通公众号，可以通过微博、blog 等来吸引粉丝关注，这些可能一分钱都不需要花。当然付出一点点时间成本，收益却是我们想象不到的巨大。

3. **信息轻松传播**

借助微信的庞大用户群，微信上的信息也很容易被传播。微信已经是最大的沟通工具，如果能够号召人群或朋友分享信息，进行病毒式的传播，将会有看不到或想不到的好效果。易于传播、轻松传播、低成本传播，给企业增加庞大的用户群提供了良好的平台，也让用户体验得到了一定的提升。

4. **更多线上线下互动**

有了用户不是关键，关键是用户要能一直关注你，如果是僵尸粉，就是有再多，也不能为企业产生利润，而公众号提供一些优惠券、活动、积分享优惠、玩游戏赚积分、微会员卡等接口，来驱动用户完成与商家的互动，这些才是真正的提升用户体验、黏住用户的做法，也是微信带给商家和用户共同的好体验。

O2O 正在颠覆传统商业，或者说让传统商业更易于借道移动互联网，微信为各行各业提供了商业创新的平台，并希望各行各业的企业，能够在微信这个平台上“长”出更多的创新商业模式。这也是微信一直强调的——微信是一个平台。

1.3 微信 O2O 营销的优势

如果不能充分挖掘微信营销的优势，我们就无法做好微信 O2O，毕竟不管是服务或是产品，拥有更多的用户才是基本目的。当然，最高目的是赢利，但没有用户，哪来的赢利呢？

腾讯一直说：微信不是一个营销工具，但微信却具备了很多营销工具不具备的先天优势。既然要学习微信 O2O，就必须了解，微信可以为企业提供哪些营销优势。

1. **营销成本低**

以前我们做营销，比如，上传统媒体或者互联网媒体，那都是要先付钱的，而微信营销，我们只要搭建一个公众号平台，然后生成一个二维码，发在博客上，或者微博上，或者朋友圈里，就能通过一传十、十传百的威力来开展营销，这样获取 1 万个粉丝的成本接近于 0。当然，说起来容易，做起来难。不一定就是零成本营销，毕竟要想笼络住客户，还是需要一些方法和一些互动的，比如发放点小礼品，这些可能都是成本。但相对于企业传统媒体上的花费来说，可的确是约等于没有成本了。

2. **微信范围广**

微信的用户已经有 6 亿，而且微信的用户涉及各行各业，并不是只有 90 后和新新人类，基本上我们所有的用户都在微信上，而且微信 O2O 形成另一个闭环，基本上所有的服务都能在微信上完成。用户可以下订单，可以直接付费，可以用地图寻找商家所在地，可以用群约上三五好友。

这里说的范围广，包含了使用范围广，用户群基数是毋庸置疑的；还包含了推广范围广，你的信息可以被推送到微信涉及的任何领域。

3. **营销定位精准**

不是一家人，不进一家门。微信就有这种特质。微信的群，就是一帮志同道合的人在一起，这个非常类似于 QQ 群，大家在群里讨论共同的兴趣爱好。通过微信二维码关注企业号的用户，也是对企业有一定认可度的粉丝。在这样的境况下进行营销，可以说是百分之百的精准定位，他们不会觉得这是广告。比如一个美容的公众号，关注它的肯定都是对美容感兴趣的用户，如果你推广一款美容产品或有关美容的服务，他们不会觉得被骚扰，但如果没有精准定位，用户就会立刻取消关注。

4. **大数据免费分析**

微信公众号后台提供了一些数据分析，这些数据可以帮助我们更好地定位提供的公众号内容和服务，比如哪些阅读率低，哪些转发率低。我们再根据这些数据，找到低的原因，以优化我们的服务。这样周而复始，利用大数据，我们能提供更好的服务和更好的产品。

1.4 这些行业的营销都离不开微信

微信是移动互联网的一把利器，不会用的传统企业会被其所伤，会用的传统企业将会事半功倍，产生巨大的用户量和效益。不光传统企业，互联网企业也要引起注意了。下面来说说微信 O2O 给这些行业带来的改变。

1. **娱乐行业**

娱乐行业是大众业余生活的最爱，无论是在手机上用唱吧，还是在现实生活中去KTV，是在电脑上听在线音乐、玩游戏，这些都是大众用来放松的一种方式。

微信改变了这一行业，去 KTV 唱歌，我们可以直接用微信预订，可以用微信查看 KTV 的环境，可以用微信公众号提供的优惠券，还可以在线查看 KTV 的曲库。

不仅仅是 KTV，一些歌曲网站、手游、排行榜等都借助微信开辟了另一片天地。

2. **金融行业**

都说互联网要颠覆金融行业，微信已经开始颠覆了。

我们以前查询余额或者办卡有几种方式：网络在线、电话银行、ATM 和银行大厅。现在呢，一个微信公众号可以搞定所有这些，操作更简单，流程更简化。微信可以开卡，微信可以查余额，微信可以交各种费用，微信还能无卡取款、查询积分、查看最新银行通知。

不光是银行，各种财经网站、证券、保险都受到了微信的颠覆。

3. **汽车行业**

滴滴打车、快的打车已经颠覆了出租车行业，改变了传统打车方式。利用微信，我们可以做得更多，比如用 LBS 定位附近的加油站、停车场，还能用微信拼车、租车，找一帮改装车的爱好者。利用微信，我们还可以预约租车、试车。

最最重要的是，可以随时随地实现上面说的这些功能。

4. **生活服务行业**

微信的广告语是：微信，是一个生活方式。没错，微信改变最大的就是生活，其实大部分的行业都与我们的生活息息相关，涉及衣食住行各个方面。所以说，微信 O2O 改变最大的就是生活服务行业。

利用微信，我们可以雇用保姆直接上门服务，或提供更好的个性培训服务、会员服务、有针对性的门店服务。

5. **教育行业**

培训技能的学校和全国各大院校，这里有各种知识培训，有技能培训。微信公众号会提供一对一问答、咨询服务，大型学校还会提供微信的校内导航、培训班报名等服务，还有定位查询服务，找宿舍、找校友、找志同道合的同学不再是麻烦事。

6. **旅游行业**

微信强大的真实和陌生兼备的社交功能，真实关系链、口碑性传播等优势使得它成为旅游行业当前最为重要的营销工具。利用微信，我们可以实现范围更广的传播，比如途牛的1元去旅行、阿里旅行的0元机票，都在微信圈产生了病毒性的传播。几乎所有的旅游服务企业都推出了公众号，并且为了黏住用户，还基本上每天都举行各种旅行活动。尤其是 O2O 的布局方面，旅游公众号都推出了战略级别的服务内容，从用活动吸引用户，到用数据分析用户的旅行行为，再到提供旅行线路上的各种优惠和服务，是一个生态链级别的营销系统。

7. **房地产行业**

房地产行业最主要的是涉及买卖房屋、租赁房屋这两大板块。用户去看房，首先要看房子的结构、面积、朝向，而通过微信，这些都可以完成。大部分房地产行业已经布局了微信 O2O，提供了一对一的咨询服务，毕竟买房子不是小事，咨询是很关键的一环。

目前房地产行业的微信营销大都以活动和 LBS 定位推广为主。

8. **酒店行业**

酒店行业和旅游行业一样，靠微信来吸引大量的客流。90后消费主体已经不习惯在网上搜索某个酒店，而是直接微信关注这个酒店，看看有什么活动，甚至有时候为了一个好的酒店活动开启一个旅程。

目前酒店行业利用微信主要是提供订单和服务，很多酒店公众号实现了一键下单的服务流程。用户能很方便地查询入住的酒店是否有空房，环境怎么样，有哪些优惠和有哪些服务。

9. **互联网行业**

传统企业之前一直怕被互联网企业超越，但微信给了它们一个弯道超车的机会。当然，互联网企业也不甘落后，电子商务网站利用微商实现移动端购物，团购网站利用微信推送更好的优惠服务或产品。网站的活动没有人关注了，可以把这些活动转移到微信的阵地上来，微信的高送达率是互联网企业最最看重的营销特色。

10. **餐饮行业**

“民以食为天”，说得一点都不错。目前，大型购物商圈最开始积聚人气的做法，就是尽可能地把所有好吃的都集中到商场里来，很多人吃完饭在商场里溜达溜达，就可能会带来其他商品的销售。

餐饮行业是最先被微信颠覆的一个行业，最开始它们对微信的应用，就是优惠券，扫码就有优惠，扫码送可乐，扫码打 8 折。这些活动的确吸引了很多人，每张饭桌上都摆一张二维码卡片，既然省钱，基本上 95%以上的食客会扫二维码。随着微会员卡的推出，以前人们只是到了餐厅吃饭的时候才会关注这个公众号，有了会员卡就不同了，餐厅可以分析用户的饮食习惯，用户也可以随时收到会员消费打折通知，真真正正地将用户和餐厅联系了起来。

本书会从以上介绍的这些行业入手，详细分析行业内的高手营销都是怎么做的。

1.5 微信 O2O 行业解决方案

微信 O2O 有公众号的优势，有自身客户群基数的优势，这些对于任何营销来说都是有利的。对于 O2O，微信提供了什么样的解决方案呢？用以下几个方面来总结一下，具体的操作则可以关注后面的 100 个案例。

1. **支付场景**

从微信支付一推出，业界便纷纷叫好，说微信实现了线上到线下的完整闭环。因为打造一个 O2O 消费生态闭环系统，社交场景、支付场景必须与服务系统实施对接（如图 1-3 所示）。社交和服务微信都具备了，微信支付推出后，一切便都齐全了。

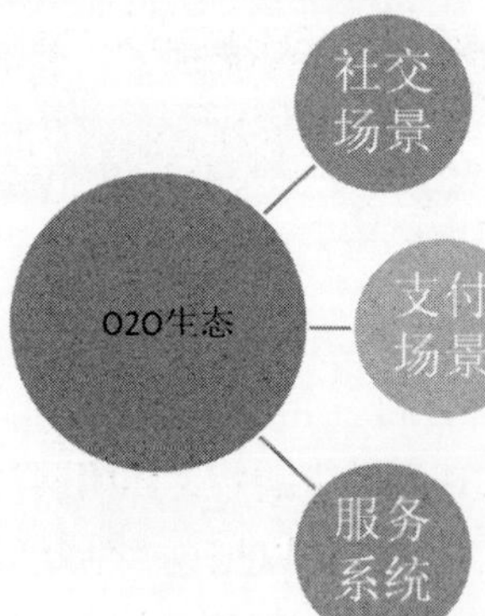

图 1-3 O2O 生态

微信支付目前分为扫码支付、App 内支付和公众号支付 3 种。

（1）如中国最大的自动售货机运营商友宝与微信的合作就是扫码支付。友宝一般布局在地铁站和高档写字楼内，是带屏幕的售货机。每次购买一件商品后，屏幕上会显示“选择支付方式”，如果选择微信支付，就会显示一个二维码，我们通过扫码支付来购买商品。

（2）众所周知，腾讯已经入股大众点评，在微信中也有大众点评的一席之地。大众点评与微信的合作模式是 App 内支付。当我们饿了想找一家餐厅吃饭时，不仅可以在大众点评的手机客户端上找到最近的餐厅，还可在里面直接通过微信支付购买团购券或现金抵用券，非常方便。

（3）各种微信公众账号也接入了支付功能，而且开放了支付接口，大部分经过验证的公众号都可以支持公众号支付方式。比如《参考消息》的数字订阅中心官方微信“参考小秘书”，就可让用户在这个微信公众账户中直接支付，订阅《参考消息》的纸质报刊。

2. **社交场景**

社交场景是微信一推出就具备的功能，刚开始是熟人之间的社交，后来有了“摇一摇”后，陌生人之间也可以社交。这些社交都是信息之间的交流：

- 人和人之间通过“朋友圈”分享信息；
- 人和人之间通过“微信群”分享信息；
- 公众号和人之间通过群发消息分享信息；
- 公众号和人之间通过“个性推送”分享信息。

3. **服务系统**

粉丝用户和商家通过微信公众号联系在一起，公众号可以提供如图 1-4 所示的服务。

图 1-4　公众号的服务

综观以上 3 点：支付场景、社交场景和服务系统，构成了微信 O2O 在各个行业内的解决方案。这是一个大的框架，具体如何实施，则每个行业又有不同的具体的解决方案。本书从第 2 章开始，将会围绕公众号的营销、O2O 的落地展开详细的介绍。

第 2 章 娱乐行业必看的经典案例

最近几年，随着人们生活水平的提高，娱乐服务业也迅速地发展起来。所谓娱乐行业，就是指为娱乐活动提供场所和服务的行业，包括经营歌厅、舞厅、卡拉 OK 歌舞厅、音乐茶座、台球、高尔夫球、保龄球场、网吧、游艺场等娱乐场所，以及娱乐场所为顾客进行娱乐活动提供服务的业务。目前很多娱乐行业都纷纷开通微信公众账号，比如好乐迪 KTV、腾讯游戏、QQ 音乐等。

2.1 唱吧：想唱就唱，免费 K 歌曲

唱吧是一款免费的社交 K 歌手机应用。它被评价为最简单好用的手机 KTV，可以实现打开就能唱。2014 年 2 月 18 日，该软件获得新浪科技“2013 年度风云榜”——年度最佳创业公司之社交娱乐应用奖。

【公众号】唱吧

微信运营概览

在线微信营销中，经常会加入微信好友分享和朋友圈分享功能，用户在浏览商品信息时，可以将当前信息通过微信发送给自己的好友。通过这种便捷的方式分享商家信息，比如商家的特色产品、特殊服务、评价等，可以实现商家品牌更为广泛的传播。如果好友也喜欢此商家，还可以把商家的信息分享做二次传播。唱吧支持转发功能。

同时，微信营销中“附近的人”的应用，会根据地理位置的不同，查找到附近的人也会随之变化。换而言之，只要拿着手机移动就可以找到不同的用户。对于微信用户来说，这是一个锁定用户、结交好友的好方法。唱吧支持“附近群组”和“附近歌王”功能。

O2O 落地

1. 想唱就唱

唱吧手机应用内置混响和回声效果，可以将手机用户的声音进行修饰美化。应用中除提供伴奏外，还提供了伴奏对应的歌词，K 歌时可以同步显示，并且能够像 KTV 一样精确到每个字。只要手机用户想唱，通过唱吧就可以随时随地唱。

安装唱吧手机应用后，点击“唱歌”菜单，就会进入“点歌台”界面，如图 2-1 所示。在该界面中完成唱歌功能，分为两个步骤。

第 1 步：查找自己所想唱的歌曲。

第 2 步：点击“演唱”按钮（《美丽世界的孤儿》），就会进入“演唱”界面进行唱歌，如图 2-2 所示。

在“演唱”界面中，不仅提供了伴奏，而且还支持混响、KTV、小剧场、演唱会和原声特效，同时还实现伴奏对应的歌词，完全模拟了 KTV 唱歌效果。

图 2-1　“点歌台”界面

图 2-2　“演唱”界面

唱吧手机应用对于 K 歌达人来说，是一款必备手机客户端 App。只要安装该手机应用，就可以想唱就唱。

2. 分享营销

K 歌达人通过唱吧唱完歌后，不仅可以使用该软件有趣的智能打分系统，而且还可以将所得评分分享给好友 PK。同时还可以将唱歌录音上传到唱吧并同步分享至自己的微博、QQ 空间或者人人网。

除了上述功能外，K 歌达人还可以在唱吧的“精彩表演”菜单里，查看其他人的精彩表演录音、视频（如图 2-3 所示）。手指轻轻点击选项（“突然心动”），就可以查看该视频。查看该视频时，不仅可以“送礼物”“评论”，而且还可以“转发”（如图 2-4 所示）。

对于 K 歌达人来说，没有一个不喜欢分享自己的唱歌录音、视频供别人查看、评价和打分的。唱吧里的转发功能将其做到了极致。

3. 快速交友

为了帮助 K 歌达人快速地找到具有相同兴趣爱好的人，唱吧手机应用专门于“发现”菜单里提供了“附近群组”和“附近歌王”等功能（如图 2-5 所示），通过这些基于 LBS 的功能能够快速结交好友。

图 2-3 “精彩表演”菜单

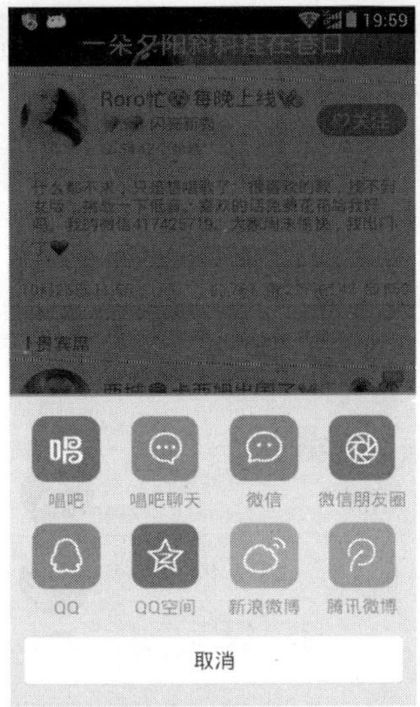

图 2-4 “转发”功能

图 2-5 “发现”功能

只要安装唱吧手机客户端 App，在任何陌生地方，都不愁找不到拥有唱歌兴趣爱好的朋友。

2.2 QQ 音乐：微信音乐排行榜

QQ 音乐是腾讯公司推出的网络音乐平台，是中国互联网领域领先的正版数字音乐服务的领先平台，同时也是一款免费的音乐播放器。它始终走在音乐潮流的最前端，向广大用户提供方便流畅的在线音乐和丰富多彩的音乐社区服务。

【公众号】qqmusic

微信运营概览

作为首个与微信平台深度合作（微信点歌、摇一摇搜歌）的数字音乐平台，“QQ 音乐”微信公众账号非常具有特色，它集合了搜歌、推荐、线下活动推广于一体，其营销目的在于将微信用户成功转化为手机客户端 App 用户。

“QQ 音乐”微信公众账号开通了音乐试听功能，为音乐爱好者提供想听的音乐试听，可以输入歌手名、歌曲名或专辑名进行查找。同时通过自定义菜单方式推送了各种音乐榜单给用户，让用户走到哪儿就能听到哪儿。同时，还推出各种微信活动以吸引更多的粉丝添加关注。

O2O 落地

1. **微信榜单**

“QQ 音乐”微信公众账号通过“巅峰榜”菜单，推送了音乐爱好者所关注的榜单，例如港台榜、内地榜、欧美榜、韩国榜和日本榜。点击“巅峰榜 · 港台榜”菜单，就会进入“QQ 音乐巅峰榜 · 港台”页面，如图 2-6 所示。在该页面中，不仅可以实现“收藏该榜单”功能，而且手指轻轻点击就可以试听该榜单里的歌曲。

只要关注“QQ 音乐”微信公众账号，一切榜单在手，从此以后再也不会错过榜单上的任何歌曲。

2. **微信搜歌**

QQ 音乐的搜歌服务功能非常智能，只要在微信对话框中回复想搜索的歌曲，比如，在对话框中输入歌曲或歌手名（刘德华），该平台就会实时为音乐爱好者返回歌曲列表（如图 2-7 所示），点击后可立即试听；想查看更多内容，可以点击“查看更多相关歌曲”，不仅可查看所有搜索结果并可在搜索结果页面上直接试听。

图 2-6　港台榜

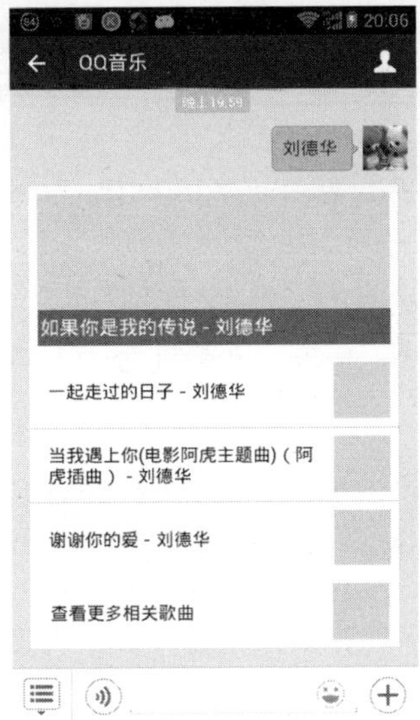

图 2-7　搜索歌曲

除此之外，“QQ 音乐”微信公众平台还利用其丰富的明星资源和成熟的线下尊享音乐会、首唱会校园行等模式，为微信用户带来了大福利，吸引了大量粉丝的热情参与。

2.3　腾讯游戏：火遍全国的手游商城

腾讯游戏是全球领先的游戏开发和运营机构，也是国内最大的网络游戏社区。它以“用心创造快乐”为理念，通过在多个产品细分领域的耕耘，致力为玩家提供“值得信赖的”“快乐的”和“专业的”互动娱乐体验。

【公众号】Tencent-Games

微信运营概览

微信营销将对游戏业产生巨大的影响，除了会成为游戏的运营和发布平台外，还会大大提高游戏玩家的忠诚度，对游戏的传播和口碑营销都大有裨益。例如游戏行业中的“腾讯游戏”微信公众平台，实现了新游戏的宣传与推广、游戏视频线上观看、游戏新闻通告的发布、游戏玩家交流互动、玩家公会（帮派和战队）社区、游戏论坛打通接入、游戏点卡充值服务、游戏商城微信线上购买等功能。

1. **游戏宣传和推广**

为了引起游戏玩家的关注，任何一款新游戏的发布，都免不了要进行宣传和推广。“腾讯游戏”微信公众平台不仅通过图文形式发布游戏资讯，而且还通过视频形式发布游戏资讯。点击“游戏动向>最新资讯”选项，就会弹出“最新资讯”信息列表，如图 2-8 所示。查看列表中的消息内容只需用手指轻轻点击即可进入，如图 2-9 所示。

图 2-8 “最新资讯”信息列表

图 2-9 《剑灵》游戏详情

点击“游戏动向>视频原画”选项，就会进入关于“纷享快乐”的视频页面（如图 2-10 所示），点击视频就可以随时观看。

除了上述方式发布游戏资讯外，为了加深游戏玩家对游戏中的经典角色和场景的认识，“腾讯游戏”微信公众平台还专门以游戏角色和经典场景为题材，制作了各种题材的壁纸。关注“腾讯游戏”微信后，点击“互动专区>精美壁纸”选项，就会打开“精美壁纸”信息页面，如图 2-11 所示。

对于游戏爱好者来说，只要关注“腾讯游戏”微信公众账号，就可以随时随地获取腾讯公司所推出的新游戏信息；对于腾讯游戏来说，只要开通微信公众账号，所有游戏的前期市场推广、预热工作和上线情况都可以通过其发布。

图 2-10　视频页面

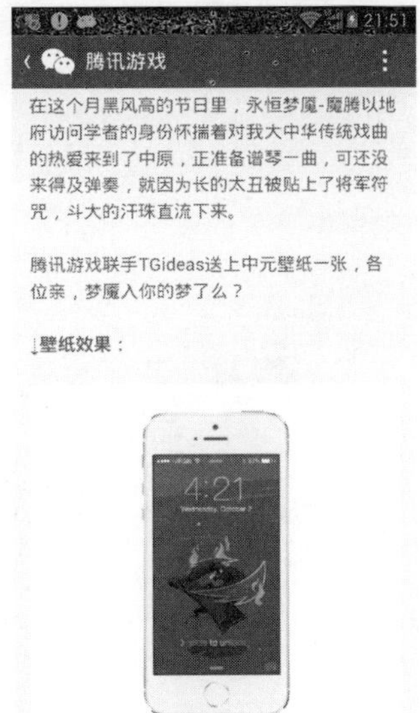

图 2-11　查看“精美壁纸”内容

2. 游戏玩家互动

对于游戏厂家来说，游戏玩家的一句话，胜过自己的千言万语。因此“腾讯游戏”微信公众平台专门提供了游戏社区和游戏分享功能，供微信关注者畅所欲言。不过如果要想使用上述功能，还需要注册成“腾讯游戏”的会员。由于 QQ 软件授权“腾讯游戏”的会员登录，所以注册过程非常简单。

关注“腾讯游戏”微信公众账号后，点击“互动专区>游戏社区”选项，就会弹出“绑定账号”提示信息。点击提示信息里的“绑定账号”则会进入“手机统一登录”页面（如图 2-12 所示），于该页面中输入 QQ 号和密码后就可以成功绑定账号。

绑定账号后，重新点击“互动专区>游戏社区”选项，就会进入“游戏社区”页面，如图 2-13 所示。在该游戏社区里，不仅可以记录游戏生活、挑战荣誉，而且还可以组织各种话题，发放礼包和游戏的内测账号。

游戏玩家除了可以在游戏社区里发表游戏感言外，还可以在微信界面直接分享游戏感受。点击“大纷享家>纷享家宣言”选项，就会弹出“纷享家宣言”提示信息。根据腾讯游戏的提示，在消息输入框中回复“我是纷享家+游戏伴我一生”，即可分享自己的游戏感言，如图 2-14 所示。

图 2-12 “手机统一登录”页面

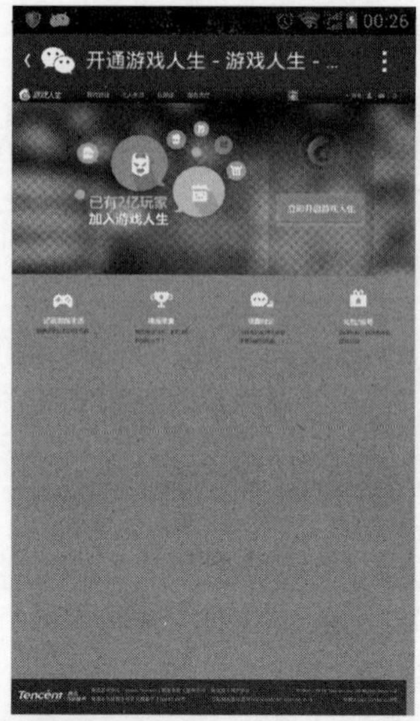

图 2-13 “游戏社区”页面

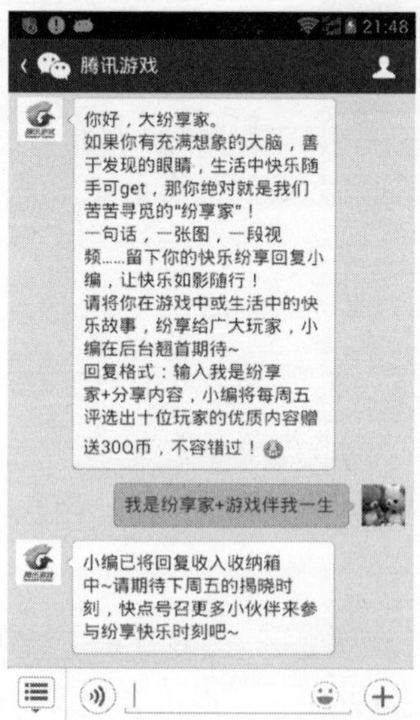

图 2-14 分享自己的感言

3. **游戏商城**

“腾讯游戏”微信公众账号，利用游戏商城将线上线下营销整合起来，线下引流到线上支付，线上引流到线下浏览。注册成为“腾讯游戏”的会员后，不仅可以享受各种特权，而且还可以在游戏商城里购买各种折扣游戏道具。点击“互动专区>折扣道具”选项，就会进入“微信道聚城”中选择游戏信息列表页面。

购买游戏商品的具体步骤如下：

第 1 步：于“微信道聚城 · 选择游戏”页面，选择《穿越火线》，如图 2-15 所示。

第 2 步：于《穿越火线》页面，选择所需购买道具（大喇叭），如图 2-16 所示。

第 3 步：于“确认订单”页面，设置购买期限、购买数量和支付方式，如图 2-17 所示。

最后，点击“立即购买”按钮就可以完成整个购买流程。

图 2-15　“选择游戏”页面

图 2-16　《穿越火线》道具页面

图 2-17　“确认订单”页面

“腾讯游戏”微信公众账号中的游戏商城功能非常强大，集游戏展示、道具展示、微信支付于一体。游戏爱好者，只需要于智能手机上动动手指就可以实现游戏道具的购买，非常简单、方便和快捷。

2.4 好乐迪 KTV：不是消费是“玩”

好乐迪股份有限公司（简称好乐迪），是一家成立于 1993 年的卡拉 OK 连锁公司，台湾第一家采用电脑系统点歌播放的 KTV 公司。目前台湾共有 55 家好乐迪 KTV 分店，与钱柜 KTV 一起成为台湾 KTV 市场的两大巨头。

【公众号】haoledish

微信运营概览

采用微信营销方式可以轻而易举地搜集到顾客的信息，从而使制定出符合顾客的问候和优惠信息成为一种可能。“好乐迪 KTV”微信公众平台的营销特点在于根据微信关注者的信息定期发布各种活动，吸引已经关注的微信用户定期浏览，达到巩固微信老用户、促成更多回头交易的目的。同时，为了提高微信用户对服务的满意度，还专门提供了许多特色服务，例如欢唱点评、代驾等服务。

O2O 落地

1. 丰富多彩的活动：彩蛋、PK

大量有奖互动活动是好乐迪 KTV 微信营销的一大特点，那么好乐迪提供了哪些互动活动和奖品呢？“好乐迪 KTV”微信公众平台为微信用户提供了“幸运砸蛋”“乐乐 PK”和“欢唱点评”等互动活动。

在规定的时间内，微信用户每天都有一次机会登录“好乐迪 KTV”参与“幸运砸蛋”活动，每次砸蛋都有机会获得奖品页面展示的奖品（如图 2-18 所示）。对于微信用户来说，为了能够增加获奖的概率，肯定不会错过每天关注“好乐迪 KTV”微信公众账号。

每个 KTV 都会有 PK 榜，PK 榜的更新频率，从侧面反映了该 KTV 的麦霸粉丝人数。为了吸引更多的麦霸进入 PK 榜，“好乐迪 KTV”微信账号组织了一个活动——乐乐 PK。对于 K 歌达人来说，没有什么活动能够比既能证明唱歌水平，还能赢取奖品更惬意的活动。点击“活动快讯>乐乐 PK”菜单，就会进入“好乐迪 PK 榜全新攻略”页面（如图 2-19 所示），该页面详细介绍了参与“K 米争霸战”步骤。

图 2-18 “砸金蛋活动进行中”页面

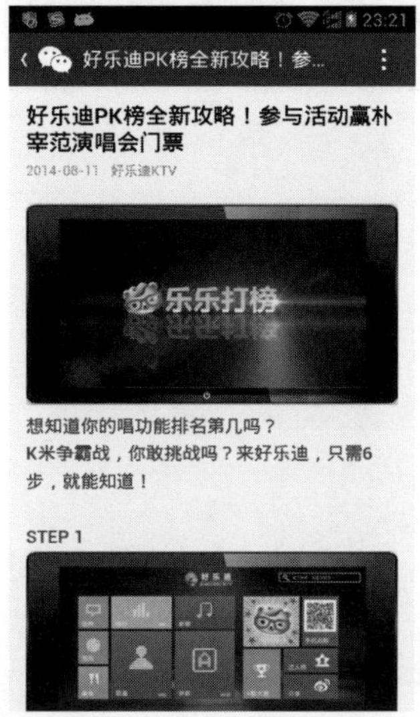

图 2-19 “好乐迪 PK 榜全新攻略”页面

为了提高 KTV 的服务质量，客户的每个建议和意见都值得重视，因此“好乐迪 KTV”微信公众平台专门组织了一套服务调查问卷。对于微信用户来说，为了能够获取 KTV 所提供的奖品，花费很短的时间做一套服务调查问卷是很有可能的。因此服务调查问卷必须要绑定相应的奖品。

点击“服务中心>欢唱点评”菜单，将打开“欢唱点评”页面。参与“欢唱点评”需要通过两个步骤来完成。

第 1 步：于“欢唱点评”页面中输入答卷人信息，包括用户名和电话号码等信息。

第 2 步：开始答题，一定要按照真实的情况选择答案，如图 2-20 所示。

答题结束后，如果还有没有涉及到的问题和建议，可以直接填写在意见框里，如图 2-21 所示。

2. 特色服务：歌手、免费

为了提高好乐迪 KTV 的服务质量，“好乐迪 KTV”微信公众平台提供了许多特色服务。那么好乐迪提供了哪些特色服务呢？“好乐迪 KTV”微信公众平台为微信用户提供了 3 个特色服务，分别为“6 小时变歌手活动”“免费 WiFi 服务”和“代驾服务”。

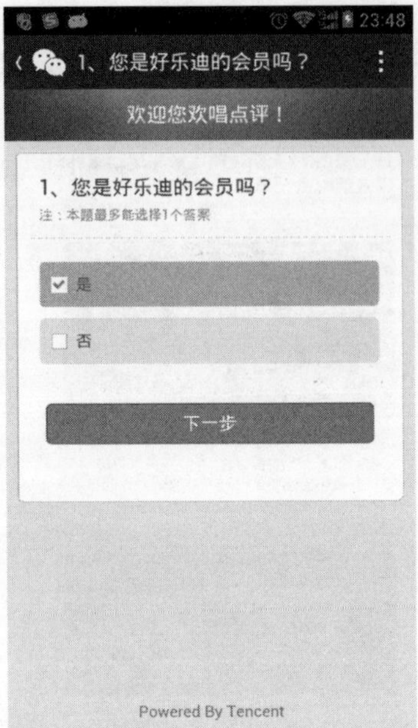

图 2-20　答题页面

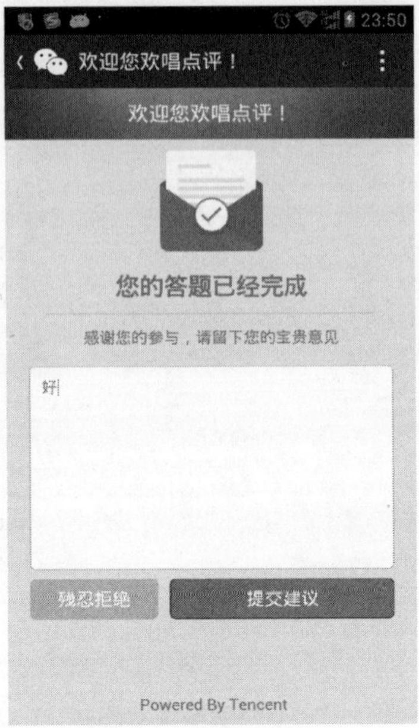

图 2-21　输入意见

对于 K 歌爱好者来说，除了喜欢享受唱歌的过程外，对自己唱歌技巧也非常关注。“好乐迪 KTV”微信公众平台每隔一段时间就会组织一个培训班——“6 小时变歌手”。点击“活动快讯>我要报名”菜单，就会弹出“第三季培训班”信息，如图 2-22 所示。根据“好乐迪 KTV”提示，可以到好乐迪官方微信和微博上进行了解。

随着移动互联网的发展，“低头族”迅速地崛起。为了方便 K 歌爱好者分享自己在 KTV 的经历、心情，好乐迪 KTV 专门提供了 WiFi。在“好乐迪 KTV”对话框中，输入“密码”或者点击“K 歌指南>微官网”进入该 KTV 的微官网，然后点击“我要蹭网”就会获取 WiFi 的密码，如图 2-23 所示。

随着时代的进步，公司活动、朋友聚会、个人生日活动等不仅仅局限于饭店，还会考虑 KTV。好的商家不仅注重客户在消费之前和消费中的服务，而且还会注重消费后的服务。为了客户安全着想，“好乐迪 KTV”微信账号还提供了代驾服务。点击“服务中心>我要代驾”菜单，就会进入“我要代驾”页面，如图 2-24 所示。

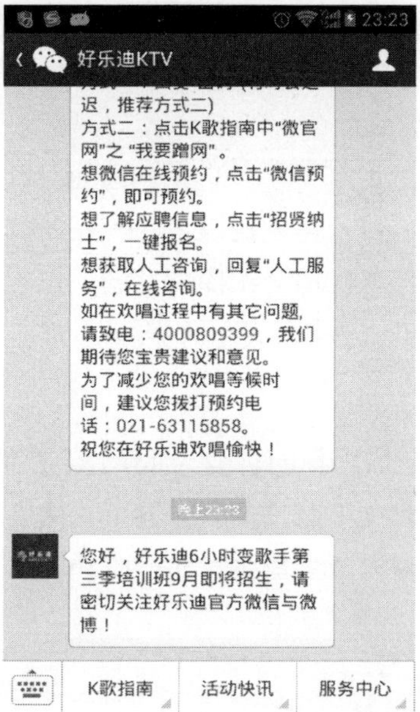

图 2-22　“小时变歌手”信息

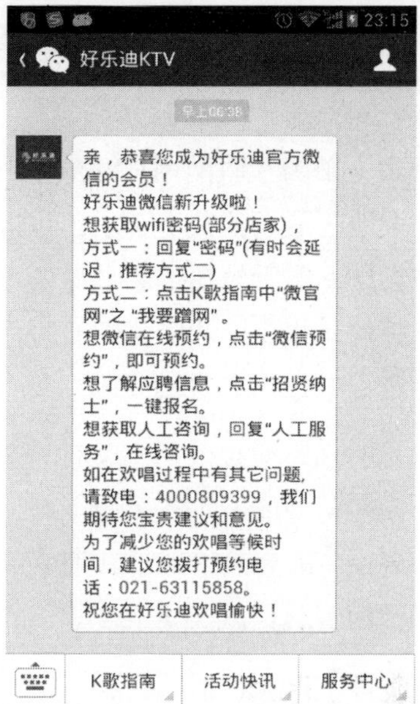

图 2-23　免费 WiFi 服务

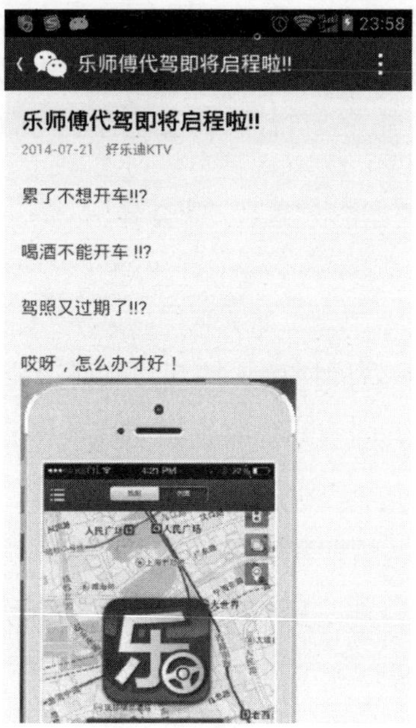

图 2-24　“我要代驾”页面

2.5 酷狗音乐：酷狗音乐随心唱

酷狗致力于为互联网用户和数字音乐产业发展提供最佳的解决方案，公司的使命是成为亚太地区最大的数字音乐销售推广企业。自公司创建以来，一直在数字音乐发展上大胆尝试，先后与几十家唱片公司、版权管理机构合作探索发展，积累了数万首数字音乐版权，并在推动广范围的跨行业、跨平台合作上做出努力，在艰巨的全球音乐数字化进程中做出自身的贡献。

酷狗拥有超过数亿的共享文件资料，深受全球用户的喜爱，拥有上千万使用用户，给予用户人性化功能，实行多源下载，提升平时的下载速度，经测试，速度由自身网速决定，更快、更高效率地下载搜索的歌曲。国内最先提供在线试听功能，方便用户进行选择性的下载，减少下载不喜欢的歌曲。

【公众号】ikugou

微信运营概览

"酷狗音乐"微信公众账号为众多粉丝服务，通过用户发送的信息，系统自动识别其意思并发送歌曲给用户听。酷狗音乐通过菜单方式把各种歌曲分成类别，让用户不管什么样的歌曲都可以听到。酷狗音乐目前还有酷狗商城，在酷狗商城里边可以买近期的演出票。

O2O 落地

1. 酷狗互动点歌台

"酷狗音乐"微信公众平台同样也支持互动点播功能，但"酷狗音乐"微信公众平台的点播功能显得更贴心，因为它可以根据用户喜欢的歌手、歌曲等进行点播，如图 2-25 所示。

从图 2-25 中可以看到，酷狗音乐不仅找到了歌曲，还将歌曲的演唱歌手一并告诉了我们，此时不听更待何时呢？点击链接，进入收听页面收听吧，如图 2-26 所示。

2. 好歌分享

酷狗音乐微信的粉丝能从 0 迅速上升，除了靠自身的服务功能外，还有就是朋友圈的分享功能。添加关注的好友可以通过点击右上角的"分享到朋友圈"将酷狗音乐提供的音乐分享给身边的朋友，让朋友们也能收听到你此时的心情，如图 2-27 所示。

用过微信的用户都知道，微信朋友圈的传播非常快，有些链接在一天之内会转发几十万次。因此，在微信平台上一定要使用朋友圈的分享功能，聚集更多的粉丝来互动。

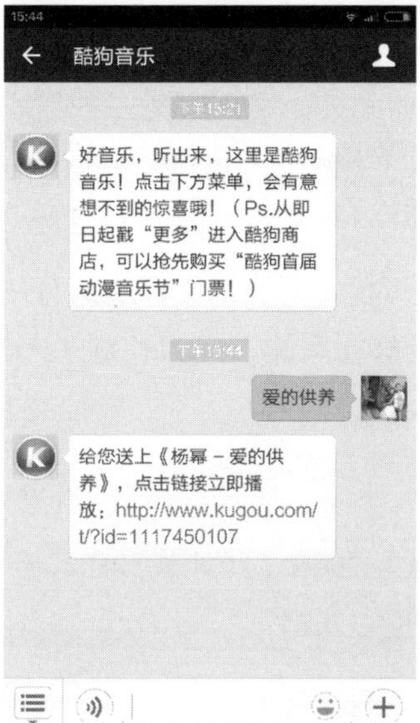

图 2-25 互动点歌

图 2-26 收听页面

图 2-27 将歌曲分享到朋友圈

2.6 天天酷跑：微信捆绑营销

《天天酷跑》是腾讯移动游戏平台为海量微信和手机 QQ 用户量身打造的一款精品手机游戏，是腾讯继《天天爱消除》《天天连萌》之后推出的第三部“天天”系列游戏。在沿袭传统玩法的基础上，特别加入了闪靓坐骑、萌动宠物、超萌小精灵等一系列心动设计，为玩家带来最为得心应手的跑酷体验。

随时随地与微信、QQ 好友一起玩，抢占排行榜、爱心送不停、高分炫出来！相互赠心让你和好友亲密无间，分享炫耀让你备受好友关注，成为酷跑达人！

【公众号】tt_kupao

微信运营概览

天天酷跑推出了多人对战模式，多人对战分为两种，“经典战”和“道具战”。天天酷跑其独具特色的社交玩法，如“排行榜”“爱心互赠”“高分分享”，让玩家可以分享到 QQ 空间或朋友圈炫自己的高分。

O2O 落地

1. 推出多人对战

天天酷跑多人对战模式已经和大家见面，游戏的主界面变化巨大，绝大部分的空间被“多人对战”所占据，从这一点也可以看出官方对这个新模式的高度重视，而酷跑的几个旧模式也得到了完整的保留，如图 2-28 所示。

图 2-28　天天酷跑游戏主界面

多人对战分为两种，分别是“经典战”和“道具战”，如图 2-29 所示。

图 2-29　“经典战”和“道具战”

2. 独具特色的社交玩法

天天酷跑其独具特色的社交玩法，如“排行榜”“爱心互赠”“高分分享”，则可让玩家一键将自己的游戏心得分享至微信朋友圈或 QQ 空间，让玩家真正感受到与好友一起游戏的乐趣，如图 2-30 和图 2-31 所示。

图 2-30　“排行榜”“爱心互赠”

图 2-31　“高分分享”

2.7 钱柜 PARTYWORLD：微信会员卡黏住用户

钱柜企业自 1989 年创立以来，成为两岸 KTV 娱乐市场第一领导品牌，它所秉持的不但是硬设备的研发与创新，软件服务的诚挚与精致，更是娱乐生活型态的前瞻风范。

【公众号】CASHBOXPARTYWORLD

微信运营概览

KTV 是个高消费、高频率的行业，微信会员卡通过建立专属的微信电子会员卡，根据每个电子会员卡领取用户的消费记录和微信记录，可以分析不同人的不同偏好，更好地支持个性化服务，使得私人订制式的高消费成为一种可能。同时，使用积分系统作为会员运营的激励手段，使得会员保持长期的活跃和贡献。对于 K 歌达人，无论到哪一家 KTV，肯定是先了解该 KTV 的歌曲库是否丰富、是否及时更新。

“钱柜 PARTYWORLD”微信公众平台不仅为微信用户提供了查看曲库功能，而且还实现了微信会员卡机制。注册成为其会员后，不仅可以随时随地预订包房，而且每次消费还可以积累积分兑换成各种优惠。

O2O 落地

1. **领取微信会员卡**

“钱柜 PARTYWORLD”微信公众账号共提供了 3 个菜单，分别是查看歌曲内容的“曲库”菜单，实现预订服务功能的“预订”菜单，用于绑定会员的“会员卡”菜单。通过这些菜单为 K 歌达人提供了集会员模块、积分模块和预订模块于一体的服务，解决了需要到 KTV 柜台前排队等待包房的麻烦。

关注“钱柜 PARTYWORLD”微信公众账号后，点击“会员卡”菜单，就会进入“钱柜 PARTYWORLD 微信会员卡”页面，如图 2-32 所示。如果要领取微信会员卡，只需要在点击“完善资料，享受会员待遇!”选项后出现的“完善会员卡资料”页面（如图 2-33 所示），输入相应信息即可。

成功领取钱柜 PARTYWORLD 的微信会员卡后，每次在钱柜 KTV 消费都会积攒积分，具体积分规则如图 2-34 所示。当积分攒到一定数量时，就可以兑换相应的商品，如图 2-35 所示。这种会员卡机制，实现了将最大实惠留给会员，不仅增加了微信会员卡的使用率、提高了会员的忠诚度，而且还刺激了会员的活跃度。

图 2-32　微信会员卡页面

图 2-33　“完善会员卡资料”页面

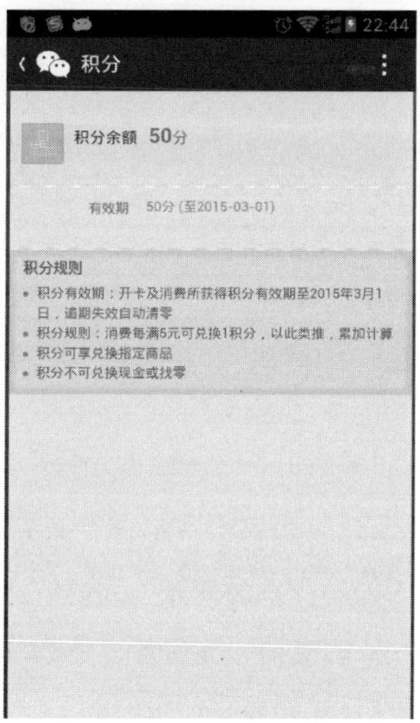

图 2-34　积分兑换规则

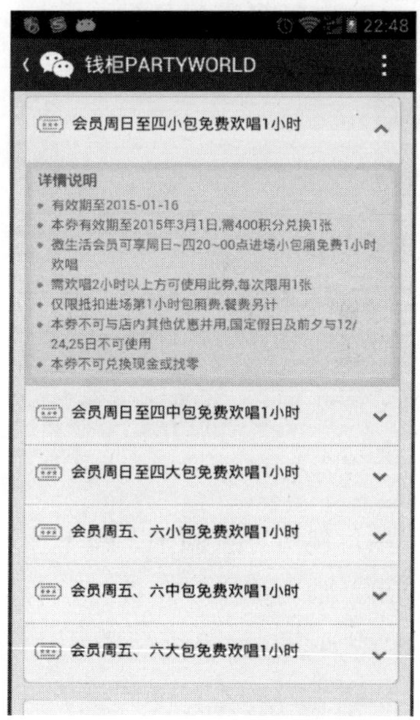

图 2-35　积分兑换商品

微信关注者可以免费申请钱柜 PARTYWORLD 的微信会员卡，该微信会员卡让更多线上和线下用户享受移动互联网的便捷；同时配套相应的积分制度，让他们获取真正的实惠；最后促进钱柜 KTV 的用户体系的建立。

2. **预订包房**

领取微信会员卡后，不仅可以积攒积分兑换商品，而且还可以随时随地预订包房。点击“预订”菜单，就会进入“预订包房”页面（如图 2-36 所示），完成包房预订需要通过两个步骤。

第 1 步：于“预订包房”页面选择包房类型和包房使用时间。

第 2 步：于“在线预订”页面输入联系人信息，如图 2-37 所示。

最后，点击“提交”按钮实现包房预订功能，同时还会于“钱柜 PARTYWORLD”微信界面对话框中显示预订申请成功信息。

图 2-36 “预订包房”页面

图 2-37 “预订信息”页面

在“预订包房”页面中，除了可以在线预订外，还可以电话预订，即点击“电话预订”按钮，则会弹出是否拨打预订电话确认框（如图 2-38 所示），在确认框中点击“确定”按钮则会调用手机的拨号功能拨打该 KTV 的电话，非常的方便。

“钱柜 PARTYWORLD”微信公众平台所提供的包房预订服务，集成了电话预订功能，即不仅可以通过微信在线预订包房，而且还可以通过电话预订。在微信营销中，多一种选择，就意味着多一批微信关注者。

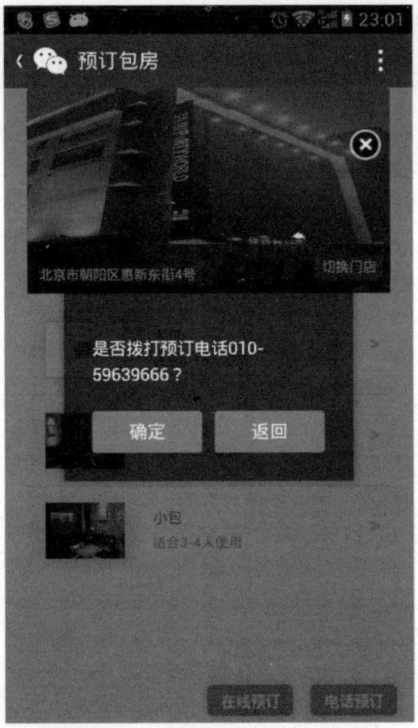

图 2-38　“电话预订”功能

3. 查看曲库

对于 K 歌爱好者和达人，去 KTV 最关注的内容就是歌曲。如果 KTV 在歌曲内容上不做足功夫，即歌曲内容不更新、歌曲库类型混乱、查找功能不强大等等，那么很难吸引微信用户的再次光顾。“钱柜 PARTYWORLD”微信公众平台提供了强大的曲库功能，不仅组织了“新歌榜”“热歌榜”等各种榜单，而且还可以记录用户的试听记录。

点击“曲库>新歌榜”菜单就会弹出“新歌榜”信息列表（如图 2-39 所示），该信息列表展示了钱柜 KTV 最近更新的歌曲。点击自己所中意的歌曲，就可以直接通过手机试听该歌曲的音质。同时还可以通过点击“红心”选项，将试听过的歌曲添加到“我的歌单”里，如图 2-40 所示。

如果微信关注者所中意的歌曲不在歌榜上，还可以点击“曲库>查找歌曲”菜单进入“查找歌曲”页面（如图 2-41 所示），在该页面的搜索框里输入歌曲名或者歌手名，点击查询按钮就可以查找歌曲。

由于热歌榜与新歌榜操作类似，故不再重述。最后，点击“曲库>我的歌单”菜单便会进入试听过并比较满意的歌曲的“我的歌单”页面。

图 2-39 “新歌榜”信息列表

图 2-40 试听歌曲

图 2-41 “查找歌曲”页面

2.8 PPS 游戏平台：发送游戏礼包

PPS 游戏是国内大型综合型游戏平台，在精于游戏运营的同时，成功研发游戏大厅软件，与游戏视频一起为用户提供了全方位的娱乐体验。热捧新游《百战天下》《三国名将》人气爆满；力推手游《皇家骑士团》《去吧皮卡丘》《刀塔传奇》备受拥戴。

【公众号】pps_game

微信运营概览

与“腾讯游戏”微信公众平台非常类似，PPS 游戏平台也会利用微信公众平台于第一时间发布手机游戏资讯、网页游戏资讯和赠送游戏特权微信礼包等信息。由于该游戏平台的理念为“简单游戏，快乐生活”，因此“PPS 游戏平台”微信公众账号不仅封装各种游戏资讯于自定义菜单里，而且还在微信平台界面上发布了这些资讯的信息入口（如图 2-42 所示）。这些资讯信息入口简单直观，轻轻用手指点击列表，就可以进入相应的项目尽情体验。

图 2-42 “PPS 游戏平台”信息入口

O2O 落地

“PPS 游戏平台”微信公众账号的营销策略与其经营理念很相似，非常的简单。通过图文方式介绍了该平台所推荐的手机游戏资讯和网络游戏资讯，没有添加任何与玩家之间的互动，如果要了解这些资讯，只需要点击进入查看就可以，如图 2-43

和图 2-44 所示。

图 2-43 手机游戏资讯 1

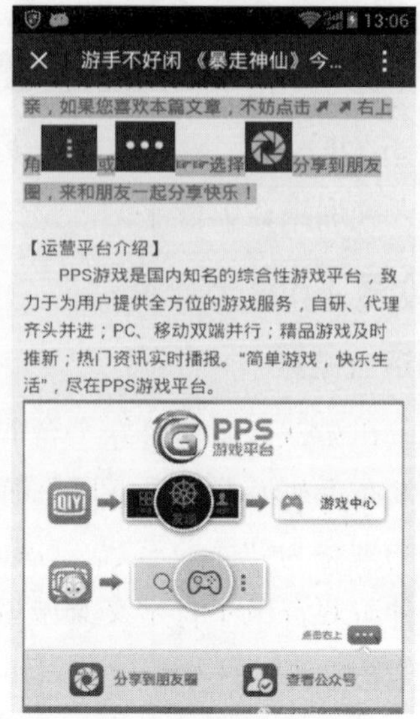

图 2-44 手机游戏资讯 2

在"PPS 游戏平台"微信公众账号里，每个游戏资讯都抓住了微信营销中发布图文信息的特点，即都以游戏图片配套文字介绍，内容详细，仿佛正在游戏中一般。同时，为了扩展宣传范围，还鼓励游戏爱好者将资讯分享到朋友圈。

对于游戏行业来说，领取游戏礼包是微信营销的必备武器，以此可以吸引更多游戏爱好者的关注。点击信息入口中的"手到礼来"或者"微信礼包"，就可以进入"微信礼包"页面。领取游戏大礼包具体步骤如下。

第 1 步：于"微信礼包"页面，获取游戏礼包代码（三国名将 sgmj），如图 2-45 所示。

第 2 步：于微信界面中回复"sgmj"，获取礼包卡号，如图 2-46 所示。

最后，进入《三国名将》游戏打开主界面右上方小地图"福"图标，在福利中选择"礼包领取"标签页，在下方输入礼包卡号就可以获得丰厚的礼包奖励。

"PPS 游戏平台"微信公众账号利用游戏礼包的方式，很好地与游戏绑定在一起，吸引了大量的游戏玩家，许多原来不是该平台的玩家，在领到大礼包后也会抱着试一试的态度进入游戏，从而成为该平台游戏的忠实粉丝。

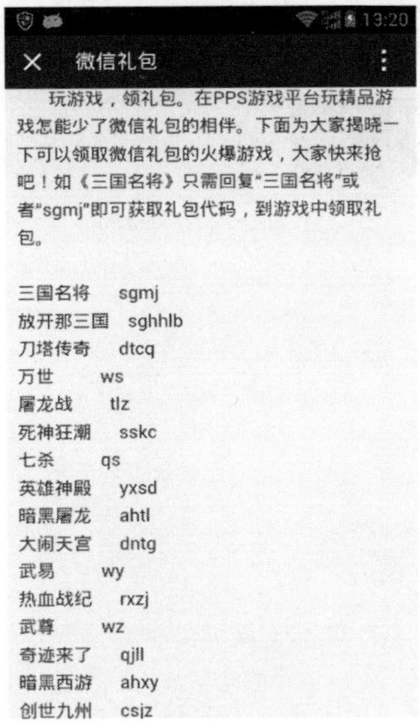

图 2-45 “微信礼包”页面

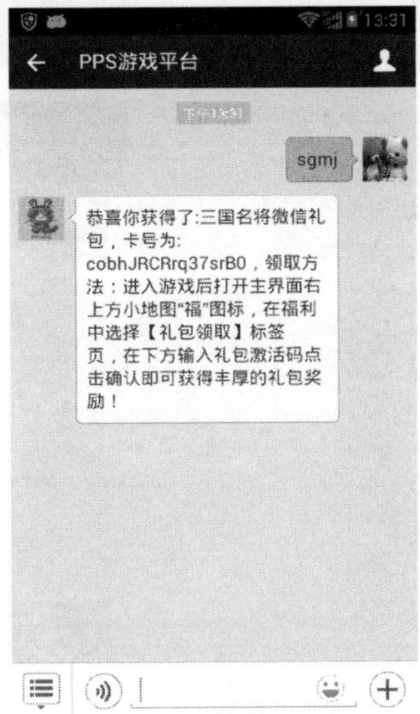

图 2-46 获取礼包卡号

2.9 经典飞机大战：捆绑游戏微信营销

《飞机大战》是腾讯交流软件推出的软件内置经典小游戏，为了突出“和朋友们一起玩游戏”的概念，微信 5.0 版本欢迎页设置成了“经典飞机大战”，用户首次登录 5.0 版微信，将会直接进入一场打飞机的小游戏。同时，关于“打飞机”的语录也层出不穷，例如，普通青年在用微信，文艺青年在发朋友圈，二逼青年在玩打飞机。加个微信比比打飞机，联系方式就搞定了。

【公众号】jingdianfeijidazhan

微信运营概览

与前面的腾讯游戏和 PPS 游戏平台不同，《经典飞机大战》游戏是一个捆绑于微信的小游戏。微信打飞机其实并不是真正意义上的《经典打飞机》游戏，由于触摸屏的特性与追求简洁和快的微信产品标准，变成了微信和打飞机的奇怪混合产物。该游戏之所以受到微信用户的欢迎，是由于风格怀旧，在玩的过程中会不禁想起童年时光。

O2O 落地

《经典飞机大战》游戏属于网页游戏，无须下载，只需要登录进入微信，点击“发现>游戏”菜单就会进入“游戏”页面（如图 2-47 所示）。于“最近在玩”列表里点击“经典飞机大战”图标，就可以开始打飞机。

图 2-47 “游戏”页面

《经典飞机大战》之所以会成为腾讯网页游戏中的第 1 名，除了游戏自身的吸引力外，更多的是通过微信平台的助力、通过微信用户的共享而一举成名。

第 3 章
金融行业必看的经典案例

金融业是指经营金融商品的特殊行业，它包括银行业、保险业、信托业、证券业和租赁业。随着移动互联网的发展，特别是微信的出现，使得金融行业改革创新取得了显著的成绩，整个金融行业发生了历史性变化。特别是银行业、基金公司等金融机构也纷纷加快改革，尝试借助微信平台分得移动互联网金融的一杯羹。于是“微信银行”“手机银行”“微信理财”“微信支付”等名词纷纷面世。

3.1 交通银行信用卡：手机就能搞定的微信用卡

交通银行太平洋信用卡是交通银行引入汇丰先进技术与管理经验，倾力打造的信用卡产品，它汇集了全球与本土双重优势，以“中国人的环球卡”为主旨，为持卡人提供方便的用卡体验和实惠的用卡回馈。

【公众号】creditcardbankcomm

微信运营概览

在微信公众平台的信用卡服务中，可以分为两类：一类是一些商业银行的信用卡系列功能；另一类则是没有真正意义而单独设置的信用卡服务中心。“交通银行信用卡”微信公众平台提供了交通银行太平洋信用卡从申请、还款和积分兑换等一条龙服务。同时，对于使用交通银行太平洋信用卡的用户，每次消费结束后都可以获得相应的积分，当积分积攒到一定数量，就可以直接到该银行的“积分乐园商城”进行商品兑换。此种方式让用户每次消费时都不忘选择信用卡消费方式。最后，为了刺激微信用户尽可能多地使用信用卡，还提供了许多优惠活动。

在微信营销中，如果要吸引更多的微信用户关注，所推送的“内容”必须丰富多彩，具有趣味性。与其他营销方式相比，微信营销所推送的“内容”，除了是文字、音乐和视频外，还可以是功能。一些设计合理的功能对微信用户的吸引力并不比音乐视频的小。“交通银行信用卡”微信公众平台聘请专业人士专门开发微信信用卡工具。

为了提高微信用户的互动性，在微信营销中，没有什么策略能比得上组织微信活动了。不过微信活动的内容一定要定位准确，同时奖品一定要丰富、实用，千万不要再搞噱头。“交通银行信用卡”微信公众平台所提供的奖品都是从信用卡用户的角度出发，虽然不贵，但都非常实用。

O2O 落地

1. 微信信用卡

“交通银行信用卡”微信公众平台所提供的“微信信用卡”功能，集交通银行信用卡的申请、激活、还款于一体。只要关注了该微信公众平台，办理和使用交通银行信用卡的操作再也不像以往那样复杂。

（1）申请交通银行信用卡

提交申请交通银行信用卡信息后，一般经过 20 天就可以查询是否申请成功，“交通银行信用卡”微信公众平台的关注用户，可以随时查询交通银行信用卡的申请进度。点击“简单查>办卡进度”菜单，就会弹出“信用卡审批进度”提示信息，如图 3-1 所示。于提示信息中，点击“点击这里，即刻查询”超级链接，就会进入“办卡进度查询”页面。于如图 3-2 所示的页面中输入相应信息，点击“查询”按钮，就会显示办卡进度信息。

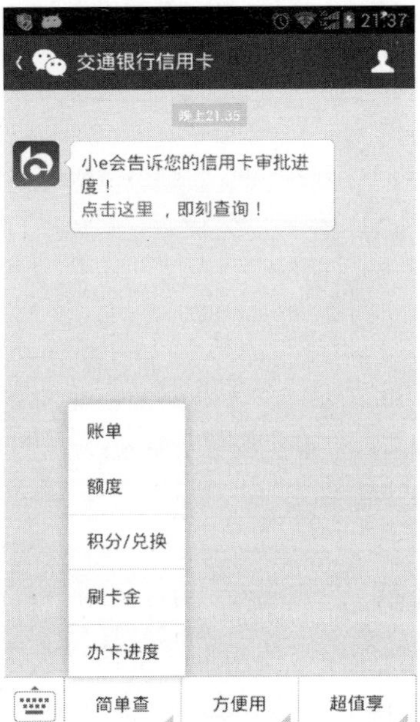

图 3-1 “信用卡审批进度”提示信息

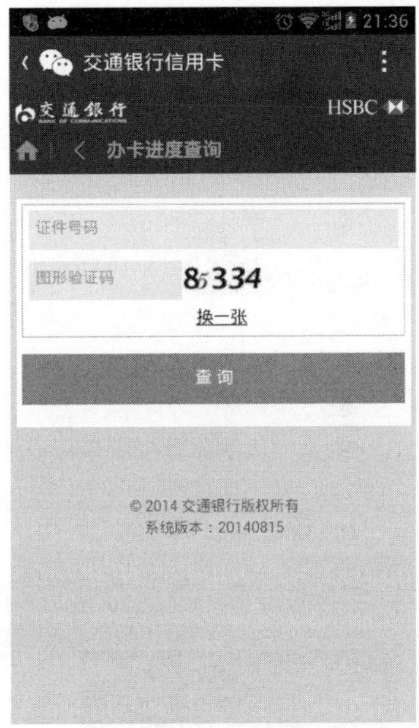

图 3-2 “办卡进度查询”页面

（2）激活交通银行信用卡

申请交通银行信用卡成功后，发卡银行就会通过信件寄送信用卡。当用户收到信用卡后，还不能直接使用，需要先激活和修改信用卡的信息。点击“方便用>卡片激活”菜单，就会弹出“卡片激活”提示信息。于提示信息中，点击“点击这里”超级链接，就会进入“卡片激活”页面，如图 3-3 所示。在该页面中输入相应的信息（信用卡卡号和证件号码等），就可以随时随地自助激活信用卡。

激活交通银行信用卡后，一般还需要修改信用卡资料。点击“方便用>资料修改”菜单，就会弹出“交通银行信用卡”提示信息。根据提示信息在消息输入框中回复数字“1”，就会弹出修改固定电话信息；回复数字“2”，就会弹出修改手机号码信息等，如图 3-4 所示。

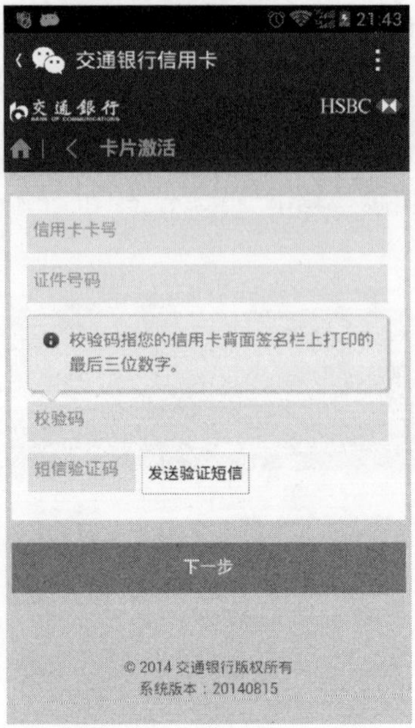

图 3-3 “卡片激活”页面

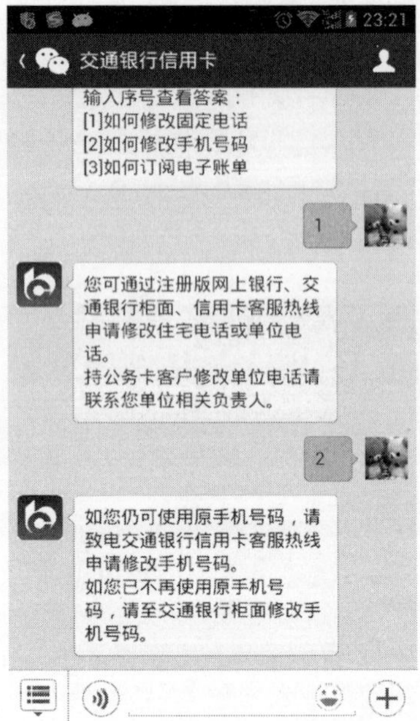

图 3-4 修改资料信息

（3）快速还款

对于信用卡用户来说，最常见的操作为每月刷卡进行消费，到月底规定日期进行还款。关注“交通银行信用卡”微信公众账号后，点击“方便用>快速还款”菜单，就会弹出“快速还款”提示信息，如图 3-5 所示。于提示信息中，点击“点击这里，立即还款”超级链接，就会登录信用卡移动官网查询账单和实现还款。

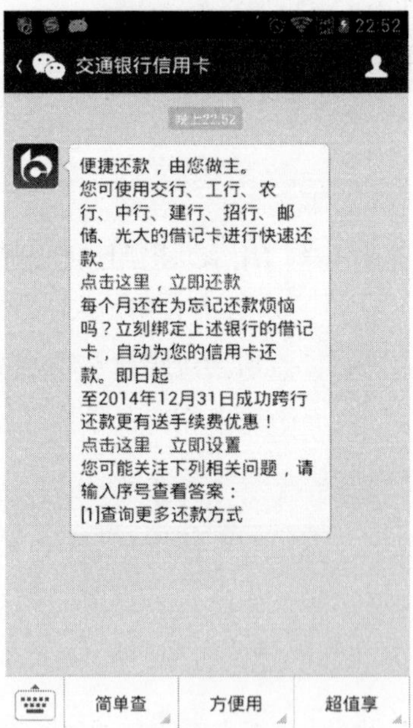

图 3-5 “快速还款”提示信息

“交通银行信用卡”微信公众平台所提供的微信信用卡功能，解决了持卡人到银行柜台排队等待的麻烦，同时也省去了通过电话咨询、ATM 机或者电脑才能进行自助服务的麻烦。该平台的出现，对于交通银行来说，降低了运营成本，提高了服务质量；对于信用卡用户来说，极大地提高了方便性。

2. **查询和兑换积分**

信用卡用户之所以喜欢使用信用卡消费，除了消费时能够享受折扣外，还在于每次消费都能够积攒积分，消费越多积攒的积分越多。当积分积攒到一定数量时，就可以兑换商品。因此“交通银行信用卡”微信公众平台制定了非常完善的积分制度，同时为了提高积分的吸引力，专门开发了关于兑换积分商品在线平台——“积分乐园”。

点击“简单查>积分/兑换”菜单，就会弹出积分提示信息，如图 3-6 所示。于“积分乐园商城”提示信息中，点击“积分乐园商城”超级链接，就会进入“积分乐园移动版”页面，如图 3-7 所示。

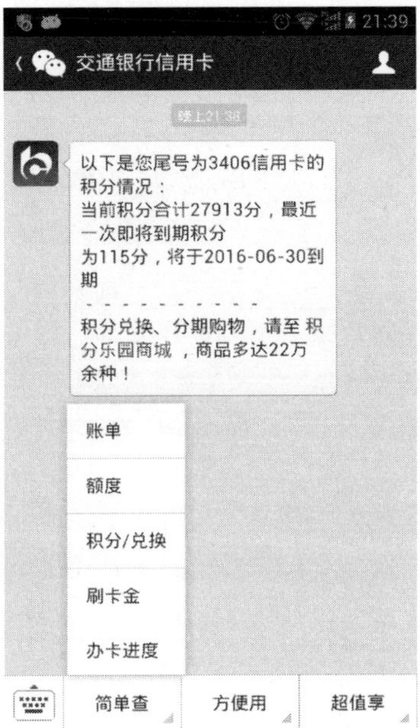

图 3-6　积分提示信息

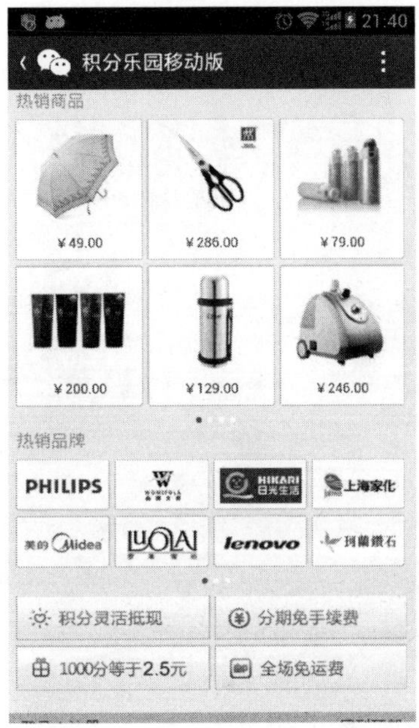

图 3-7　“积分乐园移动版”页面

“积分乐园移动版”页面中，不仅可以查看兑换商品的详细信息，而且还集成了兑换功能。只要积分够多，随时随地可以兑换自己中意的商品。交通银行信用卡之所以在积分上投入精力，就在于紧紧抓住了信用卡用户的需求。只要信用卡用户兑换过一次商品，就会成为该微信公众账号的“终身关注者”。

3. 优惠活动

为了刺激微信用户尽可能地使用交通银行信用卡进行消费，同时为了达到巩固微信老用户、吸引微信新用户的目的，还专门提供了许多特色服务，例如周周刷、推荐办卡、最红商户等服务。

所谓周周刷，是指在 2014 年 6 月 23 日至 8 月 31 日共计 10 周内，刷交通银行信用卡，单周刷卡记录满 5 笔，每笔满 168 元，累计达到 2 周及以上（无需连续），就可获得相应级别的好礼，刷卡周数越多，奖励越大。点击“超值享>周周刷”菜单，就会进入介绍“周周刷”活动规则页面，如图 3-8 所示。

所谓推荐办卡，就是在活动期间，凡交通银行信用卡主卡持卡人成功推荐新客户登录交通银行信用卡网站网络办卡，推荐人即可以获得相应的推荐奖励。如果主卡持卡推荐人共成功推荐 3 位新客户，可获得 600 元刷卡金；共成功推荐 6 位新客户，可获得 2000 元刷卡金。点击“超值享>优惠活动”就会进入介绍“推荐办卡”活动规则页面，如图 3-9 所示。

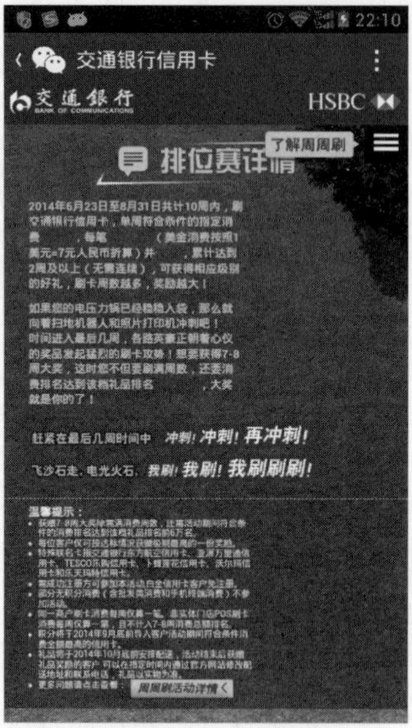

图 3-8　周周刷活动规则

图 3-9　“推荐办卡”活动规则

所谓最红商户，是指在 2014 年 7 月 1 日至 9 月 30 日期间每周五，到各活动门店扫描二维码，立即获取刷卡金红包，当日单笔刷卡消费满 150 元及以上即可获得刷卡金奖励。点击“超值享>最红商户”菜单就会进入介绍“餐饮超红季，码上有红包”活动规则页面，如图 3-10 所示。手指轻轻点击“门店列表”就可以查看各活动门店。

交通银行信用卡所提供的 3 种活动，效果都非常明显。对于“周周刷”活动，非常实用的奖品（电压力锅、扫地机器人、照片打印机等）会吸引信用卡用户不错过任何一次刷卡消费的机会。“推荐办卡”活动对于维护交通银行信用卡的微信关注者数量有很大的帮助。刷卡金的奖励，可以获得信用卡用户的持续青睐和关注，为其微信营销做出了重大的贡献。没有任何一个活动，能比“最红商户”活动对“吃货”信用卡用户更有吸引力了，不仅支持刷卡消费，而且还可以获取刷卡金奖励。

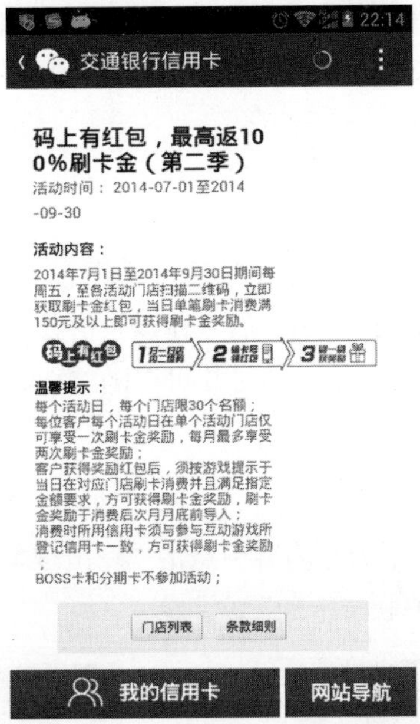

图 3-10　“码上有红包”活动规则

3.2　中国招商银行：您家里的微银行

招商银行（简称招行）是中国第一家完全由企业法人持股的股份制商业银行，成立于 1987 年 4 月 8 日，由香港招商局集团有限公司创办，是中国内地规模第六大的银行、香港中资金融股的八行五保之一。

【公众号】cmbchina-95555

微信运营概览

在微信营销行业中，拔得头筹的招行，其营销特点在于其主推的“微信银行”。“微信银行”，并不等于银行的微信公众账号，指的是“微信用户+微信+银行”三者的互动。用户在招行网点办理的业务，通过“微信银行”都能办理。例如余额查询、同行内免服务费转账、生活缴费、无卡取款等功能；除此之外，为了扩展银行的营销渠道，还专门提供了“微理财”功能，为了提高银行的服务质量，还推出了许多特色服务和优惠活动。

对于微信用户和银行客户，“招商银行”微信公众平台服务人性化程序高、业务办理操作方便简单。对于招行，“微信银行”的引入大大降低了营销成本，提高了营销的准确性，扩展了营销的延展性。

O2O 落地

1. 绑定银行卡

与其他行业微会员注册功能相比，“招商银行”微信公众账号比较特殊，首先需要到招行柜台办理“一卡通”银行卡，然后在该微信公众平台里绑定该银行卡，才能成为其微会员。虽然过程比较复杂，但是却可以随时随地进行银行业务，再也不需要到银行柜台去排队。

关注“招商银行”微信公众账号后，点击“我>免费通知提醒”菜单，就会弹出通知信息，如图 3-11 所示。于消息内容中点击“点击这里，立即绑定”超级链接，就会进入如图 3-12 所示的“关联一卡通”页面。

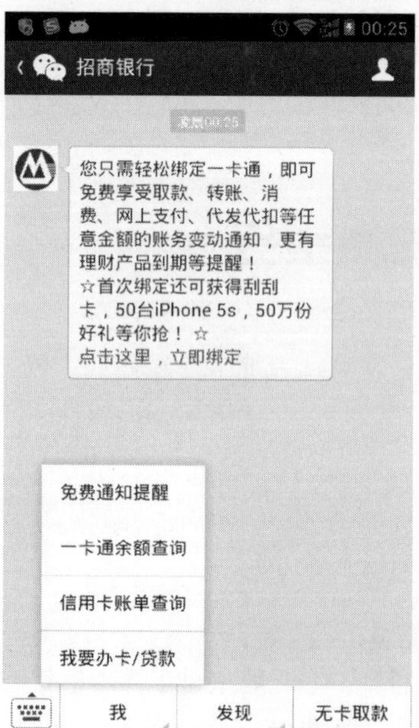

图 3-11 “免费通知提醒”菜单

图 3-12 “关联一卡通”页面

于“关联一卡通”页面中输入信息，例如微信用户、卡号、查询密码和附加码，最后点击“提交”按钮就会进入“操作成功”页面，同时还会在“招商银行”微信消息输入框中显示关联一卡通成功的信息。

“招商银行”微信公众账号的微会员注册功能之所以复杂，主要在于金融行业中的银行业务的特殊性。招行客户的所有业务操作都是基于该行所推行的一卡通，因此，如果要在微信上实现这些操作，也必须基于一卡通，则必须实现绑定一卡通的微会员。

2. **微信银行**

招行客户之所以于微信中绑定一卡通，就在于“招商银行”微信公众平台提供了微信银行功能，解决了到招行排队办理业务的麻烦。微信银行的主要功能包括余额查询、同行转账、生活缴费等。下面以余额查询为例，介绍微信银行的功能。

点击“我>一卡通余额查询”菜单，就会弹出“余额查询服务”提示信息，如图 3-13 所示。于消息内容中点击“点击这里，立即查询”超级链接，就会进入如图 3-14 所示“微信银行”登录页面。

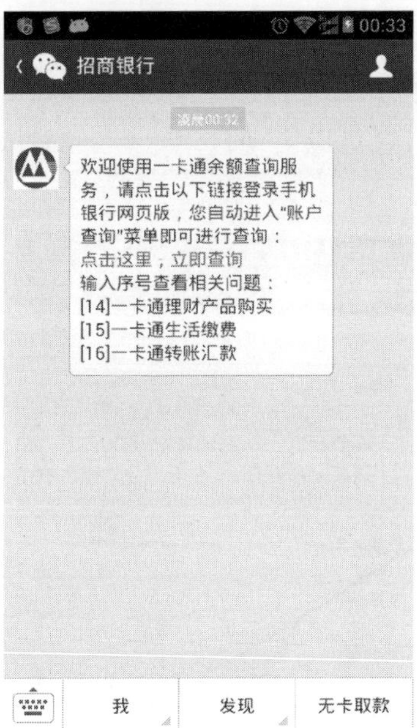

图 3-13 余额查询服务提示信息

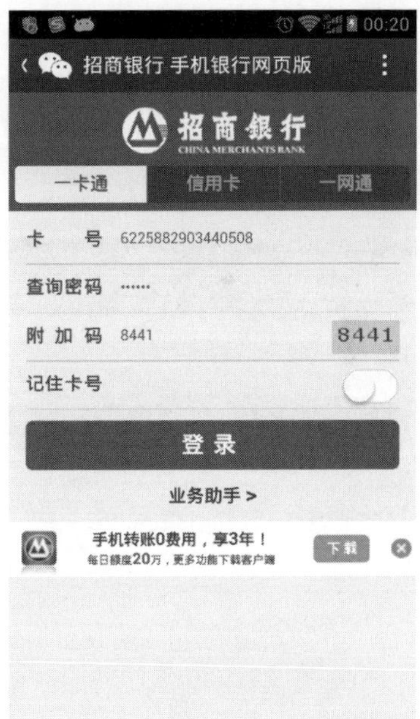

图 3-14 “微信银行”登录页面

于“微信银行”登录页面中输入相应的内容，点击“登录”按钮就会进入“微信银行”的“账户查询”页面，在该页面中会显示账户余额，如图 3-15 所示。

图 3-15 “账户查询”页面

根据“招商银行”的提示，在消息输入框中回复数字“19”，就会弹出“一卡通转账汇款”信息，不仅可以随时随地进行转账，而且享受免手续费优惠。“微信银行”的“同行转账”页面如图 3-16 所示。

根据“招商银行”的提示，在消息输入框中回复数字“18”，就会弹出“一卡通生活缴费”信息，不仅可以随时随地缴费，而且还可以实现自动缴费。“微信银行”的“生活缴费”页面如图 3-17 所示。

图 3-16 “同行转账”页面

图 3-17 “生活缴费”页面

“招商银行”微信公众账号的微信银行，对于招行来说，不仅提高了服务质量，而且降低了成本，再也不会因为银行营业网点和柜台人员少的问题而丢失客户；对于银行客户来说，虽然也可以通过网上银行进行各种业务操作，但是总比不上微信快捷、方便。

3. 无卡取款

随着时代的发展，为了方便银行客户，同时降低成本，招行建立了许多 ATM 柜员机。为了与 ATM 网点并入，“招商银行”微信公众账号提供了无卡取款功能，即微信用户只需要与微信银行预约无卡取款，就可以到 ATM 网点进行各种业务操作。

点击“无卡取款”菜单，就会弹出提示信息。在“招商银行”消息输入框中回复取款金额“100”，就会弹出预约无卡取款成功信息（如图 3-18 所示），同时将授权码以短信的形式发送到一卡通所绑定的手机上。无卡取款预约成功后，就可以到附近的 ATM 机上取款，在取款时只需要输入授权码就可以取款。如果不清楚最近的 ATM 机位置，可以点击“点击这里，查看最近 ATM”，就会根据手机用户的位置打开“周边自动柜员机”页面，如图 3-19 所示。

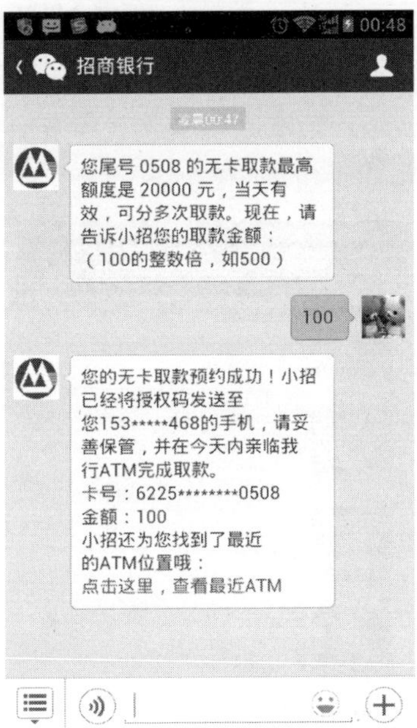

图 3-18　无卡取款预约成功信息

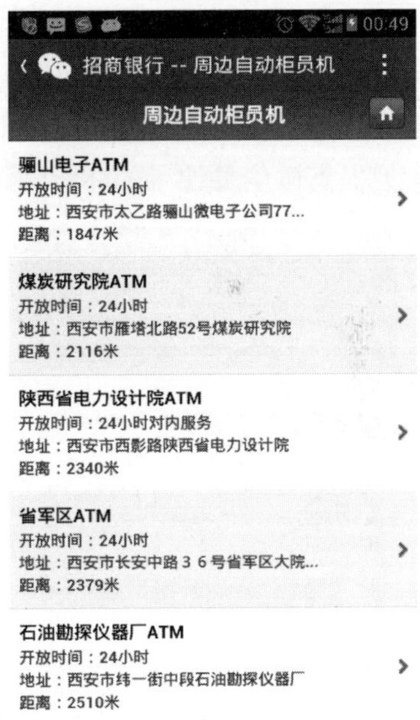

图 3-19　“周边自动柜员机”页面

无卡取款预约成功后，点击“无卡取款”就会弹出所有未使用的无卡取款预约。如果想撤销该笔预约，只需要在招商银行消息输入框中回复“撤销”，就会弹出无卡取款撤销成功信息。

在微信营销中，公众账号所推送的功能一定要从微信关注者的角度去考虑。对微信关注者有用，就是功能再简单也要推送；对微信关注者没用，就是功能再强大也不推送。

3.3 和讯网：微信价值互动平台

和讯网（www.hexun.com）创立于 1996 年，从中国早期金融证券资讯服务中脱颖而出，建立了第一个财经资讯垂直网站。在不断丰富完善股票、基金、银行、外汇、期货、保险、黄金等财经资讯和理财服务的过程中，打造出中国第一个兼具财经资讯信息、投资理财工具及金融数据产品的价值互动平台。

【公众号】hexunofficial

微信运营概览

进入移动互联网时代，和讯网为了维护自己在金融证券资讯服务行业的地位，开发了许多功能强大的手机客户端 App（如图 3-20 和图 3-21 所示），旨在满足金融证券用户在移动时代的行情信息需求，为他们提供一站式精准查询服务。在微信营销中，为了极大地提高微信关注者的体验性，经常会集成手机客户端 App。

图 3-20　手机客户端 App1

图 3-21　手机客户端 App2

O2O 落地

1. 和讯基金

安装和讯基金手机客户端 App 后，可以通过其功能直接查询基金资讯信息，即直接回复基金代码（150027）或者基金简称（添利 B），就会获取关于该基金的最新资讯，如图 3-22 所示。手指轻轻点击“基金详细资料”超级链接，就会直接访问和讯网以网页的形式展示该基金的最新资讯，如图 3-23 所示。

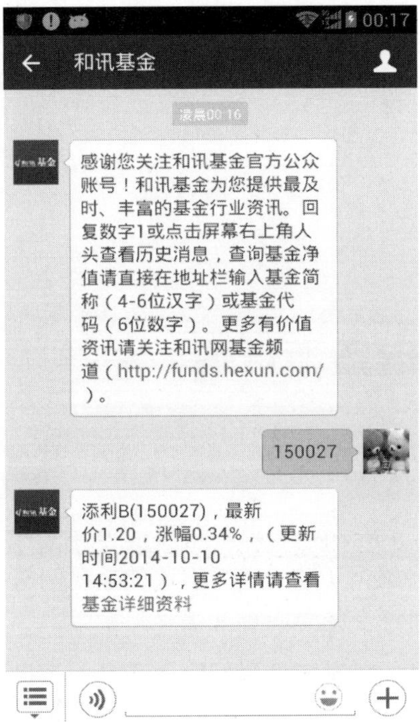

图 3-22 “添利 B”最新资讯

图 3-23 “添利 B”最新资讯主页

2. 和讯期货

安装和讯期货手机客户端 App 后，可以通过其功能直接查询与期货相关的一切资讯。点击“期货行情>期市行情”，就会以网页的形式展示期货的最新资讯，如图 3-24 所示。

期货行情-手机和讯网

行情 股指期货

名称	最新价	涨跌	成交量
IF1410 IF1410	2469.8	-9.0	714532
当月连续 IFL0	2469.8	-9.0	714532
IF1412 IF1412	2482.8	-11.2	33273
下季连续 IFL2	2482.8	-11.2	33273
IF1411 IF1411	2474.6	-10.2	22287
下月连续 IFL1	2474.6	-10.2	22287
隔季连续 IFL3	2501.0	-11.6	2855
IF1503 IF1503	2501.0	-11.6	2855

图 3-24　期货最新资讯

3.4　中金在线：微信端的实时股票行情

中金在线网络股份有限公司于 2003 年成立于福建福州，从 2004 年 12 月起运营垂直财经网站中金在线。

中金在线网络股份有限公司自成立以来，始终秉承“用户的需求就是我们努力的方向，与投资者一起创造财富”的经营理念，时刻关注投资者的需求，不断提高自身核心竞争力，全力打造资讯、互动、数据三位一体的全方位财经服务平台，为投资者提供优质的投资增值服务。

【公众号】cnfol-com

微信运营概览

中金在线对微信公众平台的营销模式做了创新性改革，使用户摆脱了乏味单一的信息推送式服务，它注重服务的实用性及用户体验的提升。通过微信开放平台接入股市行情数据，为用户提供快捷、轻松、省流量的个股行情查询服务。

用户在关注“中金在线”官方微信后，发送个股代码或名称，只需一秒即可收到该股票的最新行情信息，包括当日最高价、最低价、收盘价、下跌、跌幅、成交量以及成交额。同时，信息还会为用户标注更新时间。

O2O 落地

1. 查询股市行情

中金在线的微信营销设计采用下拉式菜单选项，用户直接选择“名博看市”菜单中的“看股市”即可查看，如图 3-25 所示。一秒的时间，中金在线就会将股市行情发送到消息框中，如图 3-26 所示。

图 3-25 “名博看市”下拉菜单

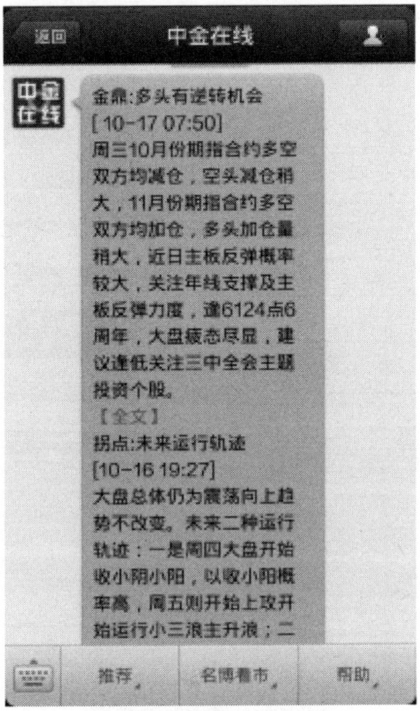

图 3-26 查看股市行情

对于许多股民来说，就中金在线发出的这一点儿信息量是不够的，股民需要了解的是所有信息，不放过任何一个可以获利的机会。只要用手指轻轻一点“全文”链接，即可查看全文信息，如图 3-27 所示。

2. 查看财经新闻

中金在线将财经新闻纳入“推荐”菜单中，点击“推荐”菜单即可看到子菜单中有“财经要闻”“图解财经”和“财经评论”，如图 3-28 所示。

点击“财经要闻”子菜单，中金在线则在一秒内打开所有相关要闻，如图 3-29 所示。

图 3-27　查看全文信息

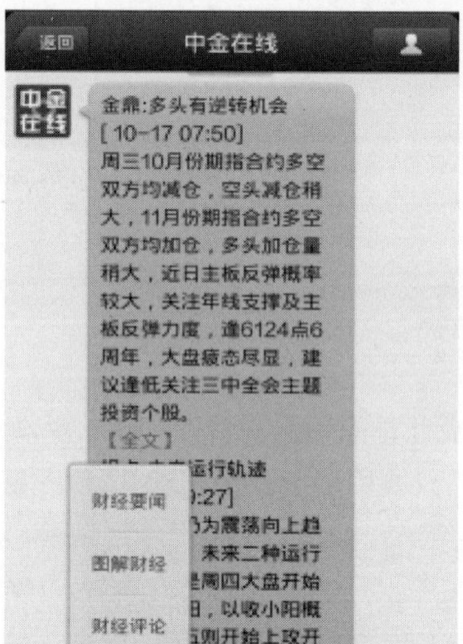

图 3-28　“推荐”菜单

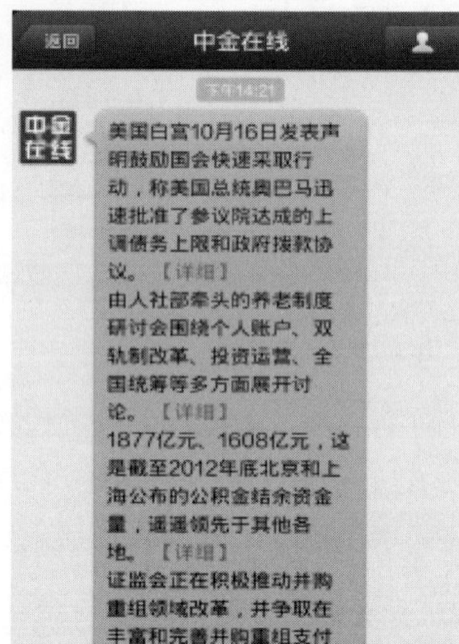

图 3-29　查看财经要闻

如果用户觉得这烦人的文字看得太过于头疼，为了便于用户理解，中金在线还推出“图解财经”功能，帮助用户便捷浏览。使用方法也是在“推荐”菜单中选择“图解财经”子菜单即可，“图解财经”内容如图 3-30 所示。

图 3-30 “图解财经”内容

3. 查看“更新时间”

中金在线的“更新时间”功能是为了方便用户了解每天的股市、金市及财经要闻的更新时间。如股市的更新时间、财经要闻的每日更新时间等。

单击“帮助”菜单下的“更新时间”子菜单，即可查看最新的更新时间，如图 3-31 所示。

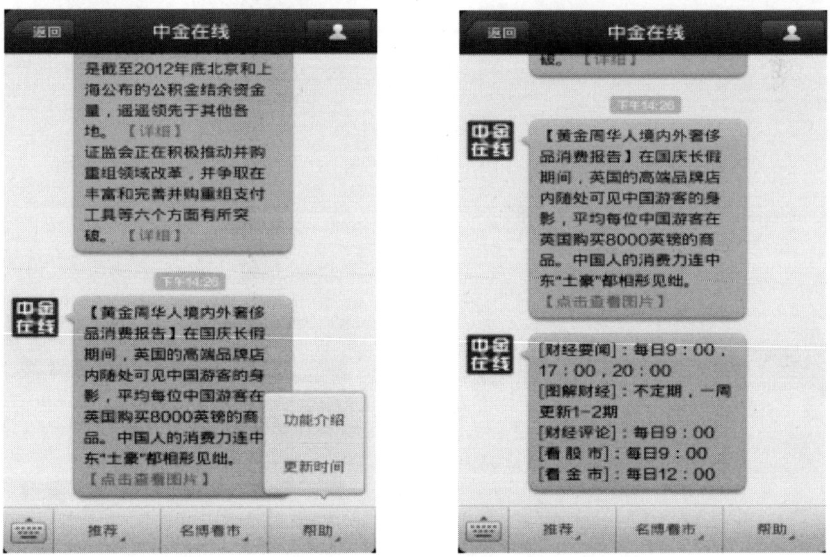

图 3-31 查看“更新时间”

3.5 广发证券债券部：证券信息更及时

广发证券成立于1991年9月8日，是国内首批综合类证券公司。截至2013年12月31日，公司现有证券营业部238个，数量位列全国第二。广发证券不仅提供了功能强大的在线网上证券平台，而且还提供了许多知名的手机App，如广发证券金融终端、金管家至强版、金管家至诚版等，同时还开通了微信公众平台。

【公众号】gfzhaiquanbu

微信运营概览

“广发证券债券部”微信公众平台主要针对债券投资者，即时发布实时专业的债券信息。为了实现债券信息的准确推送，该微信平台采用了聊天式互动方式，即微信用户输入问题，微信公众平台就会根据输入的问题推送出相应的内容，绝不会推送出该用户不关注的信息。

O2O 落地

关注“广发证券债券部”微信公众账号后，就会于每天17:30获取到实时的债市日报。如果要查看往期债市日报，如输入日期“0901”，则会弹出该天的债市日报信息，如图3-32所示。查看列表中的项目只需用手指轻轻点击即可进入，如图3-33所示。

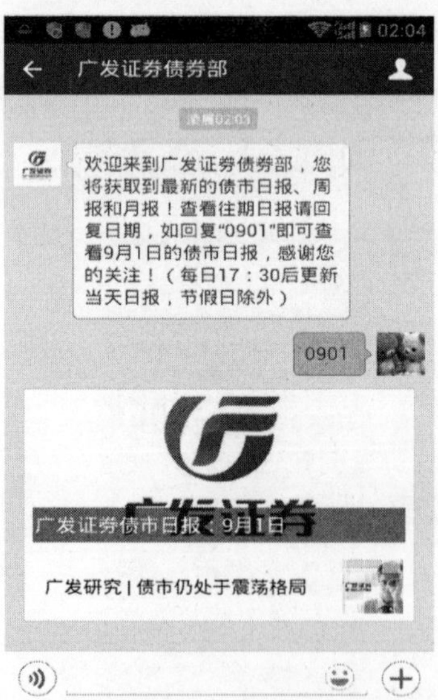

图 3-32　输入“0901”

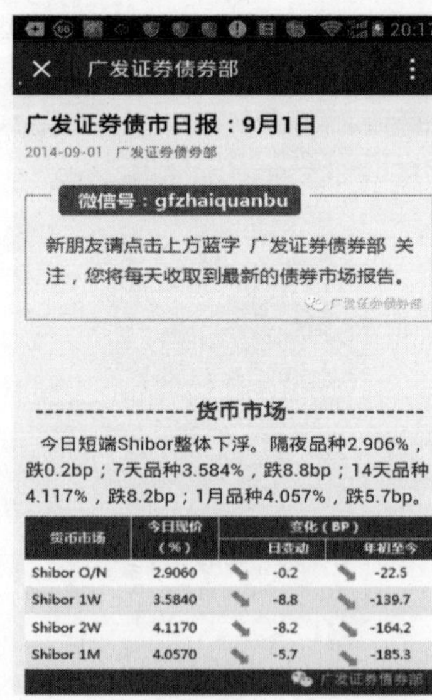

图 3-33　查看9月1日债市日报

为了提高服务质量，“广发证券债券部”微信公众平台还会自动发送实时证券周报和月报，真正做到“广发证券债券部”在手，证券信息不愁。

3.6 汇闻录：邀你进入微外汇时代

关注“汇闻录”，可每日浏览全面专业的外汇资讯。人民币再现单边升值升破 6.24，创出汇改以来新高。欧洲之外，日本为实现其通胀目标放纵日元贬值直冲百元大关；美国为其财政目标几度论战，更为就业目标大刀阔斧。世界经济扑朔迷离，各大货币走势将如何演绎，而普通投资者又该如何把握当前局势“顺藤摸瓜”，在外汇市场取得不错的收益？通过“汇闻录”，即可每日跟踪全球市场动态，财经数据等伴您畅游外汇市场。

微信运营概览

“汇闻录”的营销特点是通过每日浏览全面专业的外汇资讯，跟踪全球市场动态，财经数据、政经大事即时知晓，从而了解货币行情，所有资讯一手把握，随心所欲畅游外汇市场。

【公众号】forexnews

O2O 落地

“汇闻录”采用点对点的信息传播方式进行营销，用户添加关注后，可以在输入框中输入想要查询币种的名称或代码即可查看到最近相关的实时报价。如在消息框中输入“美元”或“人民币”后相关的报价信息，如图 3-34 所示。

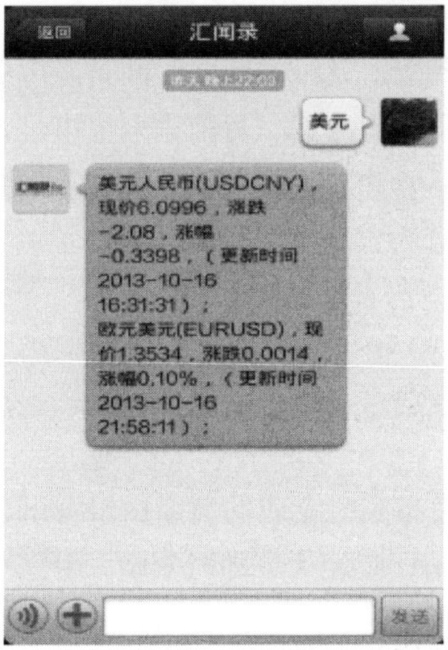

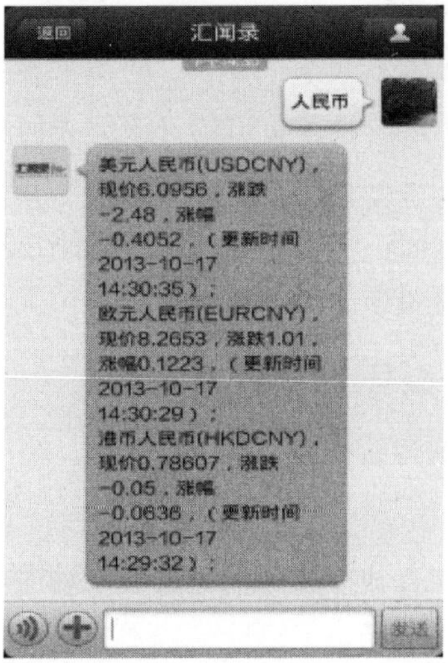

图 3-34　查询货币报价

“汇闻录”除查询功能外，还会每日发送关于外汇相关资讯给用户，让用户足不出户就能知晓外汇市场动态，如图 3-35 所示。

图 3-35　每日外汇市场信息

3.7　纵横金市：深入解读黄金市场

对于喜欢黄金的朋友，时刻都在关注黄金市场，在经过前段时间黄金市场的大幅波动后，现阶段黄金市场又该何去何从？许多朋友在考虑，目前进入金市是否合适？一串串的疑问正困扰着投资者，要在起伏不定的金市中淘到“真金”，就必须“武装”自己。然而，学习炒金知识、操作技巧，乃至更为广泛的国际国内经济常识，也就成了每一位投资者的必修课。

【公众号】huangjin8686

微信运营概览

“纵横金市”主要针对金市投资者，即时发布实时专业的黄金白银资讯，跟踪全球市场动态和专业机构、投资人动向，实时行情、政经大事即时知晓，带您一步步走进贵金属市场。

O2O 落地

添加“纵横金市”关注后，可以通过其功能查询黄金、白银、铂金、金条、足金及外汇等报价信息。

图 3-36 所示为黄金相关的报价、涨幅、更新时间等信息。

图 3-37 所示为外汇相关的报价，包括美元人民币、欧元人民币及港币人民币的现价、涨跌、涨幅、更新时间。

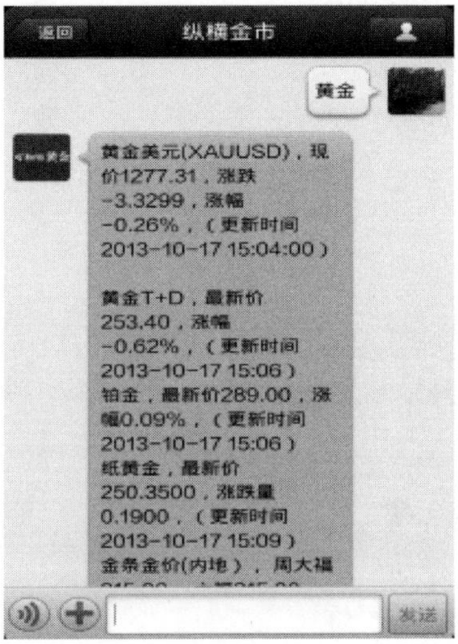

图 3-36 查看黄金信息

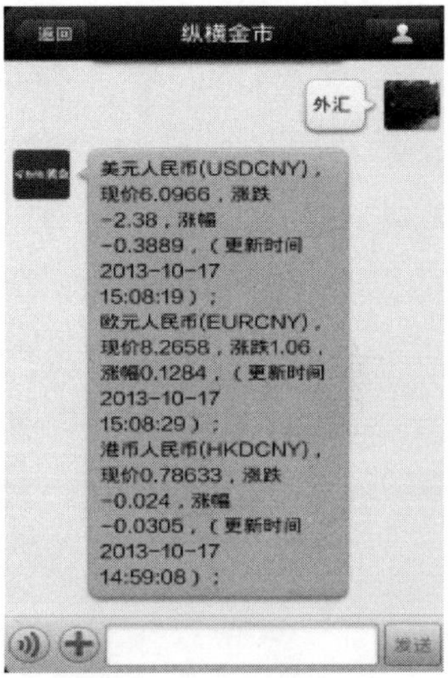

图 3-37 查看外汇信息

3.8 平安寿险：最大最全的微保险

继银行将“营业网点”搬上微信后，各家保险公司也纷纷瞄上了这个用户数突破4 亿的大平台，中国人保和中国平安两大财险巨头都进驻了加码微信平台。现在，保险用户不但能在微信上办理理赔、理赔进度查询等业务，还能实现在线投保车险及意外险等简单产品，甚至还能享受违章查询、地图导航、汽车救援等增值服务。

【公众号】zhongguopingan_95511

微信运营概览

作为世界五百强企业，中国平安也不甘人后，利用微信这一“香饽饽”聚集人气。中国平安将所有功能采用下拉式菜单设计，服务种类繁多，有平安微刊、互动活动及服务咨询。中国平安将其产品分得非常细致，有信用卡、车险、寿险、贷款等，当查看不同的产品时，“中国平安”会提示用户关注相对应的账号。如关注平安寿险，在“服务咨询”菜单中选择“寿险”产品，此时，会在提示框中提示关注“平安人寿”的微信公众账号：pars95511，如图 3-38 所示。

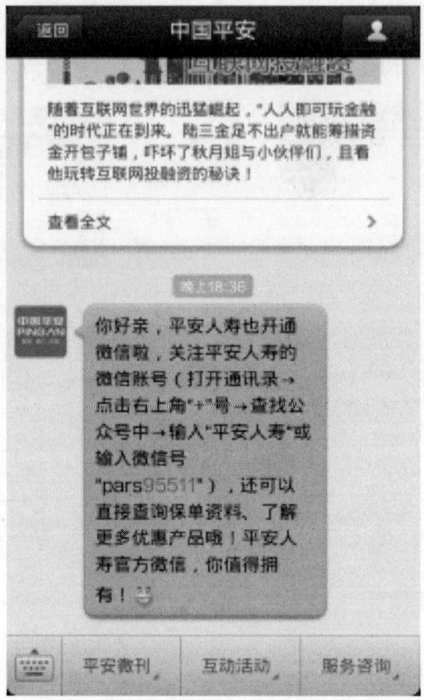

图 3-38 进入平安人寿产品提示

除此之外，中国平安还设置有互动活动，吸引更多粉丝及用户参与，而“平安微刊”则为平安员工或对平安感兴趣的客户提供了良好的信息量，不仅便于客户了解产品，更是对自身产品一种很好的宣传方式。它通过平安头条、平安官网及平安精选来吸引大量人群进行关注。

O2O 落地

在查看寿险之前，还需要用户先在微信中关注“平安人寿”微信公众账号，如图 3-39 所示。

点击“关注”按钮，即可成功关注平安人寿。此时，平安人寿会为客户发来一条提示信息，如图 3-40 所示。

根据提示信息，输入相对应的数字，即可查看相应的信息。如输入数字“13”可以查看“特色服务”，如图 3-41 所示。

图 3-39 关注“平安人寿”

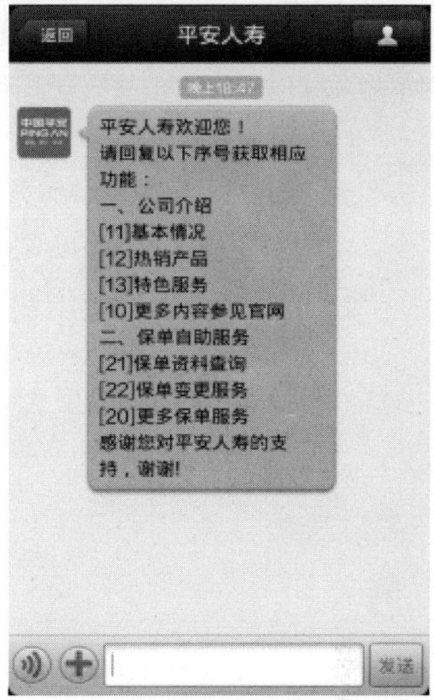

图 3-40 提示信息

如果是想了解寿险相关产品，则可以输入数字“12”查看“热销产品”，如图 3-42 所示。

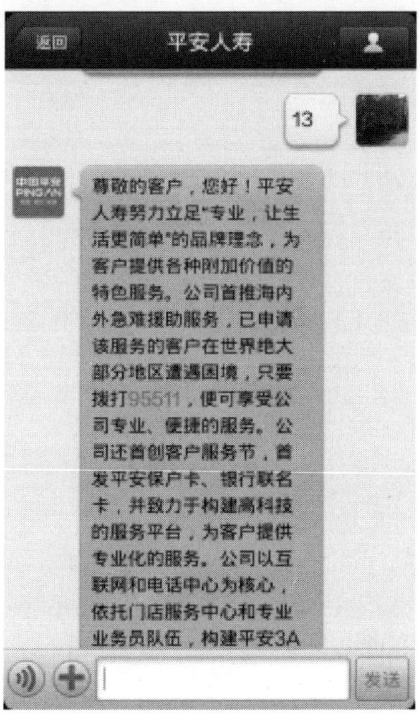

图 3-41 查看“特色服务”

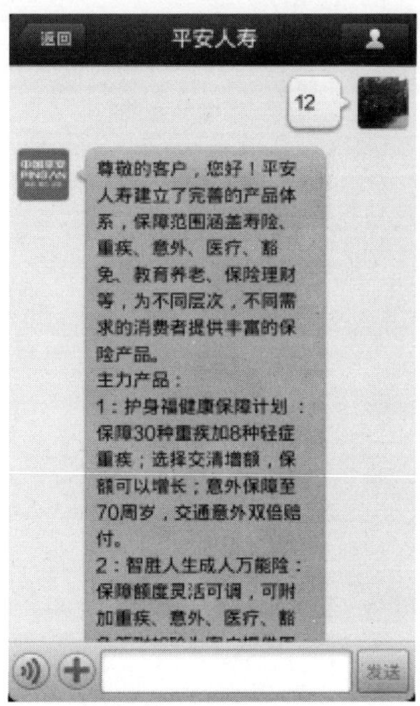

图 3-42 查看“热销产品”

以上是平安人寿产品的查询方法。当然，根据中国平安官方微信账号的提示也可以查询车险及其他产品的相关信息，查询方式相同，故不再重述。

第 4 章 汽车行业必看的经典案例

虽然中国已连续 4 年成为全球最大的汽车市场，但是仍处于汽车消费普及期。与其他国家相比，中国千人口汽车保有量（90 辆）仍显著低于美国（993 辆）、日本（624 辆）、韩国（377 辆）等国家。由于汽车刚性需求带来的中长期驱动力仍然存在，同时居民收入水平不断提高，城镇化建设带来更多的用车需求，使得汽车行业保持稳定的增长。在汽车行业发展形势良好的情况下，为了扩大汽车的销售量，于是考虑如何拓展汽车的营销思路，针对市场制定汽车营销对策已成为汽车行业再次发展的必要条件。

4.1 接我：力求“拼到车”的拼车 App

“接我”是一款基于地理位置的拼车应用软件，将去往同一目的地的司机和乘客实时连接在一起。“接我拼车”于 2014 年 10 月 15 日产品公测上线，并陆续入驻安卓市场、91 无线、小米商店等各大主流 App 平台。尽管在“接我”之前国内的拼车市场已有 AA 拼车、哈哈拼车、爱拼车，还有国外进入的 Uber，“接我”还是在上线不到两个月的时间就快速积累了近万用户，拼车撮合成功率高达 4 成以上，日均拼车成功数已过千单。

【公众号】jiewojoy

微信运营概览

“接我”于 2014 年 APEC 会议前将官网全面升级，主要实现了 PC 端与移动端同步的重要功能，以求给用户带来更好的拼车体验。利用免费巴士，为上班族提供了便利，推出“接我英雄团”提高成功率。

O2O 落地

1. 升级官网打通 PC 端与移动端

趁着 2014 年 11 月初 APEC 在北京召开，单双号限行的时机，“接我”看到了北京陡然增长的拼车需求，于 APEC 前将官网（www.jiewo.com）全面升级，主要实现了 PC 端与移动端同步的重要功能，以求给用户带来更好的拼车体验。如图 4-1 所示，是“接我”网站首页截图。

图 4-1　“接我”网站首页截图

在这次官网升级中，从截图来看，“接我”的网站设计清新，以浅蓝色为背景，让用户能享受到更好的浏览体验。在首页，“接我”并没有放置多余的文案，配图加上中间突出的“接我”汉字和拼音就占据了首页的绝大部分，在其上面才放置了一些必不可少的按钮。整体来说，感觉简洁而又不简单，一目了然，同时又能给予用户流畅的使用体验。

此次升级的重点是在网站上也推出了拼车的功能，而在这之前，只有 App 能实现实时拼车，网站只有活动列表、引导下载和企业介绍的功能。值得注意的是，在“我要拼车”的功能板块中，“接我”细分出“我是乘客”以及“我是司机”两个部分。当你想要拼车时，只要点击“我是乘客”，输入自己的起点、终点以及出发时间这些基本情况，系统就会自动与手机端同步，快速匹配线下资源，让用户最短时间内拼到车。

2. 利用免费巴士快速“Show”起来

2014 年 10 月以来，北京 CBD 国贸至燕郊段惊现一辆神秘的免费大巴，顿时吸引了媒体和上班族的眼球。这一大巴以高调华丽的姿态出现在“堵城”北京最为繁忙的这条线路——国贸到燕郊路段。这辆免费大巴从国贸的华贸桥发往燕郊时间是 19：00 和 21：30 半，每天数趟免费接送乘客往返于北京与燕郊之间，与上班族下班回家的时间不谋而合。没错，它就是“接我”推出的公益项目，这辆大巴叫“接我 Show 巴”，如图 4-2 所示。

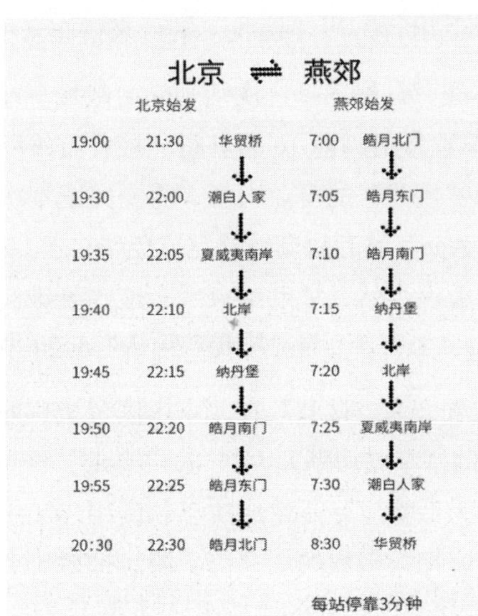

图 4-2 “接我”官网上的接我 Show 巴时刻表

"接我"的免费大巴不仅为上班族提供了便利，车内还安排了专业的主持人在车内表演节目，为忙碌了一整天的上班族提供了精神上的愉悦。人性化的免费服务，深受上班族的喜爱。尽管其本质上是一种企业营销的方式，但是毕竟给上班族提供了便利，更是在不知不觉中培养了用户出行的拼车习惯。

"接我"正是通过这种看似另类，却极为有效的方式打入了广阔的拼车市场，单单从燕郊到国贸，每天就有接近 3 万人次的拼车需求。"接我"通过大巴招揽有需求的乘客乘坐，来完成"接我"平台上客户资源和线路资源的积累。这是因为用户在乘坐大巴之前，需要在"接我"平台之上发布路线信息、乘车时间信息。"接我"再通过这些宝贵的数据就可以让拼车的成功率大大提高，因为客户和线路增加以后，车主也就会被吸引过来，这样车主就能找到最佳的拼车人，客户拼车的成功率自然就提高了。

这辆大巴简直就成为了"接我"的"吸粉神器"，虽然开通时间尚短，但大巴却给"接我"软件带来了几千个注册用户以及微信公众号的关注用户暴增，而且这其中就有相当一部分车主。另外这些粉丝们还给"接我"带来了许多宝贵的意见，这些足以证明免费大巴确实让"接我"Show 了起来。

3. 推出"接我英雄团"提高成功率

尝到了"接我 Show 巴"的甜头后，上班族不满足于一辆大巴，"接我"也想用更多的营销方式来吸引用户资源。双方可谓一拍即合，"接我"又推出了"接我英雄团"的活动，鼓励大家绿色出行，用"接我"平台来拼车。

国贸至燕郊的拼车热线，自然还是这次活动的主战场。在活动期间，会员中使用"接我"App 成功拼车订单数量最高前 10 名获得"接我英雄团"成员资格，而这些竞选出来的英雄们就会成为"接我"的公益大使，需要完成本次活动的公益任务：活动期间保证每周使用"接我 App"发起拼车线路完成免费接送"接我"乘客 10 次（乘客不重复）以上拼车订单任务。当然，活动结束后，这些英雄们也会获得"接我"提供的 3000 元公益津贴。如图 4-3 所示，是"接我"网站上面的"接我英雄团"宣传文案。

这些拼车英雄们的加入，为"接我"在北京市国贸至燕郊的热线带来了更多的拼车用户，而且还使平台上的拼车成功率大大提高，"接我"的 App 也就可以牢牢地进入用户的移动端了。这是因为低响应率是造成拼车软件用户流失的主要原因。连续用两三次都得不到及时的响应，绝大多数的用户都会淡忘掉拼车 App，甚至立刻卸载掉以减少内存占用。据了解，"接我"目前的成功率已高达 4 成以上，已实现了核心功能。

图 4-3 “接我”网站上面的“接我英雄团”宣传文案

4.2 新浪汽车：互动式推送

新浪公司是一家服务于中国及全球华人社群的网络媒体公司。新浪通过门户网站新浪网（SINA.com）、移动门户手机新浪网（SINA.cn）和社交媒体新浪微博（Weibo.com）组成的数字媒体网络，帮助广大用户通过互联网和移动设备获得专业媒体和用户自生成的多媒体内容（UGC）并与友人进行兴趣分享。

【公众号】auto_sina

微信运营概览

新浪网站旗下的新浪汽车，主要提供汽车报价、汽车图片、汽车视频、汽车价格及车型信息，每日更新上千条汽车新闻和报价，汇集国内外所有汽车品牌，是中国规模最大、内容最全、影响力最大的汽车资讯网站之一。

新浪汽车作为中国最大汽车资讯集散地之一，不仅每天发布上千条汽车新闻，而且还提供了许多关于汽车的工具。“新浪汽车”微信公众平台的营销策略，就是在微信“互动式推送”营销方式上做到了极致，即精选每天的汽车新闻、资讯，开发最适用的工具，以自定义菜单的形式（“车・资讯”和“车・工具”）提供给汽车爱好者。

O2O 落地

1. 车・资讯

对于汽车爱好者来说，不仅喜欢谈论各种新款车型、各种车型的评测数据和美女车模，而且还时刻关注各种购车方案，以方便更换自己的爱车。“新浪汽车”微信公众账号的营销亮点就是在上述各方面提供了各种精选资讯。

关注“新浪汽车”微信公众账号后，点击“车·资讯>新车速递”菜单，就会弹出“新车速递”信息列表，如图 4-4 所示。查看列表中的项目只需用手指轻轻点击即可进入。

点击“车·资讯>购车方案”菜单，就会弹出“购车方案”信息列表，如图 4-5 所示。查看列表中的项目只需用手指轻轻点击即可进入。

图 4-4 “新车速递”信息列表

图 4-5 “购车方案”信息列表

点击“车·资讯>图解评测”菜单，就会弹出“图解评测”信息列表，如图 4-6 所示。查看列表中的项目只需用手指轻轻点击即可进入。

点击“车·生活>美女车模”菜单，就会弹出“美女车模”信息列表，如图 4-7 所示。查看列表中的项目只需用手指轻轻点击即可进入。

汽车爱好者关注的不是一板一眼、枯燥的汽车资讯，而是阅读性、趣味性较强的信息。“新浪汽车”微信公众账号在这方面之所以会成功，是由于新浪汽车门户型网站为中国最大汽车资讯集散地之一，于千万信息中精选出来的资讯，没有理由不受到汽车爱好者的关注。

图 4-6 “图解评测”信息列表

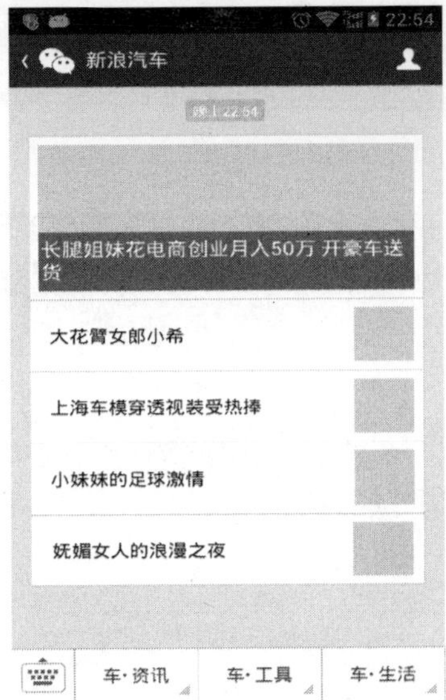

图 4-7 “美女车模”信息列表

2. **车·工具**

对于资讯类微信公众平台，为了吸引更多的微信用户，除了资讯信息要丰富外，还要提供各种实用性强的工具。“新浪汽车”微信公众账号的另一个特征，即提供了“查车型”“查油耗”“查图片”和“汽车知识测试”等工具。

点击“车·资讯>查车型”菜单，就会弹出“查车型”信息。根据“新浪汽车”的提示，在消息输入框中回复“奥迪”，就会弹出奥迪的信息列表，如图 4-8 所示。查看列表中的项目只需用手指轻轻点击即可进入，如图 4-9 所示。

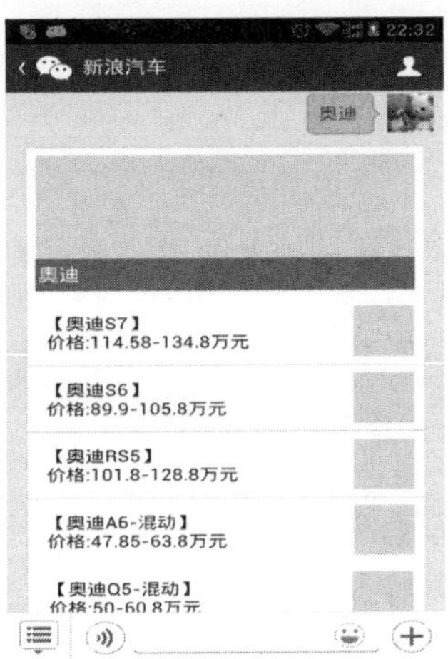

图 4-8 “奥迪汽车”信息列表

图 4-9 奥迪 S7 的页面

点击“车·资讯>查油耗”菜单，就会进入“汽车油耗”页面，如图 4-10 所示。在该页面中输入所要查看汽车车型（奥迪 A4），点击“查油耗”按钮就会进入油耗详细介绍页面，如图 4-11 所示。

图 4-10 “汽车油耗”页面

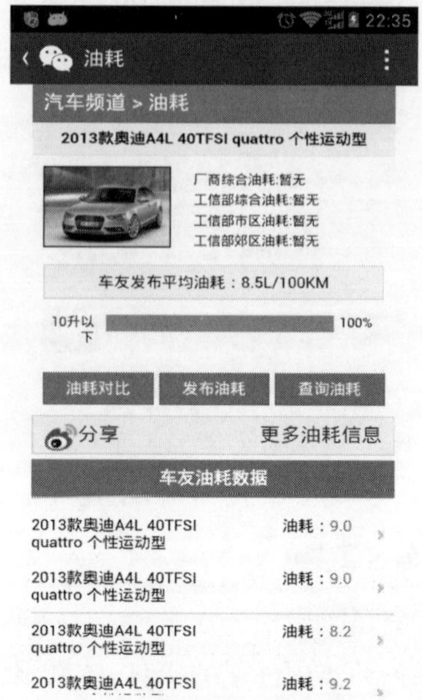

图 4-11 油耗详细介绍页面

点击“车·生活>测试题”菜单，就会进入“汽车答题测试平台”页面，如图 4-12 所示。对于汽车爱好者通过测试可以方便确定自己的汽车知识水平；对于“新浪汽车”微信公众平台，则可以收集客户的信息，经过分析后，制定更符合汽车爱好者的测试题。如果要进行测试，只需要点击相应的题目就可以，如图 4-13 所示。

新浪汽车同样开发了手机客户端 App，点击“车·资讯>App 下载”菜单，就会进入“汽车图片客户端下载”页面，如图 4-14 所示。点击相应手机操作系统的链接就可以实现 App 下载，安装完该客户端后，就可以随时随地尽享新浪之家带来的便利服务，该客户端的界面如图 4-15 所示。

“新浪汽车”微信公众平台中的各种车·工具，为汽车爱好者、消费者和购买者提供了极大的便利性，只要使用过一次，就会成为必不可少的常用工具之一。一款功能强大的工具，在微信营销中可以极大地加深关注者的体验。

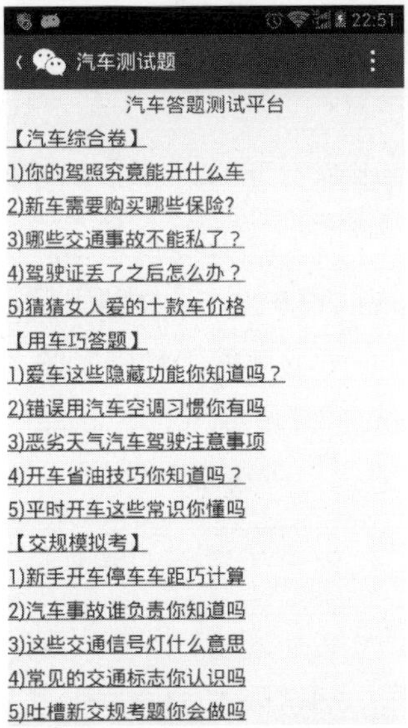

图 4-12 “汽车答题测试平台”页面

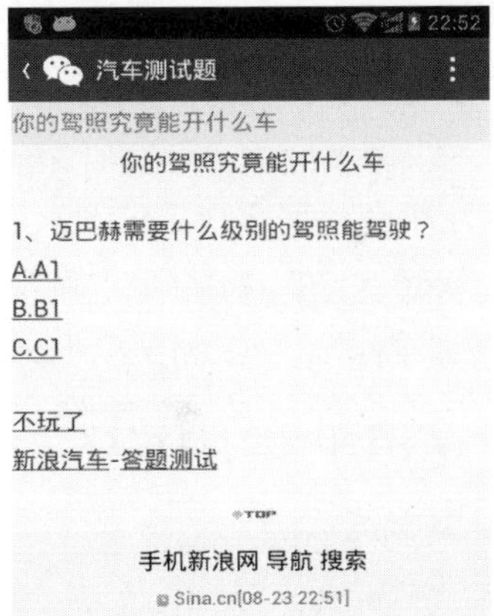

图 4-13 进行答题测试

图 4-14 “汽车图片客户端下载”页面

图 4-15 打开“汽车图片客户端”

4.3 易到用车：用 O2O 模式改变租车行业

易到用车于 2010 年 5 月在北京创立。作为中国第一家提供专乘约租车服务的互联网公司，易到用车网将 O2O 电子商务模式植入到了商务用车服务中。易到用车的客户打开易到用车的 App 或网站，便可以选择相应的租车服务，在线上完成下单和支付，而易到用车会根据客户需求做出准确安排，将最近的车派给最需要的客户。目前，易到用车已经覆盖全国 74 个重点城市，易到管理的司机超过 50000 名。2014 年 7 月，易到用车开通了纽约、旧金山、凤凰城的服务，进入海外市场。

【公众号】Tel-4001111777

微信运营概览

移动互联网时代，易到用车为你提供全新的用车生活。让打车难、开车累、养车贵等出行弊端都成为过去式。易到用车通过竞标和标签给予用户选择权，用持续的创新提高用户体验，深挖用户需求，提供极致服务。

O2O 落地

1. **通过竞标和标签给予用户选择权**

易到不仅仅满足于解决用户的打车需求，还力图让用户体验到私人专车般的打车服务。为此，易到在平台上给予了用户充分的自主选择的权利，比如，用户可以在易到平台上发出自己的打车需求，之后会有不同的出租司机进行竞标，而用户则可以从这些愿意提供服务的车里面，根据距离、价格，根据服务的指标，自主去选择最心仪的那辆车。这样的服务，构成了易到与其他公司的差异化优势。

同时，易到致力于在轻的平台上，去管控服务，或者激励好服务。基于此，易到借鉴了淘宝，除了把选择权交给用户，还设立了用户的评价机制，而用户的反馈也将直接影响这辆车生意的好坏。这就使得司机愿意提供给用户更好的服务，因为在这样的机制下司机会顾忌用户的恶评。如图 4-16 所示，是易到用车在线订车界面。

2. **用持续的创新提高用户体验**

不同于国内许多公司缺乏创新，只会复制原创，作为中国首家提供专乘约租车服务的互联网公司，易到用车能不断提出新的创意，做到能快人一步。这些小创新也给易到用车的用户带来了更好的订车体验。

图 4-16　易到用车在线订车界面

比如，易到跟移动合作，率先在车内提供 4G 的网络覆盖。用户一上车后，便可以免费享受 4G 服务，能享受到看电影的流畅体验。另外，易到也率先跟特斯拉中国合作，用户在易到的平台上订到特斯拉，预订到特斯拉的试乘试驾的活动。甚至，易到还特意用精油为易到的车调制了一种易到香，这种香氛会让人更加清新、舒服，易到的用户一上车，就能感觉到。这种味道也就形成了易到的专属味道，给用户带来了非常熟悉而又温馨的订车体验。图 4-17 所示为易到用车上面的车型。

图 4-17　易到用车上面的车型

3. 深挖用户需求，提供极致服务

易到在其客户端 App 上不断改进，挖掘出了用户的深层次需求，这就使得易到的

移动端订车体验更好，更易获得用户青睐。

易到根据用户的习惯需求，增加了语音对话和为别人订车的新功能。

在易到用车的 App 里，内置了一个语音对话功能，除了可以进行实时对话，还可以发送地址和常用语，易到把几句常用语“到了吗，在哪儿了，什么时候到？”加到了语音库里面，用户只要一键操作，就可以发给对方，从而大大提高了用户体验。

由于很多人有为别人订车的经历，易到便在 App 中加了一个为别人订车的新功能。为了让操作更加便捷，易到将此前已经有的企业账户功能复制到个人账户上，鼓励用户建立一个用车亲友团，就像信用卡附属卡一样。比如，你的父母在订车的时候，你就可以把你父母的手机号，加到用车的系统中来，他们用车，还是你付账。另外，还能实时地看到他们的位置，如果父母年龄大了，这样就有效地解决了你的担忧情绪。图 4-18 所示为易到用车客户端下载界面。

图 4-18　易到用车客户端下载界面

易到还在 App 中融入了许多本地化的元素。比如，如果用户找不到位置，就可以发一个带有地址的街景图片，还可以实时看车辆的位置。这样实时动态提醒的服务缓解了用户焦虑的心情。另外，易到在 App 中还开发了一个“发现”的频道，把车辆和当地的活动结合起来，比如演唱会、公众活动、美食餐厅等。易到会跟这些活动主办方合作，给易到用户更优惠的服务，鼓励用户去参与。

4.4　上海大众：线上线下配合推广

上海大众汽车有限公司成立于 1985 年，是一家中德合资企业，中德双方投资比例为：上海汽车集团股份有限公司 50%，德国大众汽车集团 40%，大众汽车（中国）投资有限公司 10%，为国内规模最大的现代化轿车生产基地之一。

【公众号】csvwvw

微信运营概览

每当上海大众发布一款新车型，其官方微信公众平台就第一时间为汽车购买者提供该车型的信息资讯。随着时间的推移，每款大众汽车车型一款不落，只要关注该微信公众账号，总有一款车型适合你。

“上海大众”微信公众账号之所以会大受欢迎，首先是内容定位准确，通过精美图片展示了每款大众汽车车型；其次是线上线下配合推广，不仅在微博、各大汽车资讯网站加入新车型和微信公众账号的宣传，而且在新车发布会、各大汽车展销会上于重点位置放置自己微信公众账号的二维码海报、易拉宝，通过用户扫一扫优惠的方式获得了大量的新增订阅用户。

O2O 落地

1. **车型鉴赏**

“上海大众汽车”微信公众平台专门提供了一个“车型鉴赏”选项来介绍该品牌的各款车型。对于各个汽车品牌公司，新款汽车的发布是一件重大的事情。同时，每款新车的出现，也会引起该品牌新一轮的购车热潮。因此，新款汽车的宣传，投入再多也不为过。

关注“上海大众汽车”微信公众账号后，点击“车型鉴赏”菜单，就会进入“车型选择”页面，如图 4-19 所示，该页面默认会展示该品牌最新发布的车型。点击自己想了解的车型（Gran Lavida 朗行）就可以进入该车型的鉴赏页面，如图 4-20 所示。

在“车型鉴赏”页面，主要通过 4 个方面来详细介绍，分别为“图片欣赏”“360 欣赏”“产品亮点”“配置报价”。

为了让客户对该车型外表有个整体了解，专门于“图片欣赏”里提供了 9 张效果图供查看，同时还实现了 360 度无死角的查看，如图 4-21 所示。每一款车都有自己的亮点，“上海大众”公众平台账号于“产品亮点”里通过“外观”“内饰”“功能”“科技”“安全”“动力”“空间”共 7 个方面进行了详细介绍，如图 4-22 所示。

图 4-19　“车型选择”页面

图 4-20　“车型鉴赏”页面

图 4-21　图片和 360 欣赏

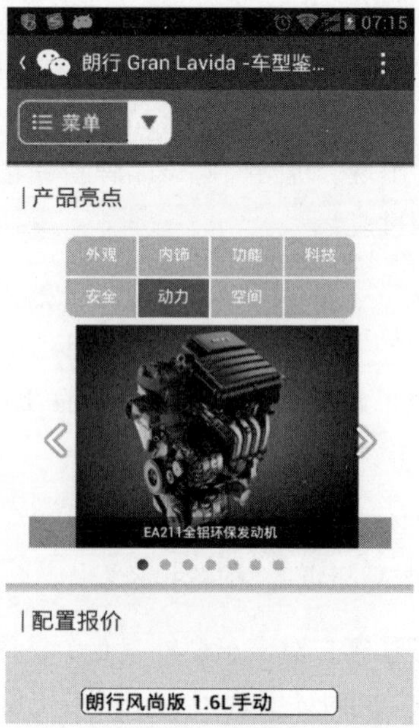

图 4-22　产品亮点

同一款汽车，配置不同，价格也会相差很大。因此，配置报价单对于汽车爱好者来说非常重要。向下滚动“车型选择”页面，就会在该页面的下面显示“配置报价”，如图 4-23 和图 4-24 所示。如果需要下载保存，只需要点击“点击下载车型详细配置表”就可以实现。

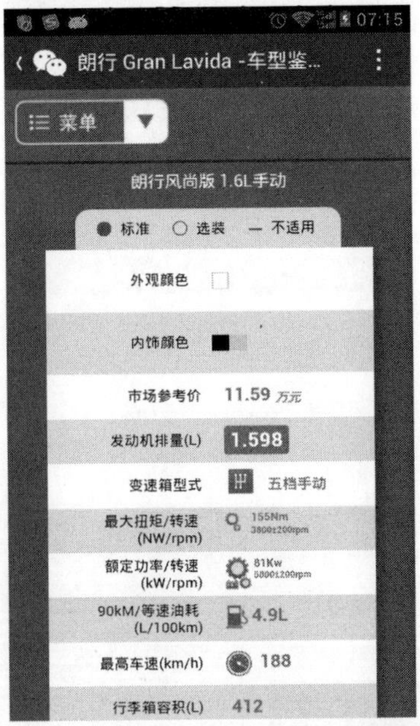

图 4-23　配置报价 1

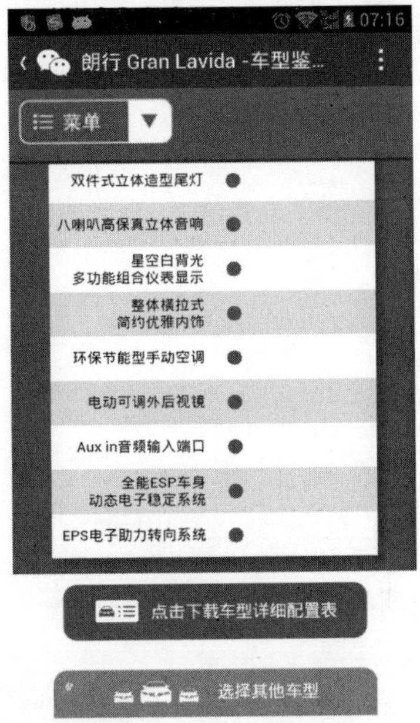

图 4-24　配置报价 2

“上海大众汽车”微信公众账号中的“车型鉴赏”，为汽车购买者提供了最全面、最权威的大众车型介绍和最透明的汽车配置报价，极大地提高了汽车购买者的用户体验性，增加了与他们之间的互动。

2. LBS 快速定位附近 4S 店

关注“上海大众汽车”微信公众账号，不仅可以查看该品牌下的各种车型，特别是最新车型，而且还提供了 LBS 快速定位附近 4S 店功能。点击“便捷服务>附近 4S 店”就会弹出提示信息，如图 4-25 所示。在“上海大众汽车”消息输入框中回复微信用户当前的位置，就会弹出“附件 4S 店”信息列表，如图 4-26 所示。点击距离最近的 4S 店信息（陕西富源汽车销售服务有限公司），就会以地图的形式展示出路线图，并显示该 4S 店的详细信息，如图 4-27 所示。

对于大众汽车购买者或者爱好者，只要关注“上海大众汽车”微信公众账号，就可以通过附近 4S 店功能，查找到附近的大众 4S 店为自己的爱车做各种保养等，非常便利。

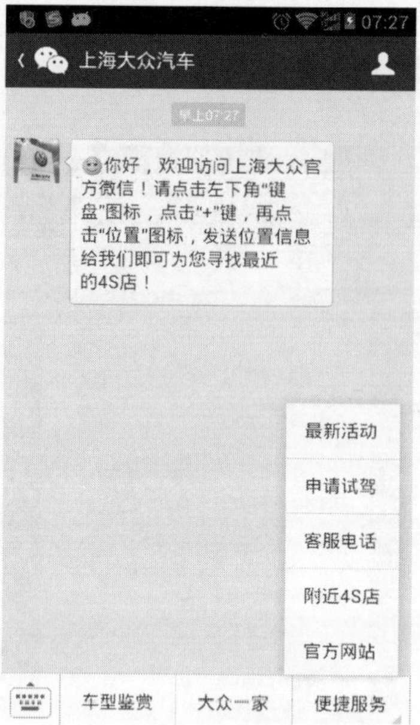

图 4-25　“附近 4S 店”菜单

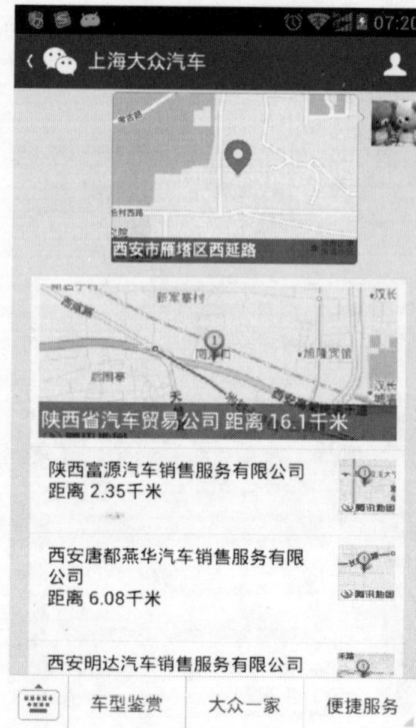

图 4-26　“附件 4S 店”信息列表

图 4-27　距离最近的 4S 店信息

4.5 汽车之家：玩转定位

汽车之家是全球访问量最大的汽车网站，成立于 2005 年 6 月。根据 iUserTracker 数据统计，汽车之家月度覆盖人数接近 8000 万。中国互联网汽车用户 60%的时间花费在汽车之家。

汽车之家主要为广大汽车消费者提供买车、用车、养车及与汽车生活相关的全程服务，以全面、专业、可信赖、高互动性的内容，多层次、多维度地影响最广泛的汽车消费者，是中国最具价值的互联网汽车营销平台。汽车之家以全球化的视野和深刻的行业理解力，未来将持续推出创新的服务内容，并强化移动互联网等领域的各种应用，始终引领汽车互联网传媒的发展。

【公众号】autohomeweixin

微信运营概览

"汽车之家"微信公众账号相比于前几个微信平台提供了更多的关于汽车方面的服务，如通过定位可以查看到附近的加油站、停车场、洗车店及汽修店，随时随地为汽车一族提供便利的服务。除此之外，"汽车之家"微信平台也运用了论坛的力量，吸引更多粉丝的加入，通过精选论坛的帖子、自驾游等信息发布汽车行业相关信息。

O2O 落地

1. **微信找车新玩法**

成功关注"汽车之家"官方微信账号后，看到其平台的 3 个菜单，分别是"最新车讯""车友互动"及"点点我"。使用菜单找车，先要点击"最新车讯"菜单，在菜单中选择"找车"，然后点击微信发送的信息，进入"汽车之家"微信网页，如图 4-28 所示。

在页面中可以按汽车的品牌、热门、价格及级别进行查找，为用户提供了多项选择。

如果用户是通过按品牌找车，那么点击后面的"更多>"可以查看更多的汽车品牌。最后，选择到自己心仪的品牌后，点击进入。此时，又可以根据汽车价格、级别、国别、排量及变速箱进行查找，如图 4-29 所示为按条件筛选的结果。

使用这种筛选的条件选车为购车者提供了更为快捷的选车体验，能根据自己心里所期望的参数进行选择并查看。

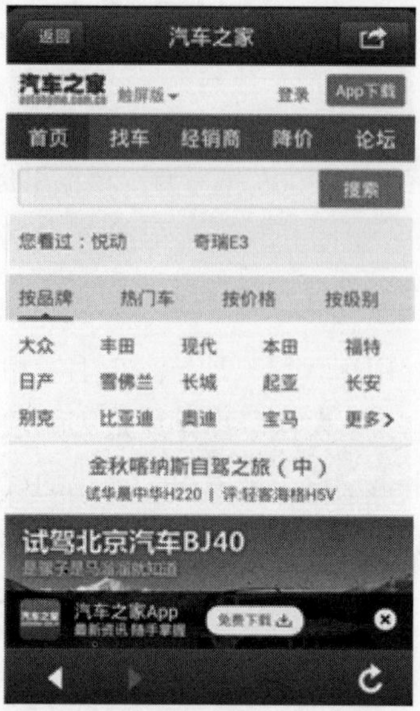

图 4-28　“汽车之家”微信网页

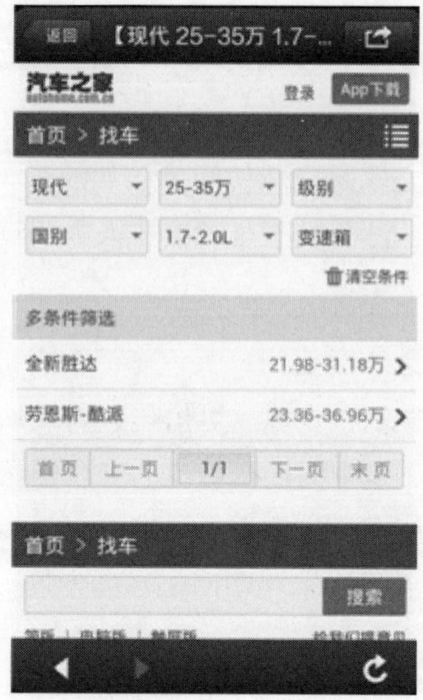

图 4-29　按条件筛选

2. **选车导购**

“汽车之家”微信平台提供的“选车导购”功能能与超市导购媲美，如图 4-30 所示。

图 4-30　选车导购列表

通过“选车导购”列表，可以查看到推荐的每款车型的详细特点及性能，并能非常直观地看到车内真图及车身图片，全方位介绍该车，如图 4-31 所示为“海格 H5C VIP 商务车”的详情。

不仅如此，汽车之家在“选车导购”中，还会将有同一特点的车型进行比较，让购车者能根据自身需要选择适合自己的车。如图 4-32 所示为“瑞虎与哈弗”两款车型的对比详解。

图 4-31　海格商务车导购详情

图 4-32　车型对比详解

3. 查看附近服务点

点击“点点我”菜单，选择“周边信息”查找周边汽车服务信息，如图 4-33 所示。

汽车之家推出的这项周边路况查询功能帮助有车一族查看附近的加油站、停车场、洗车店等。选择信息后，微信平台会马上通过百度地图查询到附近的服务点。如图 4-34 所示为查询到的附近停车场。

汽车之家同样开发有自己平台的 App 客户端应用。点击“点点我”菜单中的“下载客户端”即可下载到用户手机上，让您随时随地尽享汽车之家带来的便利服务。

图 4-33　周边路况查询

图 4-34　查找附近停车场

4.6　腾讯汽车：信息互动关键词库

腾讯汽车隶属于腾讯旗下，主要用于发布汽车行业相关资讯，帮助车友们查询汽车相关信息。“腾讯汽车”官方微信账号则是用来发布最权威的行业评论，最新鲜的新车资讯，最精准的购车引导，最贴心的用车服务，最活跃的车友社区。腾讯汽车号称是 2 亿人逛的汽车 6S 店。

【公众号】qqauto

微信运营概览

“腾讯汽车”官方微信账号主要使用了微信的信息推送服务，为粉丝推送各种指定信息资讯，包括有车展、新车、行业新闻、汽修等 13 种服务。粉丝们可以在输入框中回复微信提示的关键词获取信息。

此外“腾讯汽车”官方微信账号还设置有下拉式菜单服务，通过菜单让粉丝们即时了解行业相关头条及腾讯汽车搞的微信营销活动等，增进与粉丝之间的互动与沟通。

O2O 落地

1. 信息互动

成功关注“腾讯汽车”官方微信账号后，微信会发送信息资讯菜单导航，里面共设置有 14 个关键词，粉丝只需要输入这些设置好的关键词就可以获取到相关资讯，如图 4-35 所示。通过这种方式让粉丝在获得自己的资讯的同时，还能增进微信账号与粉丝之间的互动，统计出最受粉丝关注的资讯。

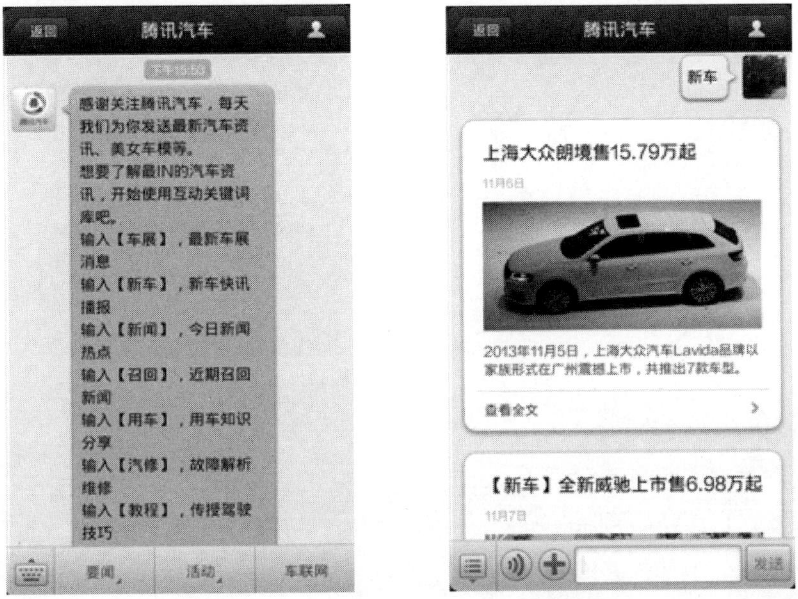

图 4-35　输入关键词查询“新车”相关信息

从上图中可以看到，在输入“新车”后，微信立即会将目前上市的新车资讯发送给粉丝，信息非常详细，包括有车型、品牌，价格等。如果想要查看新车的详情，直接用手指点击该车信息，即可进入详情页面进行查看，如图 4-36 所示为“上海大众”的详情。

图 4-36　“上海大众”详情

在信息推送这一设置里，最后一项菜单专程设置有一个“猜车”抢答游戏。此游戏将当天最新的八卦娱乐新闻联系在一起，让粉丝猜出明星的车型品牌。在输入框中回复“猜车”即可得到抢答题，如图 4-37 所示。

图 4-37　“猜车”抢答游戏

2. 腾讯汽车活动

点击“活动”菜单下拉菜单，可以查看当前“腾讯汽车”官方微信账号正在举办的活动。这是与粉丝们互动的切入点，通过活动，每次可以成功聚集到上百位粉丝关注，更能增加线上的活跃度。

从菜单中可以看到，“腾讯汽车”官方微信账号正在举办的活动有码到成功、摄影大赛、车展抢票及有奖拼图。参与这些活动的粉丝均可得到相关的礼品及回馈优惠等。如图 4-38 所示为“车展抢票”的活动规则，直接在菜单中选择“车展抢票”即可查看。

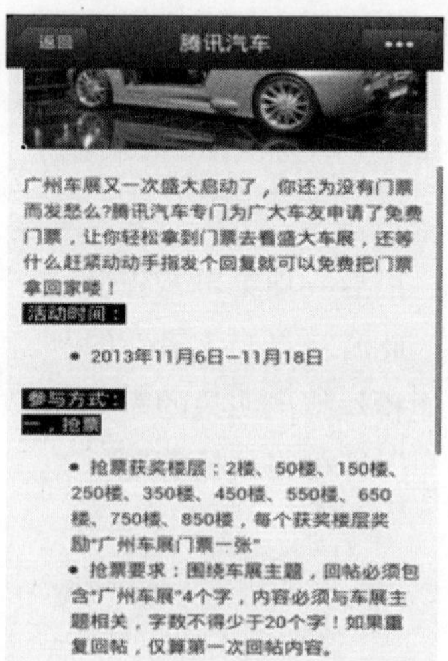

图 4-38　“车展抢票”活动详情

4.7 比亚迪汽车：微信预约试驾

比亚迪创立于 1995 年，现拥有 IT、汽车和新能源三大产业。2003 年，从 IT 电池领域进入汽车制造业，并快速成长为最具创新力的新锐民族自主汽车品牌，更以独特技术领先全球电动车市场。当比亚迪-秦新车上市后，借助微信整合营销 3 周内，粉丝互动率达到了 60%以上，3 个月实现了 3 万多个精准目标粉丝的积累，并成功收集了 2400 多个销售线索，创造了 2013 年 Q4 汽车行业的营销奇迹。

【公众号】byd-auto

微信运营概览

为了迎接新款车型“秦”的上市，“比亚迪汽车”微信公众平台将自身周围的所有社交媒体整合入微信营销中，架构了微官网、官方旗舰店商城、比亚迪 e 购和微社区，同时增设了预约试驾等模块。

在微信营销中，微信公众平台不是孤立的，完全可以其为中心结合传统的宣传推广体系，让传统推广资源和活动营销得到更大的价值体现，从而实现吸引粉丝关注以便营销的目的。在“比亚迪汽车”微信公众账号中，该营销策略得到了充分的体现。

O2O 落地

1. **整合营销**

关注“比亚迪汽车”微信公众账号后，点击“新闻与促销>手机官网”菜单，就会进入“手机官网”页面，如图 4-39 所示。在其首页展示了比亚迪的品牌车型，点击自己想了解的车型就可以进入该车型的鉴赏页面。

点击“购车与服务>在线购车”菜单，就会进入“在线购车”页面，如图 4-40 所示。在该页面展示了比亚迪 e 购和比亚迪官方旗舰店的链接，点击链接就可以打开相应的内容，如图 4-41 和图 4-42 所示。

点击“购车与服务>迪车会”菜单，就会进入“迪车会”页面，如图 4-43 所示。在该页面，为了吸引更多的微信用户参与，可以准备一些优质的社区主题，同时也实现了微信用户意见的直接交流和互动。

比亚迪汽车的整合营销，极大地提升了“比亚迪汽车”微信公众账号的互动性和用户服务体验，不仅快速扩大了比亚迪品牌以及新车型的口碑传播，而且还促进了微信粉丝数量的增加，加深粉丝对比亚迪-秦双擎双模卖点的印象，实现销售线索转化。

图 4-39　手机官网

图 4-40　“在线购”车页面

图 4-41　比亚迪 e 购

图 4-42　比亚迪官方旗舰店

图 4-43 “迪车会”社区

2. 试驾预约

关注“比亚迪汽车”微信公众账号后，如果对比亚迪汽车的外表、配置和报价都比较满意，还可以在线申请试驾。点击“购车与服务>试驾预约”菜单就会进入“试驾预约”页面，如图 4-44 和图 4-45 所示。在该页面中，输入相应的信息，点击“提交”按钮就会预约试驾成功。

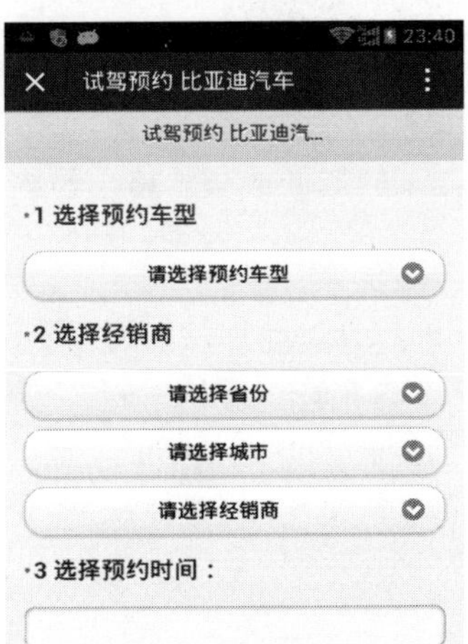

图 4-44 试驾预约 1

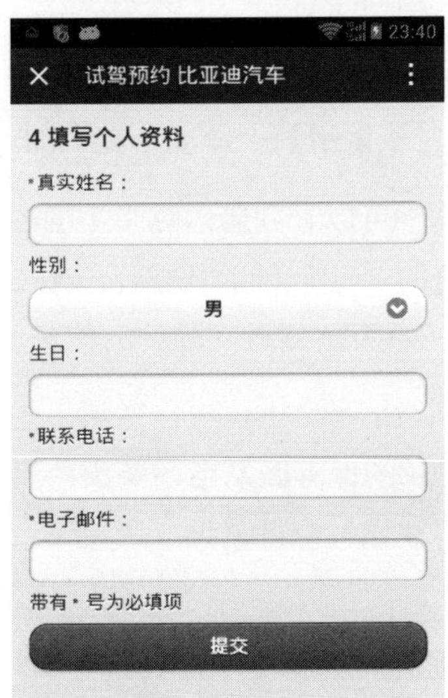

图 4-45 试驾预约 2

“比亚迪汽车”微信公众账号中的“试驾预约”模块，极大地方便了汽车购买用户，再也不需要通过电话、面谈等传统方式来进行试驾。

4.8 黄石长城汽车 4S 店：微售后

黄石长城汽车 4S 店属于湖北省黄石同发汽车销售服务有限公司。该公司专业从事长城汽车整车销售、售后服务及配件供应服务。

目前，长城客户无忧助手 App 正式上线，它是一款志为长城车主和更多关注长城的消费者量身打造的手机服务 App 软件，使用便捷、轻松，让您足不出户，就能享受到最便捷的随身服务。

【公众号】hsccqc

微信运营概览

“黄石长城汽车 4S 店”微信公众账号通过平台发布 4S 店内优惠活动、最新产品等信息。该平台主要用于长城汽车的选购、保养并为自己的客户做售后服务。

O2O 落地

前面几个章节介绍的都是一些官方平台的微信营销，着重于各种车型的查询、导购等服务，而“黄石长城汽车 4S 店”微信公众账号则只针对自身品牌的汽车做性能介绍及服务，如图 4-46 所示为查询到的关于长城汽车“哈弗”汽车的相关资讯。点击“热卖车型”菜单中的“哈弗系列”即可看到。

从右图中可以看到店内热卖车型的价格及车身图片。如果有中意的车型，还可以点击右下角的“询价”和“试驾”按钮，询问该款车的最低成交价格及预约试驾时间。如图 4-47 所示为试驾时间预约的信息填写页面。

通过该微信平台，还可以得到一些售后方面的服务，如预约保养，通过微信平台得到该店的预约保养联系电话及预约流程，如图 4-48 所示；养护学堂，得到关于汽车方面的保养知识；配件查询，通过平台查询与长城汽车相关的配件等等。

图 4-46　查看“哈弗系列”车型

图 4-47　试驾预约

图 4-48　预约保养

4.9 网上车市：第一时间微播报

网上车市自 1999 年发展至今，以“数据·人文”为理念，追求人、车、社会的高度和谐统一，将有形市场与无形市场融会贯通。网上车市于 2008 年先后加入 CNET（中国）网络和 CBS（哥伦比亚广播公司），利用强大的跨国媒体优势，倾力打造中国汽车及相关领域最权威、最具品牌影响力的网络媒体。

网上车市面向全国的经销商及消费者提供汽车报价、购车指南、汽车法规、车型介绍、进口汽车、国产汽车、汽车维修、二手汽车、汽车保险、汽车论坛、违章查询、车市分析、修车养车、汽车改装、降价等信息。

【公众号】wangshangcheshi

微信运营概览

“网上车市”微信公众账号的功能是第一时间为粉丝播报行业最新的新车、导购、试驾、降价等汽车资讯，还有一些便民服务。当遇到购车、用车等相关问题时，可以使用“网上车市”官方微信查询。另外，还可以查询自己的汽车今天是否限行，如果对感兴趣的汽车品牌不了解，直接打开微信，找到“网上车市”微信号即可查询。

O2O 落地

网上车市主要通过信息发送，将每天的汽车业内相关信息发送给粉丝。因为这些粉丝都是汽车业内的客户或爱好者，通过这种有针对性的信息推送服务，更能增加服务的目的性。

在输入框中回复“限号”，微信会立即告知你当地的限号规定，如图 4-49 所示。

根据微信回复信息提示，输入数字“1”还可以查看到当天天气情况，如图 4-50 所示。

虽然“网上车市”微信公众账号不比前面几节介绍的账号功能强大，它也没有菜单导航设置，但其信息回复灵活度却不比其他业内公司做得差。只要用户输入关键词就能找到自己想要的信息。如图 4-51 所示为输入“宝马”品牌后查询到的结果。

通过点击信息下边的链接，还可以打开“网上车市”的微信网站查看更多关于汽车方面的资讯，如图 4-52 所示。

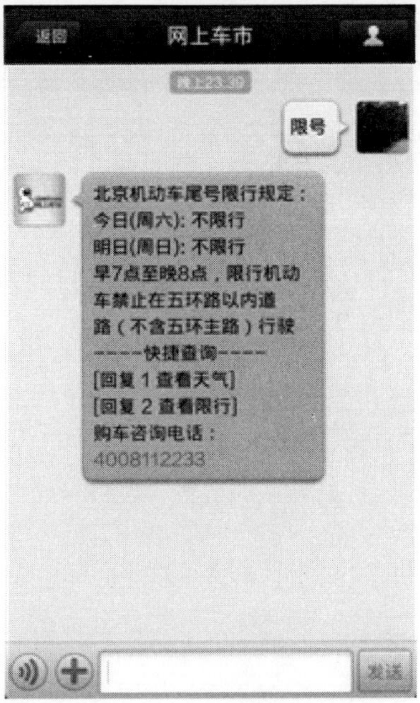

图 4-49　查看限行情况

图 4-50　查看天气情况

图 4-51　汽车查询

图 4-52　网上车市微信网站

在图 4-52 中可以看到，网站的右上角有一个“网上车市客户端”，点击该链接，可以直接将客户端下载到手机上，以后只需要打开手机客户端，就能同步到网上车市官网，查看最新汽车业内行情。如图 4-53 所示为已经安装到手机上的客户端首页。

图 4-53　网上车市手机客户端

第5章 生活服务行业必看的经典案例

从传统互联网转移到移动互联网，微信营销改变的不仅仅是传统行业的营销方式，更重要的是营销观念上的改变。营销就像太极，一推一拉，借力打力。推是行商，拉是坐商，推拉相结合则是大商。微信正是提供了一个合适的环境、合适的沟通渠道，加上一群合适的人。让商家先想清楚自己为什么需要这个平台，需要这个平台做些什么，在什么时间使用比较好。

5.1 到喜啦：从婚宴切入婚庆 O2O

到喜啦婚宴网于 2010 年 7 月上线，是一家垂直婚宴、喜宴预订的电子商务平台，除覆盖的婚宴酒店，还包括婚纱摄影、婚庆用品、婚纱礼服等与婚庆相关的品类。于 2010 年 8 月开始盈利，单月毛营收仅 20 万元，但截至 2013 年中旬，到喜啦月毛营收已达百万元。到 2014 年已发展成为覆盖全国 23 个重点城市、拥有 500 多名员工的创业型企业，已为超过 12 万对新人提供了优质的婚礼婚宴服务，目前已成为国内最大婚嫁 O2O 服务平台。

【公众号】daoxilacom

微信运营概览

到喜啦是国内最大的结婚预订平台，15 年专业婚宴预订服务经验，200 万对新人的共同选择，10000 家婚宴酒店资源，到喜啦帮你实现完美的婚礼。

到喜啦一开始选择从婚宴切入整个婚庆 O2O，紧抓行业痛点。到喜啦培训私人顾问，解决用户个性化需求。到喜啦上线结婚商城，提供一站式服务。

O2O 落地

1. **以婚宴切入，紧抓行业痛点**

到喜啦一开始选择从婚宴切入整个婚庆 O2O，这是因为其看到了中国婚宴的市场需求和消费痛点：与国外不同，中国人在婚庆上尤为重视婚宴。即使在国内，婚宴在各地的风俗差异也十分明显，这就使得举办让男女双方父母都满意的婚宴变得很困难。另外，在婚宴预订的过程中，用户往往会遇到虚假信息、来回奔波、应付砍价等各种困扰。

另外，婚宴的市场规模在整个结婚产业链中占比最大，是新人首先需要决策的问题，同时又是在结婚领域中线上标准化最强的领域。这些也是到喜啦选择婚宴的重要原因。

到喜啦选择以婚宴为婚庆 O2O 的切入点，以吸引用户的青睐。在熟悉各地婚宴风俗的区别及各年龄层新人对婚宴的消费习惯以后，就通过三步下单、真实客评、预约看场地等服务流程，为新人们打造出省心又快捷的一站式婚宴平台。如图 5-1 所示，是到喜啦婚宴酒店截图。

图 5-1　到喜啦婚宴酒店

2. 培训私人顾问，解决用户个性化需求

在主题婚礼、私人订制越来越流行的今天，新人们往往会注重自己的个性化需求。因此，在婚庆行业中的标准化只是基础，只是提高了效率，而解决新人们的个性化需求才是摆在婚庆 O2O 平台最重要的问题。只有学会针对不同的客户，满足其不同的需求，婚庆 O2O 平台才能吸引用户。

到喜啦并未像多数婚庆 O2O 平台一样设置普通的客服中心，这是因为客服质量往往参差不齐，并不能给予用户专业性的意见，更别说满足用户的个性化需求了。那么怎样为顾客提供专业而又个性化的解决方案呢？为此，到喜啦设置了私人结婚预订顾问的职位，在顾问上岗之前，为了让顾问与普通客服区别开来，到喜啦会投入大量的精力和金钱对顾问进行专业化培训，以便满足消费者的个性化需求。

这些顾问区别于一般平台的所谓客服，不但对行业理解深刻，更能够深入挖掘新人的需求。由于在实际案例中，新人们对婚宴及结婚相关产品的预订几乎毫无经验，也弄不清楚自己的真正需求，而私人结婚预订顾问凭借着专业的经验，就能挖掘出用户的个性化需求，为用户提供良好的服务体验，如图 5-2 所示。

3. 上线结婚商城，提供一站式服务

除了地域的扩张，到喜啦还花大把力气在整合结婚产业链上的各个业务单元。2013 年开始，到喜啦婚宴网结婚商城正式上线。到喜啦结婚商城是与婚嫁相关的专属网上购物与预订平台，致力于为有婚嫁需求的准新人们提供婚嫁一站式消费综合服务。现到喜啦除本已覆盖的婚宴酒店，还囊括了婚纱摄影、婚庆用品、婚纱礼服等与婚庆相关的品类。如图 5-3 所示，是到喜啦结婚商城。

图 5-2 到喜啦攻略问答频道

图 5-3 到喜啦结婚商城

到喜啦结婚商城除了提供一站式服务，让新人们筹备婚礼变得越来越便捷简单以外，还解决了传统婚庆行业价格不透明的痛点。这是因为商城提供的价格真实透明，并且无隐性消费承诺，能让消费者放心。与到喜啦婚宴预订相同，结婚商城的预订也可与专业的顾问团队直接沟通，一对一的免费服务让消费者可以更快、更便捷地选择到最适合自己的婚嫁产品。

5.2　e 洗网：重视线下管理系统的洗衣 O2O 平台

e 洗网是由百福莱战略投资运作的垂直 O2O 洗衣服务平台，上线于 2014 年 8 月。衣物、鞋帽、箱包、居家用品、奢侈品护理等都可以线上实现洗涤。用户只需通过 e 洗官网、官方微信、手机端或 400 电话下单预约，即可自主获得上门收送衣物的洗衣服务和奢侈品护理服务，还可以进行服务过程跟踪，而且平台还推出了“周末 e 袋洗”“e 洗多件”“时尚 e 洗”等个性化服务产品，以更好地满足居家百姓的生活需求。

【公众号】exi360

微信运营概览

打造中国最便捷的网上洗衣平台，足不出户轻松洗衣。e 洗网，时尚洗衣品牌百福莱战略合作平台。

e 洗网虽然是线上的综合洗衣平台，但是其线下却有独具特色的洗衣服务管理。e 洗网打造洗衣服务联盟体系、开发线下服务商管理端系统、将洗衣服务产品化和个性化。

O2O 落地

1. **打造洗衣服务联盟体系**

e 洗网虽然是线上的综合洗衣平台，但是其线下却有独具特色的洗衣服务管理。e 洗网充分考虑到了洗衣行业实际运营需要，联合遍布各个社区的高端时尚洗衣连锁店和洗衣机构，一起打造出了洗衣服务联盟体系，如图 5-4 所示。通过洗衣品牌门店服务商为客户提供到家专业的上门收衣、专业洗涤护理和送衣到家服务。因此，e 洗网平台的物流方式就是门店专业人员上门取衣，客户可以在平台上选择就近的服务门店，或者专业护理的门店和服务项目，实现就近服务的原则，这样不仅降低了物流成本，同时也让这个取衣、洗衣的服务过程更有保障。

据悉，e 洗网目前在北京、天津、长沙、太原等已经开通各项在线洗衣服务，其整个洗衣服务联盟体系已经拥有近千家洗衣品牌服务连锁门店，其中包括百福莱、百强洗衣等知名连锁洗衣品牌。

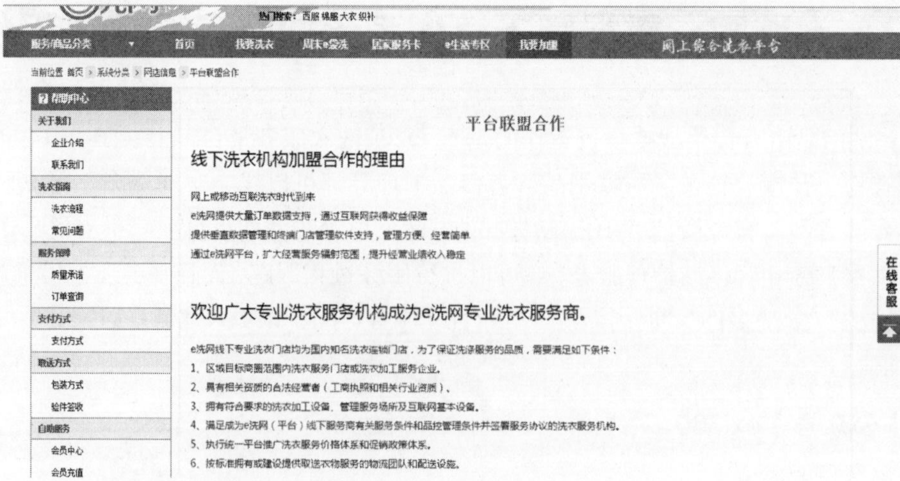

图 5-4 e 洗网加盟界面

2. 开发线下服务商管理端系统

相对于目前部分洗衣网站，依靠线下的洗衣服务联盟体系，e 洗网最大的特点和运行核心能力是线下管理运营生态体系。e 洗网用了一年的时间开发了线下服务商管理端系统，确保对订单的整个管理流程达到自动化和同步化。通过这个系统，不仅可以让线上订单能够自动分配或就近分配到门店，而且门店可以对订单进行实时监测，根据订单数据实施线下取衣、洗衣、熨烫、打包、上架、包装送衣等标准化的流程服务，以及门店订单的服务费分账即时到账功能等。此外，e 洗网运营部门也可以通过该系统实时跟踪和监测每个订单的服务状态，确保服务质量，而消费者也能通过 e 洗网跟踪衣物的各个洗涤过程。

除了用在订单管理上面，这个系统在会员数据管理方面也有很大作用。e 洗网通过这个系统，不仅能有效地识别门店原有的会员，还能帮助原有门店的会员自动成为 e 洗网上的会员，让其获得线上会员的各项体验。同时，门店也可以通过系统帮助店内的顾客注册成为会员。在会员推广方面，e 洗网还使用了先进的会员倍增管理和推广模式，推动会员的跨店网络消费。目前，e 洗网上线后，近千家门店的会员自动成为 e 洗网上的会员，也为其带来了近百万的会员数据，这为以后基于大数据的精准营销奠定了基础。如图 5-5 所示，是 e 洗网“居家服务卡”。

图 5-5　e 洗网“居家服务卡”

3. **将洗衣服务产品化和个性化**

e 洗网打造的是洗衣服务产品化和服务个性化的 O2O 会员平台。在 e 洗网平台，除了提供衣物服装、家居、普通箱包、车饰、鞋帽、酒店布草等超过 100 个清洗类目外，e 洗网还能提供奢侈品的养护服务和生活服务。可以通过官方网站、手机 App、微信、400 呼叫中心等 4 种方式下订单，足不出户，就能洗衣，如图 5-6 所示。

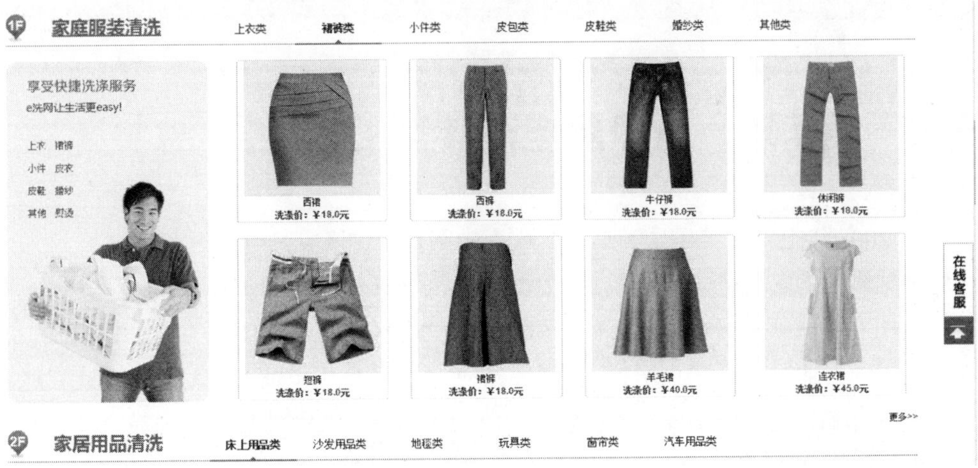

图 5-6　e 洗网不同清洗类目

同时，e 洗网还根据客户需要设计了个性化的服务产品，让客户相比较自己将衣物送到门店更值得、更轻松、更具有消费的合理性。比如，周末 e 袋洗，这个产品服务配置了专业的服务团队和门店，在平台运营后，就能基本满足那些年轻家庭周末的洗衣需求，他们可以拿出更多时间放在周末生活和其他生活方面，帮他们省去烦心的家庭洗衣事务。这个产品化的服务，具有客户诉求的现实和运营的现实。目前，e 洗网已经为每家线下服务商下发了 100 多个袋子。这样具有贴近生活需求的服务产品还有很多，比如换季 e 袋和每月 e 袋等，都实现了运营，并且实现了各用户端的数据对接，顾客体验增强，用户选择性增强，如图 5-7 所示。

图 5-7　周末 e 袋洗

5.3　美乐乐：从家具电商转型 O2O

于 2008 年上线的美乐乐家具网，成为中国首家进入家具电商行业的 B2C 网站。作为中国最大的家居电子商务平台。2011 年，美乐乐又开设家居体验馆，率先在国内实现由线上美乐乐家居网与线下美乐乐体验馆为基础的“O2O 双平台”营销模式，成为家居电商行业第一个“吃螃蟹”的人，并且成为了中国电商 O2O 商业模式实践典范。2013 年初，美乐乐拓展海外供应链，成为中国唯一在海外建立大规模家具采购体系的电商。在 2014 年，美乐乐更是进入飞速发展阶段，全面推进了各项 O2O 战略。

【公众号】meilelegw

微信运营概览

美乐乐是中国领先的集装修、建材、家居于一体的 O2O 网站，是中国家居领域最受消费者欢迎和最具行业影响力的电子商务网站之一。美乐乐开设线下体验馆，从B2C 转型 O2O。美乐乐建设开放平台，提供一站式服务。

O2O 落地

1. 开设线下体验馆，从 B2C 转型 O2O

为了更好地满足客户网购家具的体验需求，美乐乐首家家居体验馆于 2011 年 4 月在四川省成都市武侯区落成，开始实行“线上销售+线下体验”的运作模式。如今，美乐乐家居体验馆总数已达数百家，覆盖全国 30 个省级行政单位的 190 余座城市，构成了中国最大规模的家居 O2O 电子商务体系。如图 5-8 所示，是美乐乐家居体验馆。

图 5-8　美乐乐家居体验馆

美乐乐的家居体验馆就相当于美乐乐的线下实体平台，主要的功能是展示家具品牌，并且为消费者提供体验，除此之外，还要承接与所售产品相关的服务及售后业务。美乐乐家居体验馆，以实体店铺为基础，最主要的作用便是实现电商服务本地化。无论是运送、安装还是相关的售后问题，通过开设体验馆的方式都可以得到很好的解决。

美乐乐在家居体验馆中安排了专业的家居导购，可依据客户的需要，为客户解答有关美乐乐家具、建材产品的相关问题，也可以根据客户的实际情况与美乐乐产品的特性，为客户提供量身定制的购买、搭配方案。与此同时，家居体验馆也是承接服务及售后的平台，是消费者与美乐乐直接沟通的重要渠道。

特别是，美乐乐的导购进入公司以后，前 6 个月每周都要考试，如果出现多次不能通过考试的情况，就会被淘汰掉。因此，美乐乐的很多导购不是因为销量，而是因为考试未通过而被淘汰掉的。美乐乐设置如此严格的员工管理制度，说明了管理层对销售导购工作质量的严格要求，同时也体验到了美乐乐对用户体验的高度重视。

据悉，为了提高产品的丰富度和选择度，美乐乐还开始了自己的大店计划，以便用更大的面积容纳更多的家居品牌。

2. **建设开放平台，提供一站式服务**

美乐乐在稳固了家具业务之后，于 2012 年对自身业务进行了升级，网站上不仅增设了建材、家饰板块，还在 9 月份上线了美乐乐装修网。这样一来，便能为消费者提供集家装设计、建材、家具、家饰于一体的一站式服务，消费者通过这样一个平台可以完成其整个家装过程。美乐乐此举本质上是对自身 O2O 模式的进一步完善，即通过这种一站式装修的方式，将消费者家装过程做最大程度的简化，给予用户极致的家装体验。同时，扩展自身业务范围、提升自身服务也能吸引更多的消费者，更加容易获得消费者的信任，打消、打破消费者对其线下业务不足的质疑。

目前，美乐乐以家具为出发点，积极向上游产业拓展，打通了从装修到建材再到家具的产品服务链，蜕变为集家具、建材、装修等为一体的综合性电商平台，从而实现了 O2O 的生态闭环。此外，美乐乐还在不断拓宽平台的品牌渠道，吸纳大量的第三方知名家居品牌入驻美乐乐，从而打造出品类丰富全面的家居电商业态，如图 5-9 所示。

图 5-9 乐家居（美乐乐装修网）

5.4 易结网：以内容为驱动的婚庆 O2O

易结网于 2013 年 12 月创办于北京，由美薇亭推出，易结网是一家婚礼订制服务平台，是一个为婚礼供应商提供直面客户的展示平台，同时也是一个直接为客户提供各环节服务的互动平台。平台上的婚礼供应商包括策划师、摄影师、摄像师、花艺师、化妆师、灯光师等。网站主要分为看作品、婚礼学院、找婚礼人这三大板块。2014年6月，易结网获得IDG资本数百万美元A轮投资。

【公众号】easywed

微信运营概览

易结网是一个关于定制婚礼的互动平台，无论是摄影师、摄像师、花艺师、化妆师，主持人，只要与婚礼有关，易结网应有尽有。易结网提供真实的婚礼作品和案例分享，打造婚礼学院，提供个性化的找婚礼人服务。

O2O落地

1. 提供真实的婚礼作品和案例分享

很多时候，新人们没有任何婚礼方面的知识与经验，在策划婚礼或与婚庆、摄影公司沟通时，也就很难通过具体的画面表达自己所想。这时候如果有他人婚礼的案例作为用户的参考，就可以有效地解决新人们的困惑，也就很容易让其做出购买某项婚庆服务的决定。易结网正是考虑到了新人们的这一痛点，从而采取了以内容驱动的模式。

在易结网上，婚礼供应商都会在看作品的板块分享自己的真实作品和案例，以供用户欣赏和参照，从策划师、摄影师、摄像师到花艺师、化妆师、灯光师等，各种各样的作品都可以被用户找到。为保障内容质量，整个社区采用的是PGC（Professionally Generated Content，专业生产内容）模式，也就是说普通用户并没有发帖权限。该板块分婚纱照和婚礼照两部分，并且所有照片都是从拍摄地点、拍摄人、价格这三个方面向用户展示，因此用户可以很方便地筛选出有参考价值的照片，如图5-10所示。

图5-10　易结网的作品频道

2. 打造婚礼学院

易结网除了有 PGC 的部分，还有 UGC（User Generated Content，指用户生产内容）部分，即网友将自己 DIY 的内容通过互联网平台进行展示或者提供给其他用户。这部分就是婚礼学院模块。在这个婚礼学院中，用户不仅可以学习相关的婚礼攻略，还可以发表图片、提出问题、分享经历以及参与到其他用户的讨论之中。这个社区以婚礼为核心，针对性地提供了攻略和 UGC 社交平台，有助于提高用户的体验，增加用户黏性。如图 5-11 所示，是易结网婚礼社区。

图 5-11　易结网婚礼社区

3. 提供个性化的找婚礼人服务

据悉，美薇亭在婚礼顾问界有着不错的口碑，合作的婚礼供应商已有 200 多家，且在持续扩展中。另外，易结网的创始人在婚礼摄影界也有一定的个人交际，这也为平台带来了婚礼供应商的资源。因此，易结网并没有遇到那些纯互联网团队做 O2O 会面临的线下资源不足的困难，可以快速启动，特别是婚庆 O2O 中的核心资源婚礼供应商。

在婚礼人方面，得益于原有的美薇亭的资源，易结网一开始先从主持人、化妆师、摄影师、摄像师入手。之所以这么做，除了他们是婚礼团队里最为核心的四个角色以外，还有一个重要原因就是，客户对这四类需求相对独立，有时候哪怕已经找好了婚庆公司，还是愿意在外面找主持人、化妆师，也就极有可能成为了易结网的客户。尽管如此，易结网不断丰富品类，现在已经拓展到了花艺师、灯光师等场地布置类的婚礼人。如图 5-12 所示，是易结网“找婚礼人”频道截图。

图 5-12　易结网“找婚礼人”频道

5.5　阿姨来了：经纪人制度的家政 O2O 企业

阿姨来了是一个基于家政经纪人制的家政服务在线预订及支付平台，是我国领先的家政经纪服务商，于 2013 年 10 月正式上线。目前，阿姨来了的网站、App、手机网站、微博、微信公众平台等已经建设完成，累计为 10 多万人次提供过家政服务方面的工作。2014 年 8 月 5 日，获得了清科资本数百万美元的 A 轮融资。阿姨来了的背后是一家成立了七年之久的传统家政服务公司——嘉乐会。

【公众号】coleclub_2007

微信运营概览

阿姨来了是一个基于家政经纪人制的家政服务在线预订及支付平台，是我国领先的家政经纪服务商，阿姨来了的背后是一家成立了七年之久的传统家政服务公司，嘉乐会。嘉乐会是 AAMA 亚杰商会摇篮计划、飞马旅创业企业成员，成立近七年，下设 10 多个品牌连锁直营店，是一家会员制专业家政服务机构，是一个知识管理型的服务企业。

阿姨来了，采用经纪人制度，解决行业痛点；采用风险管理，让三方放心；通过审核和培训，让服务有保障。

O2O 落地

1. 采用经纪人制度，解决行业痛点

首先，由于家政服务是入室服务，信任就成为家政服务中雇主和阿姨之间的第一个难点；其次，阿姨和雇主之间有时由于所处阶级、环境不同，而阿姨们本身素质、技能水平参差不齐，往往导致信息不对称，因此沟通就成为两者之间的第二个难点。

针对这两个行业痛点，阿姨来了采用了经纪人制度，既有效地避免了与线下传统家政中介的竞争，又能与别的家政 O2O 企业有所区别。因为这种经纪人制度并非走中介路线，而是让家政人员入驻平台，雇主通过经纪人的安排，再借助 LBS 基于位置的服务，寻找附近合适的家政人员。

家政经纪人不仅会对阿姨进行招聘审核、岗前培训、雇主面试等前期安排，还要在合同签署之后做矛盾调解、后续换人或解约等工作，也就是要负责从客户需求分析、匹配、面试辅导、培训、销售、矛盾处理协调、合同拟定和解读等全流程的工作。这些工作流程从很大程度上就保障了家政阿姨的信誉水平与工作技能的标准化，以确保为雇主带来高质量的家政服务。经纪人在整个家政服务环节，是雇主和阿姨矛盾交集的缓冲带，在家政服务中具有重要的作用。

同时，在阿姨来了的平台上，阿姨的服务质量与家政经纪人的信用等级绑定，而信用等级又决定了家政经纪人的收入，这就让经纪人发自内心地关注雇主需求，关心阿姨成长，从而提高雇佣匹配度，提升服务质量。如图 5-13 所示，是阿姨来了的经纪人。

图 5-13　阿姨来了的经纪人

由于家政经纪人与阿姨来了之间并不是雇佣关系，而是合作关系，阿姨来了扮演的是提供平台、撮合雇佣的角色，从而获取佣金盈利。这一点也加强了阿姨和家政经纪人的流通性。因此，阿姨来了本质上是利用互联网优化家政中介业务，与线上的中介平台有所区别，而不是打败传统家政中介，这就从根本上避免了与中介竞争的问题。

据悉，阿姨来了在北京、上海两地拥有家政经纪人 100 多人，累计为 10 多万人次提供过家政服务方面的工作。值得一提的是，超过 1/3 的服务对象为文体明星、企业家、外国驻华使领馆及企业的高阶层人士。

2. 采用风险管理，让三方放心

需要找阿姨的用户可以通过网站、手机 App、微信等渠道在阿姨来了的平台上提出自己的需求。经过在网站上对阿姨基础简历的细分筛选之后，阿姨来了会委托其经纪人与客户一对一服务，根据雇主的需求匹配阿姨。接着由线上服务转向线下，经纪人安排雇主对阿姨的面试，用户满意之后即可确认签约。

因此，经纪人是阿姨来了的核心资源，并且阿姨来了主要的收入，来自于佣金分成；经纪人赚取佣金收入，跟平台分成。那么，如何让经纪人依赖平台，不接私活，不流失呢？因此，经纪人的监管就成为了一个重要的问题。如图 5-14 所示，是阿姨来了的服务承诺。

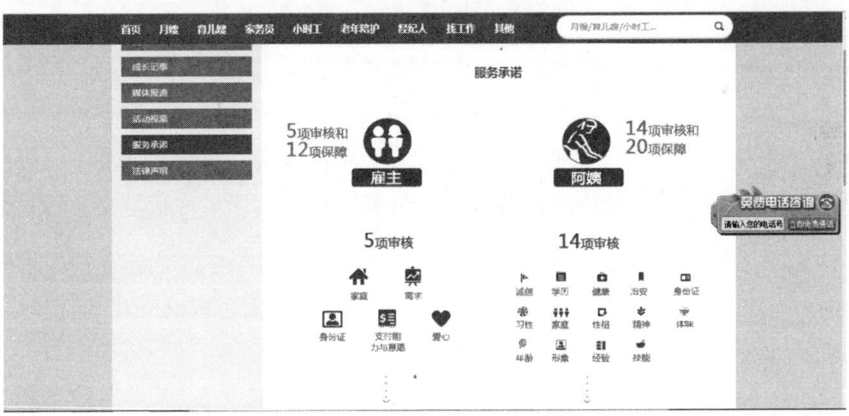

图 5-14　阿姨来了的服务承诺

阿姨来了的应对措施就是风险管理。阿姨来了有一系列的风险承担的承诺，对客户有 12 个保障，对阿姨有 20 个保障，依靠这样的保障体系，做到让客户、阿姨和经纪人三方都放心，经纪人也就在挣钱的前提下没有了后顾之忧。因此，阿姨来了只要再处理好佣金分配的问题，就不用担心经纪人接私活了。

3. **通过审核和培训，让服务有保障**

考虑到家政服务过程中阿姨的安全性以及为雇主提供的服务保障，阿姨来了对阿姨和雇主的信息有一套严格的审核程序。阿姨来了对阿姨有身份证认证、陪同体检、学历认证等 14 项岗前的把关，同时对雇主也有 5 项审核。这样既保证服务员背景资料的真实性，又保证雇主所提供信息的真实性。为了满足雇主对阿姨的个性化需求，阿姨来了目前推出了根据星座、血型、属相等其他条件选阿姨。如图 5-15 所示，是阿姨来了的线下门店。

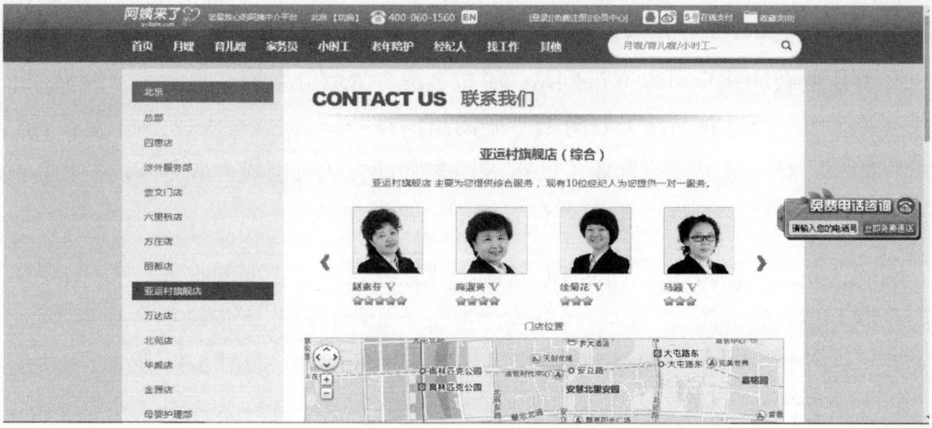

图 5-15　阿姨来了的线下门店

除了审核阿姨和雇主的信息以外，阿姨来了开启了双重的培训课程，既有对经纪人的培训，又有对阿姨的培训。对经纪人的培训是免费的，到达一定程度后，还会对经纪人做一系列职业规划。对阿姨的培训分为免费和收费：在免费的 360 度贴身培训中，阿姨们会得到随时随地的现场指导，比如如何清洗冰箱、擦玻璃等；收费培训主要是育儿等，比较高端的一些服务还会有相关证书的发放。

另外，阿姨来了还有一个严格的规定，新阿姨入职三天以内必须进行免费的培训，并且不允许未经培训的家政人员直接上岗。

5.6 深圳海岸城：官网微信强强联合

深圳海岸城坐落于深圳南山后海，东南毗邻后海滨路、创业路，西北接壤滨海大道、后海大道，以核心商业的姿态，携领凯宾斯基酒店、保利文化广场、天利中央广场，共同构建出南山商业文化中心区。

海岸城购物中心集知名百货、高级零售、特色餐饮、潮流娱乐、高档影院、真冰溜冰场等多功能休闲服务于一体，荟萃了购物、美食、娱乐、运动、文化、康体、观光等多种现代生活方式，云集了 50 家全球风行的特色美食，近 300 个规模不一、功能各异的品牌店铺，是迄今为止深圳西部经营面积最大、功能最齐全、服务人群最广泛、最具代表性、时尚气息最浓郁的滨海风情多功能城市复合体。

【公众号】szhaiancheng

微信运营概览

海岸城的营销特点是将官方网站的功能嫁接到微信上，使用微信针对性强的功能锁定目标人群。海岸城在微信上为每位粉丝送出了一份“开卡礼”，该礼品包括有餐饮美食及时尚购物方面的优惠卡，通过该活动吸引粉丝，聚集人气。

O2O 落地

1. 领取“开卡礼”

添加关注后，海岸城会弹出领取开卡礼提示，如图 5-16 所示。

根据提示信息，海岸城为粉丝提供了 13 家人气商家的专享优惠，点击后面的链接即可进入会员卡特权，如图 5-17 所示。

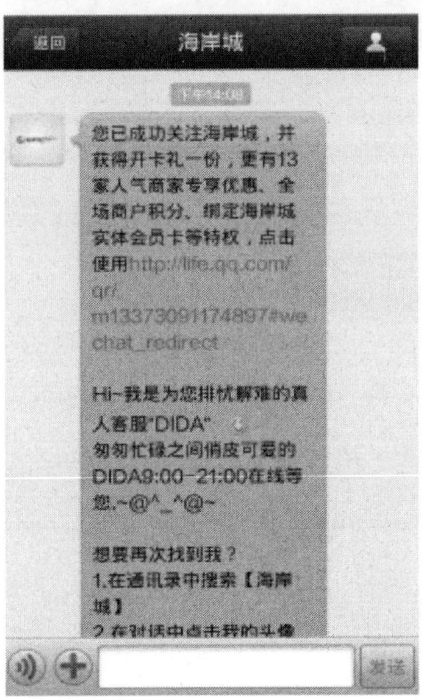

图 5-16　提示信息

图 5-17　会员卡特权页面

此时，用户可以点击自己感兴趣商家推出的优惠卡标题进入优惠卡界面。如图 5-18 所示为 L3 许留山：满 60 元减 10 元的优惠卡。

点击“立即使用”按钮，用户就可以在该店中使用此优惠卡，如图 5-19 所示为“汉拿山”的优惠卡使用页面。在页面中显示有“展示此页即可使用特权”，并在下面显示有验证码。

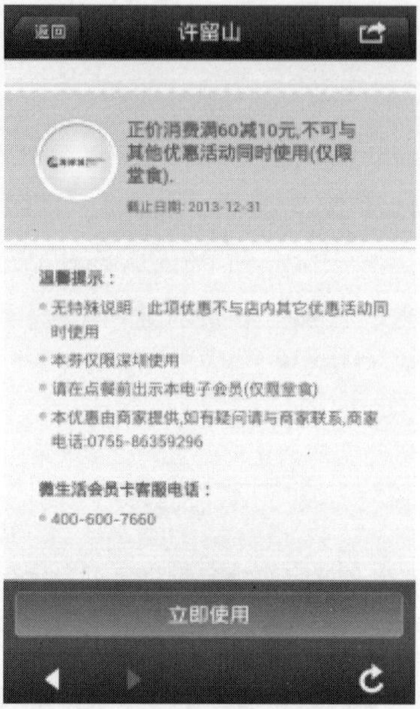

图 5-18　提取优惠卡

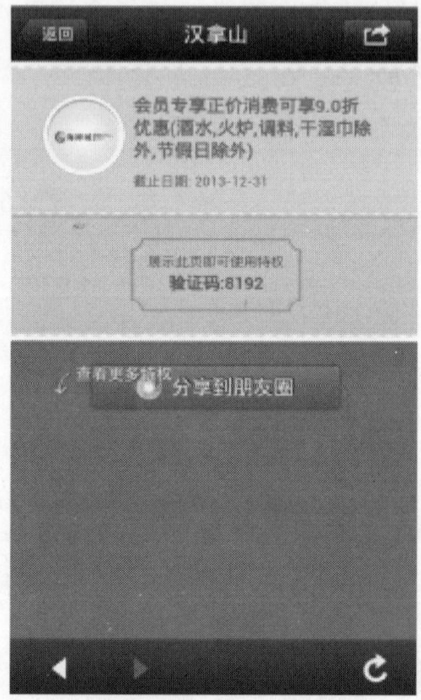

图 5-19　使用优惠卡

点击图 5-19 中的“分享到朋友圈”按钮，可以将此会员卡分享到自己的朋友圈中。海岸城使用微信中的“朋友圈”功能，将优惠特权发送到朋友圈，如图 5-20 所示。

图 5-20　分享到朋友圈

2. Dida 服务

海岸城推出的真人“dida”服务，会在每天上午 9 点至晚上 9 点为粉丝“排忧解难”，用户在输入框中输入问题，dida 会在第一时间向你解答，如图 5-21 所示。

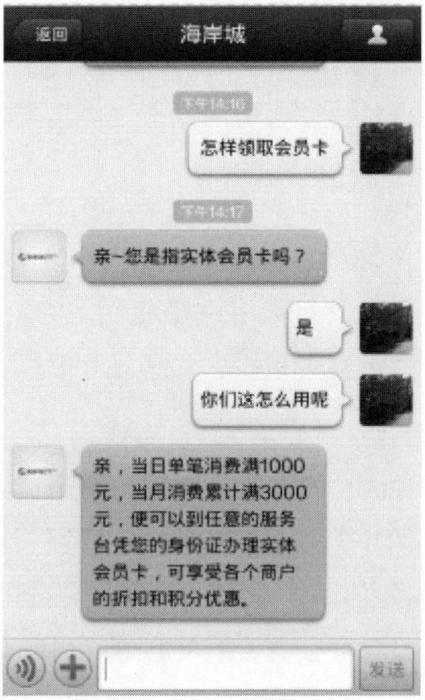

图 5-21　dida 客服

真人客服总会比机器客服的灵活度强，感觉在提出问题时都会更随意一些，不会想着如果系统中没有设置这样的关键字怎么办，而在这里，只要你想得到，dida 客服是不会让你失望的。

5.7　乐友孕婴童：进行全渠道零售的母婴 O2O 模式

乐友，可能是孕婴童这个万亿市场上营业规模最大的零售企业，成立于 1999 年。乐友销售的商品囊括了孕婴童市场 16 大类，3 万余种单品。与之合作的供应商超过 530 多家，遍布全球 21 个国家。截至 2014 年 3 月，乐友门店达到 400 余家，网上商城注册会员数量超过 500 万人。乐友孕婴童为消费者提供了一站式专业服务以及便捷舒适的购物享受。

【公众号】leyou-1999

微信运营概览

乐友孕婴童成立于 1999 年，是全国领先的孕婴童连锁零售企业。创新采用“连锁店+网上商城+App”全渠道经营模式，精选全球安全、高品质的商品，提供便捷的全渠道一站式购物体验。至今乐友在全国 14 个城市拥有 400 余家门店，注册会员数超过 500 万。

O2O 落地

1．开启直营店，布局线下

乐友是在中国较早踏入电商的一批，往往先入者都得面临着一个艰巨的任务就是培养用户习惯。乐友成立之初，其目标用户都是 25 岁以上的妈妈，而这些用户在当时是没有上网习惯的。乐友网上订单很少，又遇见互联网泡沫，乐友网被迫进行了战略转移，开始布局线下的实体店。

乐友的第一家直营店于 2001 年 3 月在东城区交道口店正式成立，这也标志着乐友的线下连锁体系的开始。然而，开线下实体店，要吸引客流量，也并非一件容易的事情。乐友一直在不断探索，在比较困难的时候，乐友甚至在夏季卖过冰棍。另外，乐友虽然走线下，但是网站一直存在着，乐友的最终目的是想让用户 d 网上下单。由于用户网购习惯不是一朝一夕能够养成的，乐友又增加了电话订单模式。针对用户的电话下单，乐友也会有专门的人将相关信息录入系统。

2004 年，乐友的会员目录创刊，这标志着乐友通过实体店、电话、网店三个渠道进行零售的体系已经形成，利用会员目录的模式导流。这时候，乐友的销量开始大幅度提升，整个供应链和品类也渐渐趋于成熟。如图 5-22 所示，是乐友孕婴童实体店。

图 5-22　乐友孕婴童实体店

2. 上线乐友手机 App，推出全渠道零售

在 PC 端、电话端和门店端的零售渠道完成以后，乐友看到了移动互联的趋势，又开始了移动端的布局。2014 年 10 月，在乐友成立十五周年之际，乐友孕婴童强势推出乐友手机 App，在业内率先推出“连锁店+网上商城+App”线上线下全渠道的一体化解决方案。如图 5-23 所示，是乐友 App 截图。

图 5-23　乐友 App 截图

相比较其他平台及母婴垂直型电商的 O2O 转型，乐友的 O2O 模式渠道更加全面，乐友现在的模式为“连锁店+网上商城+直购目录”全渠道零售，借助这个模式实现了线上和线下的融合。比如，消费者通过目录、网上商城选购商品，就近店员也可直接送货上门或就近门店取货，而在实体店面，导购员会引导消费者连接店内 WiFi、扫二维码下载乐友 App 等，从而将线下的客户引到线上。

反观国内多数母婴连锁店，不是没有洞察到消费者的真正购物需求，就是将全渠道停留在营销噱头层面没有落到实处，也就不能为妈妈们提供线上线下的无缝连接购物体验。乐友的这种 O2O 全渠道解决方案充分考虑了妈妈们在孕前、孕后和育儿等不同生命周期，对母婴产品的不同购物习惯，不需要改变用户习惯就能满足她们随时随地的购物需求。还有一点，就是能够在零售的同时，让妈妈们享受乐友提供的全方位服务和信息获取。例如，当妈妈要给孩子冲奶粉的时候，突然发现家里的奶粉没有

了，这时候又不放心离开宝宝，就可以在家使用手机 App 下单，享受两小时快送服务。

3. 推出特色服务，完善用户体验细节

在上线乐友手机 App 之际，乐友还推出了“2 小时限时送达”“乐乐闪”闪购等特色服务，从多个方面向平台型电商发起了挑战，如图 5-24 所示。

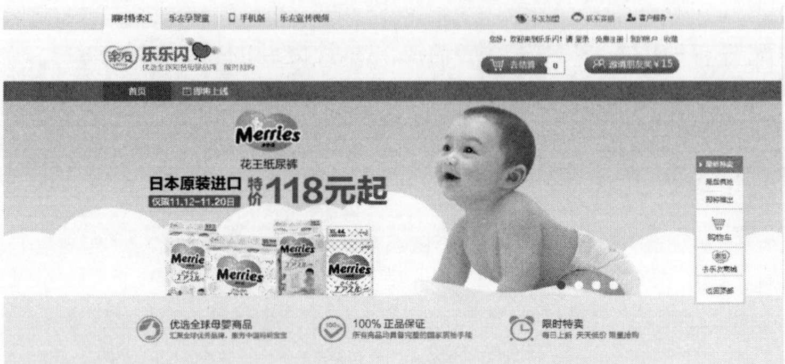

图 5-24　乐乐闪

相比其他母婴电商，乐友通过这些特色服务能让消费者感受到乐友对于细节服务的极致追求。除了这些特色服务，乐友对售前、售中和售后环节进行全方位管理。在售前用举办妈妈班、发行孕妈咪手册等方式为妈妈们提供专业参考资讯；在售中推行育婴师导购制度，所有门店的店长及高级导购员必须参加培训并通过考试方能上岗，这样确保了顾客接受到的服务专业且有保障。

5.8　奈瑞儿：自定义菜单微服务

奈瑞儿是一家为女性提供美容、美体服务的大型连锁机构。该机构拥有国内外高级美容顾问及国家级营养师近百名，以及上千名专业美容技师。在不断的发展中，奈瑞儿始终拒绝加盟，坚持以直营方式保障品质，以确保每家店面的产品与服务完美如一。目前，奈瑞儿已有近百家直营连锁店。

基于“养于万象，美于极致”的品牌理念，奈瑞儿运用世界级的专业护肤产品及所有美丽元素，为懂得生活、具有成熟审美的现代女性提供全方位的身心滋养。客人可以通过抗衰、美颜、塑形三大护理系列，得到由内而外的舒缓和改善。

【公众号】naturade_cn

微信运营概览

奈瑞儿微信营销的特点在于将各地会员聚集到一起，会员通过微信可以查询自己的消费与积分、预约护理等。除针对会员的特殊服务外，还在微信上发布了全国各地门店信息，消费者通过微信就能找到所要查找的门店信息，如联系电话、详细地址，并在地址中配置有地图查询，为消费者提供非常便利的查询服务。

针对养生美容企业来说，产品分类及服务项目非常重要，奈瑞儿通过微信的图片功能，将各个产品目录归纳在“专属极致”菜单中，让消费者一目了然，了解各个项目资讯。

O2O 落地

1. **查询我的专属护理**

点击“专属极致”菜单，将弹出奈瑞儿的最新推荐项目，如图 5-25 所示。

消费者可以根据自己想要了解项目的名称，点击该项目进入查看。如想要查看精品项目，则只需要点击“精品项目”，即可进入项目列表，如图 5-26 所示。

图 5-25 最新推荐项目

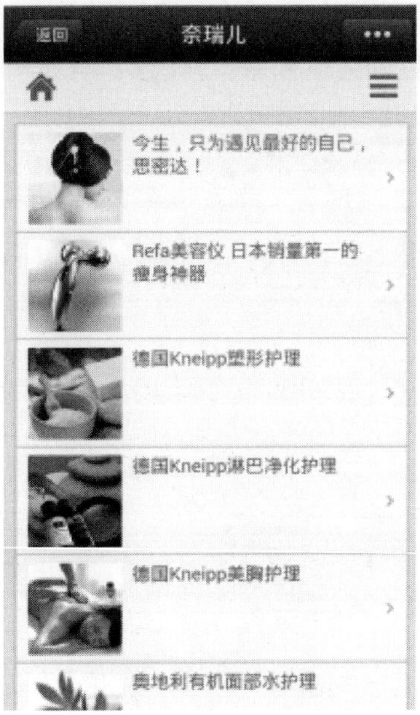

图 5-26 精品项目列表

查看列表中的项目只需用手指轻轻点击即可进入，如图 5-27 所示。

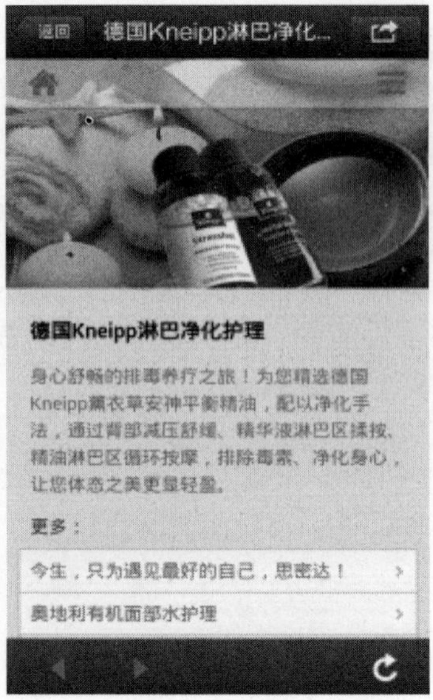

图 5-27　查看项目

2. 我的会员特权

点击“会员服务”菜单，奈瑞儿会为您提示会员的专享特权服务，如图 5-28 所示。如果你还不是会员，那么可以点击信息中的“点击此处登录您的奈瑞儿会员账号”链接，打开会员登录框。然后点击下面的“注册”按钮，如图 5-29 所示。

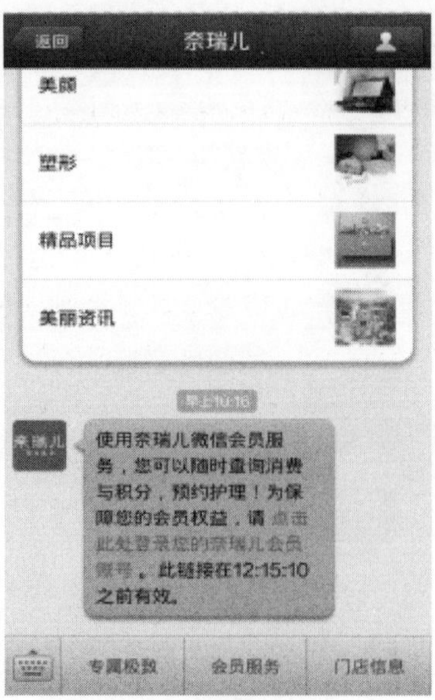

图 5-28　提示信息

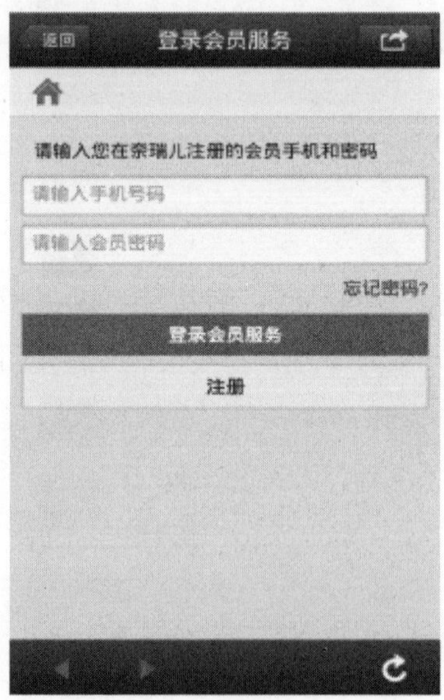

图 5-29　会员登录页面

使用微信功能，让用户在关注的同时就能成为会员，不仅为用户提供了便利的会员申请制度，更能为自己聚集更多的会员。注册会员时，需要先输入自己的手机号码，然后获取验证码，接着输入验证码及姓名、密码，如图 5-30 所示。

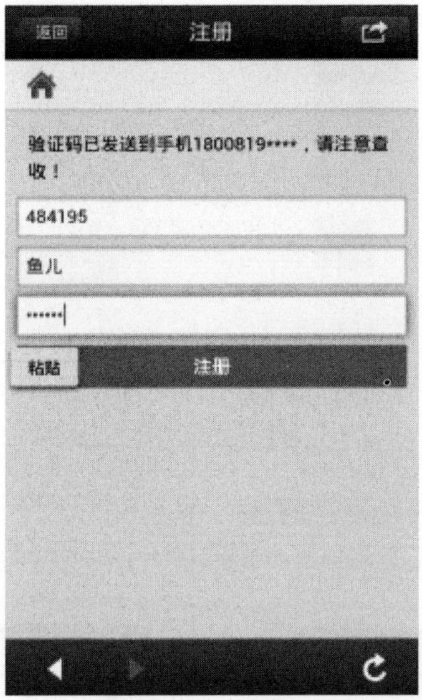

图 5-30　提示信息

注册成功后，登录会员号。再次点击“会员服务”，即可享受会员特权，如门店预约、服务评价及个人中心，如图 5-31 所示。点击“个人中心”查看余额、积分、消费记录及预约等，如图 5-32 所示。

3. **找门店**

单击“门店信息”菜单，奈瑞儿会提示全国所有门店市级地区，如图 5-33 所示。点击市级地区，可以查询该市的所有门店，并能根据下一级列表查询到该门店的详细地址及联系电话，如图 5-34 所示为“中山古镇店”的详细地址。

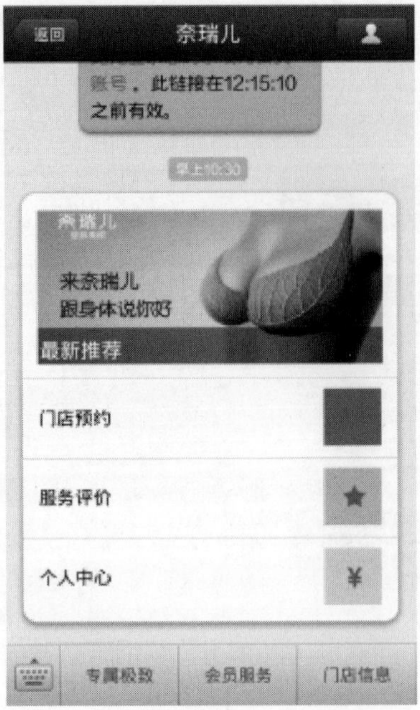

图 5-31　会员服务

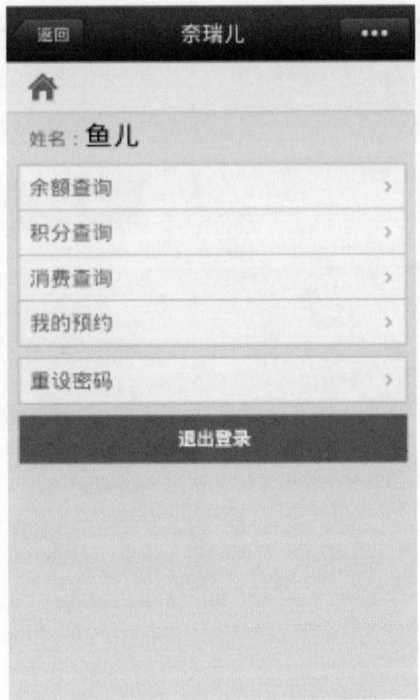

图 5-32　“个人中心”查询

图 5-33　提示信息

图 5-34　门店详细地址及电话

5.9 尚品宅配：用 O2O 模式提供家居定制服务

尚品宅配成立于 2004 年，是业内最早提出数码定制的家居企业，目前已经发展为定制家具行业的翘楚。新居网作为尚品宅配官方网上商城，可让消费者直接浏览定制家具摆放在家里的效果；线下分布在广州、上海、北京等地的 37 家直营店与 600 多家加盟店则作为为消费者提供家居体验的场所。主打“定制，从服务开始”的尚品宅配，通过深度前所未有的专业定制、强大的 3D 设计软件及云端设计资源整合能力，以及优秀的家居顾问和设计师等一系列方式玩转 O2O，已经实现了单店营业超过 2 亿元。

【公众号】spzpwssc

微信运营概览

尚品宅配，最权威的家具微信平台，推送丰富、精美的家具设计，提供最接地气的家具知识。尚品宅配拥有功能强大的 3D 设计软件，做个性化的深度定制。线上提供家居咨询，以便解决顾客的家居设计问题，同时还拥有完善的订单管理系统。

O2O 落地

尚品宅配成立之初就配备了家居顾问和设计师，以便解决顾客的家居设计问题。2009 年成立网上商城新居网，为部分门店提供线上用户流量支持，而尚品宅配线下门店也发生了变化，融合线上元素，尚品宅配称之为 O 店。这时候尚品宅配将家居顾问的咨询服务搬至线上，如图 5-35 所示。

图 5-35　新居网

究其原因，尚品宅配是为了顺应消费者消费习惯向互联网转移的趋势，在电商和

O 店相继完善时，将家居咨询服务前移到网络，在网上为消费者提供家具选购的咨询，提前拦截网络上有家居用品购买需求的客流。现在，尚品宅配 O 店通过线上论坛、微博、微信等社交媒体与消费者初步沟通确认量尺后，线上推广与运营部门便将消费者转交给线下门店设计师，从而开创了尚品宅配的 O2O 模式。

该模式不仅从业务逻辑上来看是可行的，实际的盈利能力也非常惊人。相关资料显示，依托于强大的网络引流能力，尚品宅配广州 O 店单店全年销售额接近 2 亿元。而这仅仅是尚品宅配体系遍布全国的 O 店中，其中一家门店的销售情况。

5.10 IT 茶馆：互动式推送服务

IT 茶馆是由四川十家互联网企业发起并成立的四川互联网联盟的官方网站，网站建立于 2006 年 10 月 8 日。之后，源于四川浓厚的茶馆文化，故取名 IT 茶馆。

IT 茶馆主要用于服务四川 IT 行业从业者，主要涉及领域有互联网、电子商务、网络游戏、移动互联网等。定位于行业媒体和交流平台，以纯公益的性质为四川内搭建相互交流及与外界沟通的桥梁，致力于发展和推广四川 IT 行业。

IT 茶馆的服务包括本地 IT 产业新闻、互联网创业故事、拓展行业人脉，为四川本土地 IT 创业者提供市场宣传和交流学习的机会，为其他地区行业人士提供了解四川 IT 产业，促进来四川拓展业务的窗口。

【公众号】itchaguancom

微信运营概览

IT 茶馆主要采用微信的“互动式推送”功能，而这一功能可以说是微信的致命武器。由于是微信推送的，这些官方微信推送给用户的信息到达率几乎是 100%，这样就可以更好地用它来营销。

大多数微信用户是在较为休闲的状态下，利用碎片化的时间在不确定的生活环境下使用微信，他们需要的不是一板一眼的枯燥信息，而是可读性、趣味性较强的信息。因此，在使用推送服务时，IT 茶馆设计了具有较强可读性和趣味性的话题。

推送的信息也比较适量，因为推送需要耗费流量，过量的信息会给大多以流量计费的移动互联网用户带来额外的费用。因此，IT 茶馆在使用微信营销的模式上是比较成功的一个案例。

O2O 落地

IT 茶馆目前的一大亮点是能通过微信了解最近成都市举办的一系列线下活动。添加关注 IT 茶馆后，在消息框中回复“活动”，即可查看最近成都的线下活动，如图 5-36 所示。

点击“查看全文”，可进入查看详细情况，如活动相关内容，活动时间、地点等，如图 5-37 所示。

图 5-36　查看线下活动

图 5-37　查看活动详情

第6章 教育行业必看的经典案例

21 世纪是一个经济全球化和服务国际化的时代，中国加入世贸组织后，教育也作为服务业成为其中重要的组成部分。近年来，教育市场呈现旺盛的增长趋势，成为我国经济领域闪亮的市场热点，成为创业投资最热门的关键词。因此，教育机构拓展了移动互联网这一新兴的营销通路——微信营销，这是一种必须趋势。同时，根据目前众多教育机构的微信公众平台，可以发现实现咨询、校区地图、选课、发表文章等功能已经没有障碍，为学生与老师之间、家长与学校之间的沟通提供了便利。

6.1 长春领商商学院：一切为学生服务

长春领商商学院旨在打造东北企业家管理培训第一品牌，为了完成服务全中国企业家这一伟大使命而成立。商学院在研究和构建企业的经营管理系统和经营模式，即企业家课堂、EDP 课程以外，针对企业还打造了体验式培训品牌，众人拓展主要以体验式内训课程和户外拓展为主。

【公众号】lingshangedu

微信运营概览

长春领商商学院的微信公众账号自上线以前，从未宣传过与自身学校相关的信息，只为关注的粉丝提供生活方面的服务，如查询天气、手机号归属地、火车时刻表，甚至星座查询等十几种服务。

很多人可能不理解，既然使用微信营销，就是要通过微信这样好的平台将自身品牌的优势体现出来，让更多的人认识产品、了解产品，从而关注产品，而商学院的这一营销确实让人有点儿费解。在运用微信平台这个法宝时，商学院现在的表现感觉有一点儿“欲擒故纵”，就是不走寻常路，申请这样一个公众账号就是来为用户提供便利，而不是用来做自我产品的宣传。

当然，如果我们从另外一面来看的话，不难看出，商学院也是通过提供的这一系列服务打造自身品牌的一个入口，让人一想到需要生活服务时，便能想到商学院的微信公众账号就能提供这一系列服务。

O2O 落地

1. **查询服务**

如图 6-1 所示，为长春领商商学院的微信导航信息。

对于信息的互动，前面已经介绍很多，在此不再赘述。但商学院提供的这一系列生活服务查询确实是非常有帮助的，不管是陪聊、笑话还是各类查询，都能帮助到人们，深入到人们的生活中去。因为有用，所以会被传接，是用人类的分享特点，将这一账号分享给身边需要的朋友，从而提升品牌知名度。因此，这一营销方案也算是一种另类的成功营销案例了。如图 6-2 所示，为天气查询的服务信息。

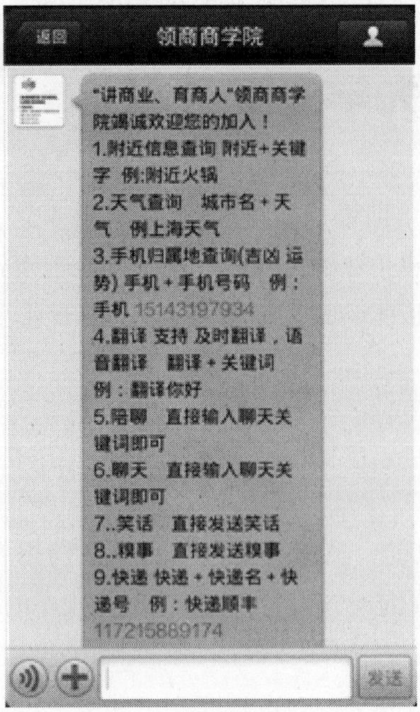

图 6-1 微信导航信息

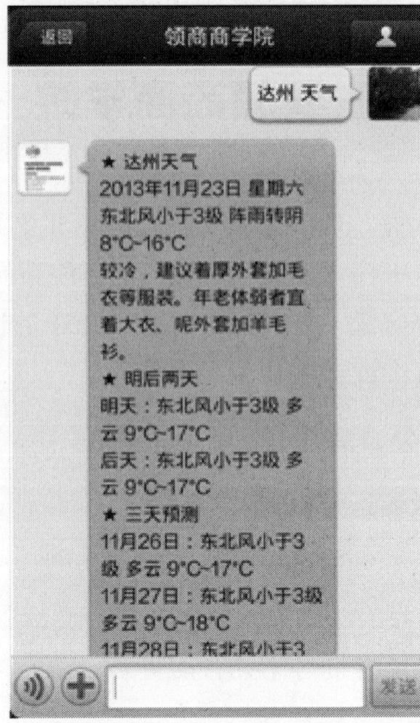

图 6-2 天气查询

总的来说，该微信平台提供的这些服务还是非常有用的，比如说它的翻译功能，如我们工作中需要翻译一句中文，使用此平台就能快速找到答案，如图 6-3 所示为翻译功能的应用。

图 6-3 中文翻译功能

2. **定位查询功能**

长春领商商学院微信导航中第一个服务就是附近信息查询。这个服务是建立在微信的 LBS 定位功能之上的一项服务，可以快速帮助用户找到附近的商店或服务网点。如，在输入框中输入“附近酒店”，微信平台马上要求用户发送自己的位置定位，如图 6-4 所示。

此时，点击左下角的“+”号，选择位置，然后点击“发送”按钮，如图 6-5 所示。

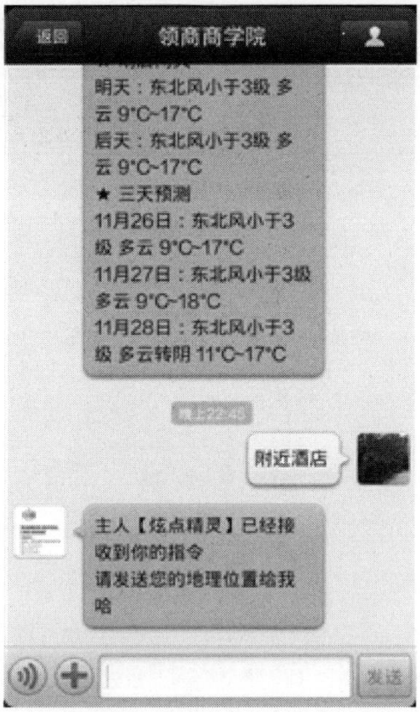

图 6-4　输入指令

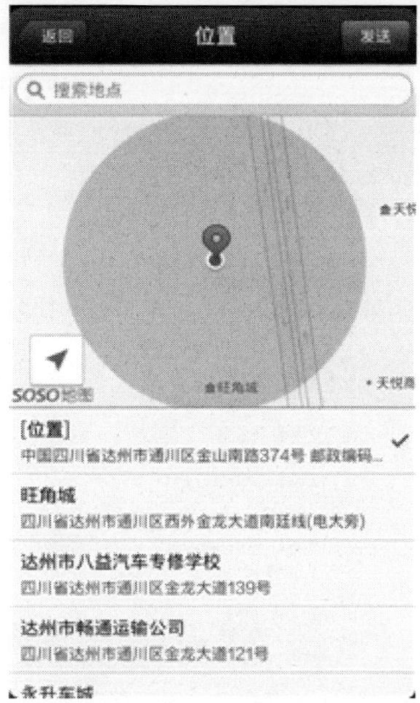

图 6-5　发送地理位置

待微信平台接收到位置后，会立即将查询到的附近的酒店信息反馈给用户，如图 6-6 所示。

这就是使用 LBS 快速定位，查找附近信息的功能。这一功能在下面介绍旅游行业微信营销的时候介绍得比较多，且相关企业使用的这一功能也比较多。可见，不同行业使用的微信功能是不一样的，只有这个软件自身的优势多，才能被更好地使用。

3. **信息推送服务**

虽然我们一直在介绍微信的信息推送服务，它的利弊，相信读者也已经不再陌生，但在这里不得不再次提一提。因为在本节案例中，从来没看到过关于商学院的一些相关介绍，而这里的信息推送服务中，却是微信平台每天必送的信息。这些信息，商学院将其编号，叫作“领商商学院微刊”，后面的数字则是它的期刊编号，如图 6-7 所示。

尽管商学院的微信平台涉及自身产品宣传仅限于此，但起到的作用也是不容小觑的，这些信息都是经过精心编辑和挑选的，有娱乐休闲，也有与学校相关的，用户可以根据自身需要进行选择性的阅读。这可比学校自己印刷刊物的成本低多了。

图 6-6　搜索附近酒店信息列表

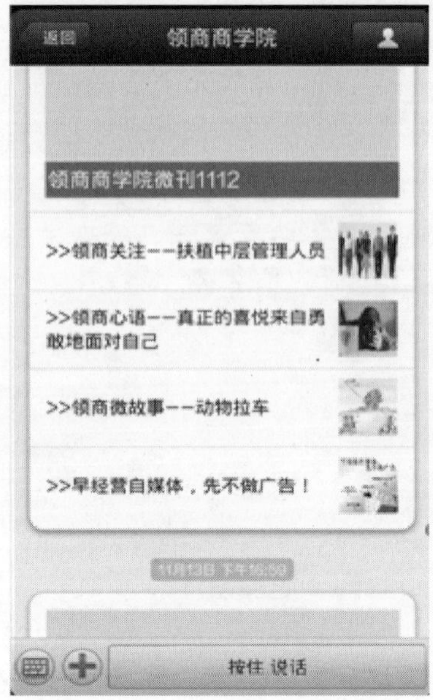

图 6-7　微刊推送服务

6.2　西安翻译学院招生就业中心：微信招生

西安翻译学院由中国民办教育拓荒者丁祖诒先生创办。2000 年，经陕西省人民政府批准成立西安翻译职业学院，实施全日制高等职业教育。2005 年，经教育部批准升格为本科高校，更名为西安翻译学院。2009 年，获得学士学位授予权。

【公众号】xafyxyzb

微信运营概览

随着国家大学生的扩招，三本院校和民办院校如雨后春笋般出现。那么，如何在众多竞争中招到优质学生，成为学校的头等大事。学校除了发传单、利用短信招生外，还有什么更好的办法吗？据调查，现在利用短信招生效果越来越不好，为什么呢？因为现在智能手机已经越来越普及，当学校给家长和学生发短信的时候，立刻被屏蔽。其实智能手机的普及是一把双刃剑，虽然可以屏蔽短信营销方式，但是又提供了另一种营销方式——微信营销。于是，越来越多的学校开通了微信公众账号，通过微信替换以前的招生方式。

西安翻译学院除了开通官方微信公众账号（西安翻译学院）外，还专门开通了实现招生和就业功能的“西安翻译学院招生就业中心”公众账号。该招生公众账号设置有 3 个一级菜单，分别为“高考咨询”“招生就业”和“关于我们”，学院重要新闻、招生政策、招生计划、历年统计、专业介绍、招生咨询、录取信息等都能通过该平台即时发布，同时还实现了微信报名。高考考生及家长均可以通过微信直接扫描关注进入，直观实用，重要信息一览无余。

O2O 落地

1. 招生资料

西安翻译学院非常注重招生资料，经过专业人士的调研、设计、审核和整理，于“西安翻译学院招生就业中心”微信公众账号，提供了“招生简章”“历年分数线”“资助政策”“考生问答”“招生计划”和“招生点查询”。

关注“西安翻译学院招生就业中心”微信公众账号后，点击“高考咨询>招生简章”菜单，就会进入“招生简章”页面，如图 6-8 和图 6-9 所示。该页面包含了“优越的地理位置”“辉煌的办学历史”“领导关怀”“一流的办学设施”“独树一帜的育人特色”及“高水平的办学质量”等选项。

图 6-8 “招生简章”页面 1

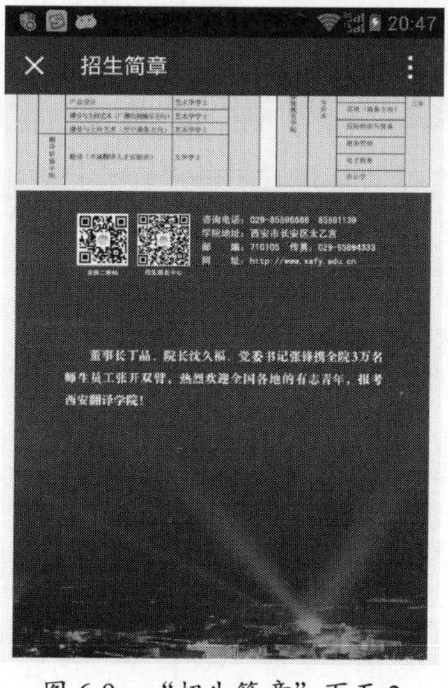

图 6-9 “招生简章”页面 2

其他资料的查看，跟“招生简章”非常类似，这里就不再重述。“西安翻译学院招生就业中心”微信公众账号所提供的招生资讯，都是经过深思熟虑后的结果。他们不仅解决学生报考之前的疑惑，而且还能帮助学生做出正确的选择。

2. **微信报名**

“西安翻译学院招生就业中心”微信公众账号支持微信报名功能，点击“招生就业>微信报名”菜单，就会进入“西安翻译学院招生报名”页面，如图 6-10 所示。在该页面填写姓名、省份和手机号后，就会有招生老师电话联系，非常方便和快捷。

教育领域，“群聚”的现象非常典型，即关系比较好的同学可能会结伴报考同一所大学。一旦一位学生报考了西安翻译学院，很容易把西安翻译学院的信息在好朋友间传播扩散。因此“西安翻译学院招生就业中心”微信公众账号在上述页面中，不只提供了“马上报名”按钮，而且还提供了“分享同学”按钮。

3. **微信街景**

点击“招生就业>校园风光”菜单，就会连接腾讯地图展示西安翻译学院的高清街景，如图 6-11 所示。由于高清街景的数据量比较大，建议使用时最好在 WiFi 环境下进行。

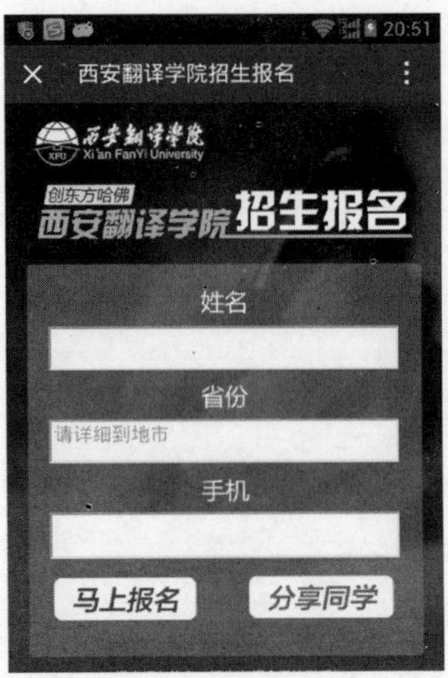

图 6-10 “西安翻译学院招生报名”页面

图 6-11 校园风光

微信营销中，除了推送文字、图片、语音、地图、视频和超链接外，还可以集成第三方应用等多媒体。利用微信的开放平台接入第三方应用，促进第三方应用与微信这个移动生活平台的合作，可以取得意想不到的效果。“西安翻译学院招生就业中心”微信公众账号在展示校园风光时，借助了第三方应用——腾讯地图，使学生对该学院有一个立体的认识。

6.3 天翼阅读：分享阅读乐趣

天翼阅读于 2010 年 5 月由中国电信集团发文成立，于 2010 年 9 月 8 日对外正式发布天翼阅读产品后，开始正式运营。天翼阅读是中国电信整合各类阅读内容，满足客户阅读需求的一项业务。天翼阅读以手机、专用阅读终端、互联网、平板 PC 等为主要载体，为用户提供书籍、连载、杂志、漫画等各类电子书的订购、下载、服务，具备了投票、评论、推荐等互动功能。

【公众号】readmore

微信运营概览

天翼阅读围绕“品质阅读”的理念，为用户精心挑选了财经、管理、人文、生活及励志类读物，提倡以阅读改变人们的生活，以精彩点亮未来的阅读。天翼阅读微信平台上线以来，用户可以随时随地点击阅读好书，并在分享阅读乐趣的同时还能进行个性互动。

O2O 落地

1. **个性化推荐服务**

天翼阅读微信平台的个性化推荐服务表现在用户可以随便点播自己想要看的书籍。如，输入“小说 穿越”，天翼阅读微信则会马上发送相关信息给用户，如图 6-12 所示。

作为目前最受欢迎的正版数字阅读平台之一，天翼阅读致力于为用户提供一站式绿色、高品质的数字阅读服务。其平台上拥有精心为用户挑选的书籍、期刊杂志、漫画、有声读物、资讯等涵盖 5 大频道、40 余个子栏目。无论是玄幻还是穿越，无论是金融还是精品，这里应有尽有。

2. **一对一精准推送**

除用户自己点播书籍外，天翼阅读还会定时向用户推送书籍信息，包括最新上线的流行小说、漫画、杂志等。微信“听众”们可以一目了然地看到包括封面与简介在内的图书信息。如图 6-13 所示，为天翼阅读推送的漫画精品。

图 6-12　搜索穿越小说

图 6-13　漫画精品推送

6.4　西安交通大学：教务服务就在同学身边

西安交通大学位于世界历史名城古都西安，是“七五”“八五”首批重点建设项目学校，首批进入国家“211”和“985”工程建设，被国家确定为以建设世界知名高水平大学为目标的教育部直属全国重点大学。

【公众号】My_XJTU

微信运营概览

目前，高校多以网络为基础的 OA、教务管理、财务管理、科研管理、设备管理等系统为师生提供各类信息服务，虽然实现了信息化，但是距离实现数字信息化高校还有一定距离。伴随移动互联网的发展，基于移动化的数字信息化高校解决方案成为一种可能。

为了更方便老师开展教学、科研和校务管理，应该实现 OA、教务管理、财务管理、科研管理、设备管理等系统的手机客户端 App。但是让老师去下载安装众多 App 也不现实，因此，西安交通大学于官方微信公众账号里推送了关于老师的服务。

同时，西安交通大学还通过微信公众平台将自身的品牌优势体现出来，让学生对自己的教学环境有深刻的了解。

O2O 落地

1. **教师微服务**

随着手机、平板电脑等智能终端的快速普及和发展，以及 WLAN、3G 网络的普及，移动互联逐渐影响人们的生活。“西安交通大学”微信公众账号专门提供了基于移动网络的“移动科研”“掌中 OA”“掌中财务”服务，供该校老师使用。

点击“常用查询>移动科研”菜单，就会弹出“移动科研”信息列表（如图 6-14 所示），主要包含了科研项目、科研成果、科研获奖等功能模块的操作、使用。

点击“常用查询>掌中 OA”菜单，就会弹出“掌中 OA”信息列表（如图 6-15 所示），主要包含了通知和会议的查询操作。

点击“常用查询>掌中财务”菜单，就会弹出“掌中财务”信息列表（如图 6-16 所示），主要包含了学校财务和个人工资的查询操作。查看列表中的项目只需用手指轻轻点击即可进入。

西安交通大学信息中心一直致力于学校的信息化建设管理工作，运用高科技手段逐步完成多类型异构系统的集成整合，开启了国内移动智能化校园的先河。据统计，“移动科研”和“掌中财务”为广大教职员工使用频次最多的模块。

图 6-14 “移动科研”页面

图 6-15 “掌中 OA”页面

图 6-16　“掌中财务”页面

2. **学校介绍**

关注“西安交通大学”微信公众账号后，点击“In 交大>校园地图”菜单，就会进入“西安交大地图”页面，如图 6-17 所示。在该页面中不仅以地图的形式展示西安交通大学，而且还提供了切换校区和切换维数的按钮。

点击“In 交大>校园黄页”菜单，就会进入“校园黄页”页面，如图 6-18 所示。在该页面中不仅展示了西安交通大学各部门的电话，而且轻轻点击电话号码就会直接拨打。

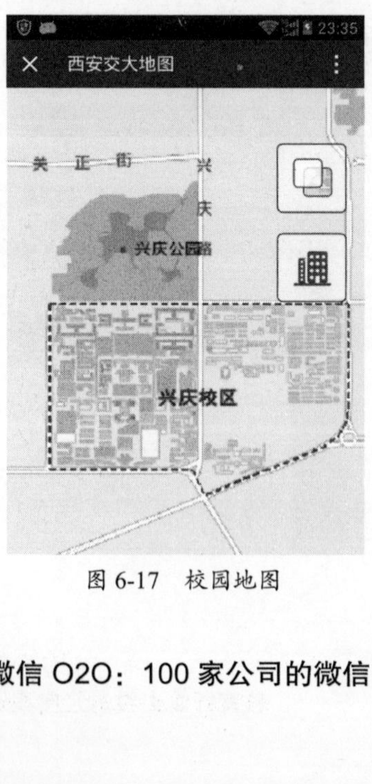

图 6-17　校园地图

图 6-18　校园黄页

点击“In 交大>微视频”菜单，就会进入微视频信息页面，如图 6-19 所示。查看列表中的项目只需用手指轻轻点击即可进入。

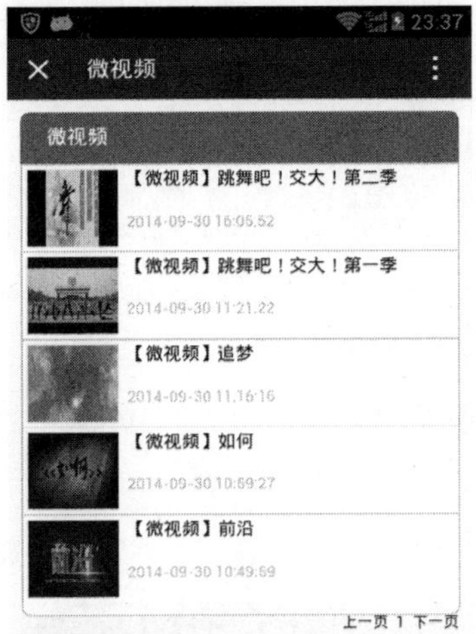

图 6-19 “微视频”信息列表

随着智能手机的推广，手机屏幕像素越来越高，特别是 4G 网络的大范围覆盖，以地图和视频的形式推送信息，逐步活跃在微信公众账号里。西安交通大学采用地图三位一体的形式展示该校各个校区，使报考学生有种身临其境的感觉，这绝不是二维平面地图所能达到的效果。同时采用视频的形式介绍大学生活，这种声音和画面同步展示的形式，让报考学生对自己未来的大学生活充满了憧憬。不过在查看上述信息时，最好能够在 WiFi 环境下使用。

6.5 北京新东方学校：提供人工服务的微信

新东方，全名北京新东方教育科技（集团）有限公司，总部位于北京市海淀区中关村，是目前中国大陆规模最大的综合性教育集团，同时也是全球最大的教育培训集团。

【公众号】ibjxdf

微信运营概览

对于微信公众账号来说，除了能够向关注者群发消息之外，还能够接收和处理关注者在对话框向公众账号发送的消息。公众账号的回复消息分为“实时消息”和“自动回复”，即如果微信关注者发来的消息内容涉及预设的规则，那么后台会按设置处理，自动做出回复；如果微信关注者发来的消息内容不涉及预设规则，那么就会转入后台的“实时消息”中，后台工作人员看到后做出人工处理。

所有服务行业都非常注重与用户的互动性，因为在互动中可以了解用户的真实需求。北京新东方学校为了使培训人员与公众平台之间的交互有更多的人情味，提升微信用户的体验性，专门提供了人工服务。

O2O 落地

当有培训计划的用户遇到一些特殊问题时，点击“i 学习>人工服务”菜单，就会弹出“人工服务”信息，根据提示可以在每天的 9:00 ~ 23:00，接收“小新”一对一人工服务；如果在其他时间段，还可以给“小新”留言，当“小新”在后台看到留言后就会尽快回复，如图 6-20 所示。

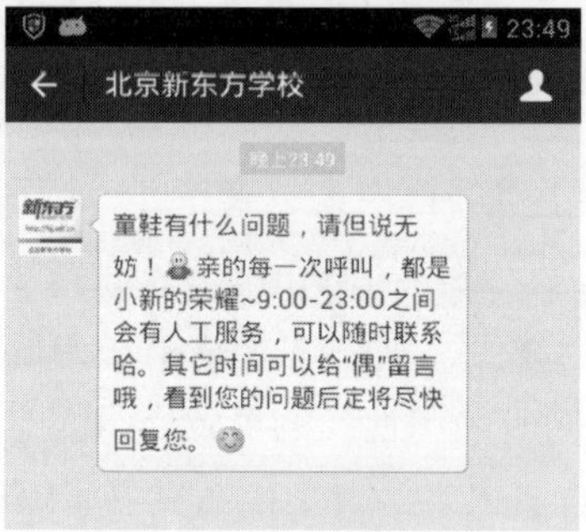

图 6-20　人工服务信息

对于教育行业中的培训机构来说，开通官方微信公众账号的更多优势应该体现在客户服务之中。它的出现不仅给微信用户的体验带来大幅度的提升，而且在沟通的过程中有了被尊重感，同时使他们对微信公众账号保持一种好奇心和新鲜感。

6.6　春蕾幼儿园：革命性家校沟通方式

春蕾幼儿园是市一级幼儿园、市绿色幼儿园。该幼儿园本着“尊重幼儿，关注个体发展，实施个性化”的教育观念，以“为了每个孩子的健康发展”为办园宗旨，坚持保教并重的原则，以促进幼儿体、智、德、美全面发展为目标。

【公众号】whclyey

微信运营概览

春蕾幼儿园主要通过账号绑定，实现家长、老师和幼儿园三位一体的互动平台，搭建起一座家长和幼儿园沟通的桥梁。春蕾幼儿园功能非常强大，将家长、老师与幼儿园紧密地联系在一起，不仅为家长提供了方便，而且还实现了该幼儿园的品牌宣传。

O2O 落地

家长和学生要入驻“春蕾幼儿园”微信公众平台，需要先进行账号绑定，才能使用该微信平台功能。关注“春蕾幼儿园”微信公众账号后，点击“个人服务>绑定账号”菜单，就会弹出“账号绑定”信息列表。

点击信息列表里的“家长账号绑定”，就会进入“家长账号绑定”页面（如图 6-21 所示），在该页面中输入相应内容，就可以正式使用“春蕾幼儿园”微信公众平台功能。

点击信息列表里的“老师账号绑定”，就会进入“老师账号绑定”页面（如图 6-22 所示），在该页面中输入相应内容，就可以正式使用“春蕾幼儿园”微信公众平台功能。

图 6-21　“家长账号绑定”页面

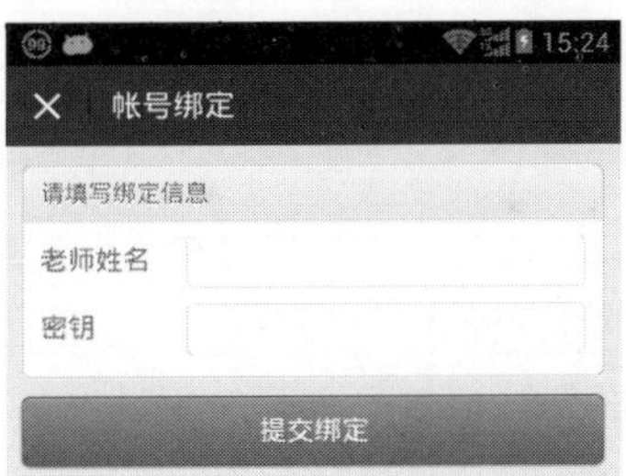

图 6-22　“老师账号绑定”页面

需要注意的是，在进行账号绑定时，仅针对已经在春蕾幼儿园上学宝宝的家长和在该幼儿园执教的老师，因为在注册时都需要向学校获取密钥。

对于家长来说，只要绑定账号，就可以使用春蕾幼儿园微信公众平台的功能。平安通知推送：例如，早上，奶奶送叶萌宝宝到幼儿园，按照学校规定，到学校门口的刷卡机刷卡之后，叶萌的爸爸和妈妈的手机同时收到了一条宝宝到学校的微信信息。

沟通互动：如果宝宝生病，家长可以通过微信向班主任老师请假。今天宝宝去春游，妈妈突然想到注意的事项，同样可以随时告知老师。如果家长对幼儿园有意见，当然也可以通过微信向校长信箱写信，校长同样可以通过手机直接为家长解答疑问。

对于老师来说，只要绑定账号，就可以使用春蕾幼儿园微信公众平台的功能。

校园分享：学校组织幼儿园的宝宝们在学校或者外面娱乐场所玩耍，每个人都玩得很开心，快乐的瞬间被幼儿园的老师拍了下来，爸爸、妈妈在办公室使用微信分享了此刻的欢乐。宝宝第一次画了一张完整的画，妈妈很自豪，也可以放到分享里。

午餐推送：餐饮信息每天推送，配合真实照片，让家长安心、放心。园所餐饮虽然都是经过科学搭配，但众多家长还是希望了解园所中的餐饮，“每周食谱”可以帮助家长提前指定宝宝在家庭的营养补充计划。

学习推送：家长可以随时随地获取学校特色教学资源，音乐、故事、游戏一应俱全，宝宝学习快乐自由。

6.7 扬格外语学校：生源成功率达 90%

扬格外语学校隶属于赛思（扬格）外语教育机构，总部位于美丽的海滨城市青岛。赛思（扬格）教育机构成立于 1993 年，致力于为社会各阶层人士提供专业外语培训及各项专业技能培训服务。学校成立以后，发展迅速，在短短几年里，在岛城开设了四处分校，并同时在济南、哈尔滨、潍坊、济宁、武汉、烟台等地设有多处分校。

学校开设英语、日语、韩语、法语、德语、西班牙语、意大利语、葡萄牙语、俄语等语种培训课程。建校十余年来，已为社会各界培养和输送各类外语专业人才和精尖技术人才达十万余人，受到社会的广泛好评。

【公众号】jnyounger

微信运营概览

“扬格外语学校”微信公众账号的营销方式显得比较简单，虽然是下拉式菜单的设计，但在互动这一块做的是比较“笨拙”的，基本上是一问一答的方式在进行营销。但这种方式却被许多家长喜爱。他们认为这种方式简单、直观，每点击一门课程就能了解到该门课程的学习内容、上课时间及开课时间，大大地节约了家长们到处奔走为孩子找补习班的时间。

O2O 落地

扬格外语学校提供的培训项目比较多，因此采用下拉式菜单设计，保持微信平台界面整洁，且能通过菜单第一时间查找到该菜单中所对应的培训项目。如图 6-23 所示，为“英语”培训项目的下拉菜单。

该菜单中共包括 5 项培训项目，家长只需要点击该项目标题就能在微信平台上收到关于该项目的培训相关信息，且信息非常详细，不管是培训内容还是培训时间都非常清楚，如图 6-24 所示。

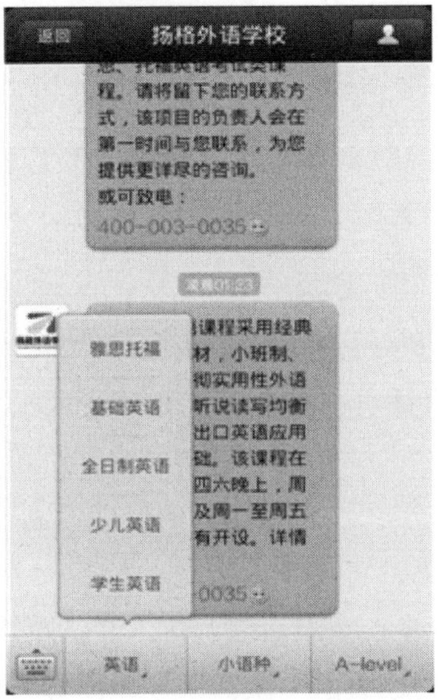

图 6-23　“英语”下拉菜单

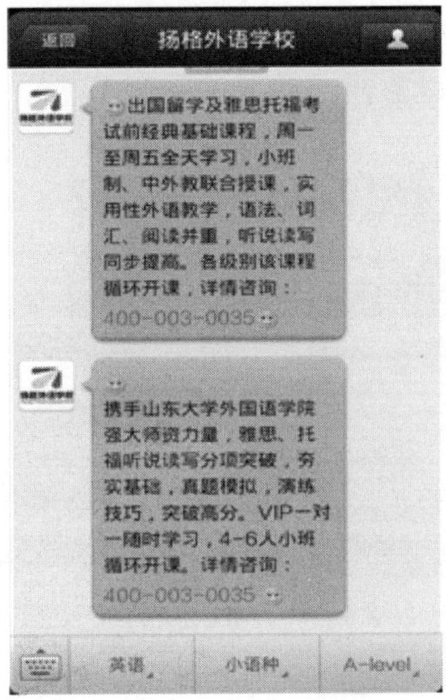

图 6-24　查看培训内容

该微信平台中的其他菜单项目的查看方式是一样的，因此不再重述。

针对于有家长还想咨询的问题，扬格外语学校微信平台又提供了微信留言的方式，便于家长留下自己的联系方式，待工作人员登录后第一时间联系到家长做好解释工作。

6.8　腾讯大学：移动学习平台

腾讯大学作为腾讯特色的学习交流平台，服务于腾讯合作伙伴及用户，面向互联网产业链，传播腾讯经验，分享行业知识及优秀实践，助力合作伙伴成长，推动开放共赢的互联网生态圈的建立。

【公众号】tencent_university

微信运营概览

“腾讯大学”微信公众平台营销特点在于实现了移动学习平台，为喜欢网络新技术的朋友提供了专业视频。虽然该平台所提供的视频数量不多，但每一个视频都是邀请专家学者、行业翘楚举办的一系列大型公开课。

“腾讯大学”微信公众平台是一个公开对外的移动学习平台，共组织了“WE 大会”“小腾讲堂”和“那些爆料”3 个菜单供微信用户自定义选择。腾讯合作伙伴和爱好者可以在此直接进入直播厅或者浏览最新上线视频，了解互联网最新发展动态。

O2O 落地

图 6-25 “第二季|腾讯大学”视频列表页面

微信用户要查看腾讯直播，不需要进行账号绑定，只需要关注“腾讯大学”微信公众账号，获取直播码就可以，具体步骤如下。

第 1 步：点击“WE 大会>我要看直播”菜单，进入直播页面。在该页面中会详细介绍主讲人员。

第 2 步：在直播页面的最后界面输入 QQ 账号及密码，实现登录功能。

第 3 步：登录后就会进入激活页面，自动生成激活码，点击“激活”按钮即可完成激活，然后自动跳转到直播大厅。

如果查看的是最新上线视频，则不需要上述复杂步骤。只需要点击“小腾讲堂>微信公开课”菜单就会进入“第二季|腾讯大学”视频列表页面（如图 6-25 所示），查看列表中的项目只需用手指轻轻点击即可进入。

“腾讯大学”微信公众平台的功能非常强大，不仅方便微信用户观看腾讯独家直播，而且足不出户就能享受科技盛宴。

第 7 章 旅游行业必看的经典案例

与其他行业相比，旅游产业不是一个单一产业，而是一个产业群，由多种产业组合而成，具有多样性和分散性。旅游业包括景点经营、旅行社和旅馆服务业、交通业、餐饮服务业、娱乐业和其他许多的经营行业。微信强大的真实和陌生兼备的社交功能，真实关系链、口碑性传播等优势使得它成为旅游行业当前最为重要的营销工具。

7.1 旅游卫视：带有 CRM 的微信号

旅游卫视是经广电总局批准的中国境内唯一一家以旅游休闲为主要内容的专业化卫星电视频道，该卫视里旅游类节目占有率和到达率居全国卫视榜首。专业的旅游资讯内容，得天独厚的旅游资源优势，使旅游卫视成为独具特色的节目。

目前，旅游卫视几档金牌旅游类节目也将陆续集中改版，未来 3 年之内，旅游卫视屏幕上所有可收看到的旅游节目，都将有同名或同款的旅游产品在“年假旅行”平台上售卖。这就是旅游卫视全新着力打造的“看得见的旅行”系列以及旅游行业全新的 T2O（TV to ONLINE）模式。

【公众号】The_Travel_Channel

微信运营概览

旅游卫视的“年假旅行”项目，主要针对的是优质游客，因此为了让游客能享受到和谐、个性化、人文化的精准服务，实现了游客信息与操作数据的绑定功能，使得客户关系管理（CRM）系统达到了 SCRM 管理标准。

当微信公众账号的关注者达到一定数量，就需要对关注者进行分析，然后推出符合他们的活动，实现差异化服务。例如，让关注者可以查询到过往的消费记录、代金券数量、特权等。虽然 CRM 系统的开发可能要花上不菲的开发费用，但长远来看肯定值得。因为做微信营销需要有长远心态，把它作为维系关注者的必备工具。因此，旅游卫视花费巨资，开发出带有 CRM 功能的手机客户端 App——“年假旅行”就不足为怪了。

O2O 落地

1. 多种注册方式

在微信营销中，所有 CRM 的入口都是注册模块。一个好的 CRM 系统，不仅功能强大，而且还需要简单易用。“年假旅行”手机客户端 App 所提供的注册模块，功能非常强大，提供了多种注册方式，分别为手机号注册方式、QQ 账号注册方式和微博账户注册方式。

对于手机号注册方式，需要通过两个步骤来实现。

第 1 个步：输入电话号码，获取验证码，如图 7-1 所示。

第 2 个步：设置登录密码，如图 7-2 所示。

最后，点击“完成注册”按钮实现手机号注册功能。

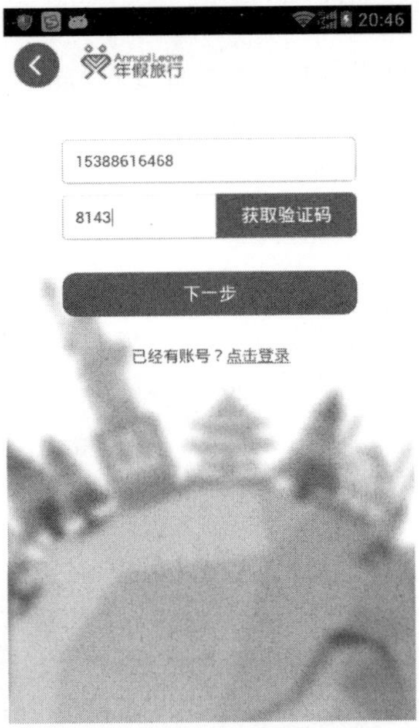

图 7-1　手机号验证页面

图 7-2　设置密码页面

如果游客不想通过手机号实现注册功能，只要拥有 QQ 账号也可以直接登录。前提条件是，需要 QQ 软件对“年假旅行”进行授权。同时，还可以通过微博账号登录，不过前提条件也需要微博对“年假旅行”进行授权。

图 7-3　“年假慧选”频道

2. T2O 旅游产品路线

安装“年假旅行”手机客户端 App 后，就可以查看旅游卫视推出的年假精品路线，主要包含在“年假慧选”“1 元年假”“年假你做主”和“星年假”4 个频道中。各个频道的特点如下。

“年假慧选”频道是旅游卫视以电视聚焦思维打造的“年假慧选”系列，如图 7-3 所示。该 App 栏目每天为年假旅行需求受众，精选推荐全国各大旅游企业所出品的性价比最高的 20 条年假旅行线路，这些线路全部是经过旅游卫视认证的，有品质保障、无任何旅游消费陷阱的最优旅行方案，使消费者能够在繁杂而良莠不齐的旅行线路中，轻松选择最适合自己的年假旅行。

“年假你做主”频道主要包含旅游卫视强力推出、大受消费者喜爱的自由行产品，如图 7-4 所示。与传统市场上的机票加酒店打包的自由行不同，旅游卫视“年假旅行”推出的自由行产品在某种意义上说是服务类自由行，具有强烈的年假旅行度假的特点。首先具有长期的时效性，消费者可提前购买，根据自己的时间随时出发，比如，“泰国一定自由行”1999 元/人，产品的有效期长达 3 年，为了确保消费者的利益，还特别设立了过期可全额退款的政策，完全消除了消费者的顾虑。其次，该手机客户端的自由行产品关注的重点是自由行玩儿什么？怎么玩儿？而不是现在消费者都能轻松搞定的机票和酒店的配套。在“年假旅行”的自由行产品中，免费的中文旅游顾问服务、免费的目的地酒店、机场间的交通服务，以及免费的目的地上网服务才是我们必备的套餐。

“星年假”频道是旅游卫视打造旅游产品 T2O 模式配套节目的一个创新，如图 7-5 所示。你想知道明星去哪里度假吗？想拥有明星体验过的同款旅行产品，就可以查看该频道。

图 7-4　“年假你做主”频道

图 7-5　“星年假”频道

旅游卫视的“年假旅行”之所以会受到广大游客的认同，就在于其会分析注册游客的信息，然后整合全球优质旅游资源，推出更符合游客的线路，解决高端游客的优质旅游需求。

7.2 蚂蜂窝：撮合用户和服务供应商的旅游社区

蚂蜂窝创立于 2006 年，从 2010 年正式成立公司投入运营，是中国领先的旅游社交网站，已覆盖全球热门旅行目的地，点评均来自数千万用户的真实分享，并帮助旅行者制定旅游方案。于 2011 年 10 月获得今日资本 500 万美元 A 轮融资，又在 2013 年 4 月获得启明创投领投 1500 万美元 B 轮融资。截至 2014 年 6 月，蚂蜂窝已积累 5000 万用户，网站日均活跃用户 300 万。

【公众号】mafengwo2006

微信运营概览

靠谱又有爱的蚂蜂窝，为您提供精心挑选的旅行游记、旅行攻略等给力内容。蚂蜂窝依靠 UGC（User-Generated Content，用户生成内容），解决信息不对称的痛点。蚂蜂窝推出移动 App，展开移动战略。蚂蜂窝将数据结构化，对接旅游服务。蚂蜂窝推出反向定制旅游产品，满足个性化需求。

O2O 落地

1. **依靠 UGC，解决信息不对称的痛点**

旅游本身就有信息不对称的特点，这是因为旅游往往意味着去陌生的地方体验当地美食、当地风景，因而一定会存在信息的不确定性，而用户往往在旅行前的决策时会有寻求相关信息的诉求，因此解决信息不对称也就成为旅游社区的首要任务。

蚂蜂窝正是依靠 UGC，聚集了海量的有参考价值的旅游信息，再挖掘出有效信息，从而解决用户在旅游过程中信息不对称的问题。UGC 不仅内容丰富，产量极大，而且糅合进了用户真实情感的真实内容，用真实的感受最容易打动用户。如图 7-6 所示，是蚂蜂窝上面的 UGC。

但是，数千万的旅行者在蚂蜂窝的平台上进行分享交流，把行程照片、对酒店的评价、对当地美食的推荐分享出来，这样的信息往往是杂乱无章的，对用户的参考价值并不大。为此，蚂蜂窝通过攻略引擎、算法和数据挖掘的方法，在海量的信息基础

图 7-6　蚂蜂窝上面的 UGC

上，把真正有用的信息抽取出来，按照餐厅、酒店、景点等类别进行信息的整理归纳，用户可以在这些类别下进行互动、评论。因此，用户就能在纵向的维度上，根据相关内容，迅速地了解一个新的地方。

因此，蚂蜂窝就能依靠 UGC 帮助用户完成决策。首先有海量的用户自己分享的真实信息，再把各个信息进行分类总结，从而帮到更多即将出发的旅行者完成决策。这也是蚂蜂窝的核心和特点。

但是 UGC 与 PGC 相比也有自己的缺点，比如，内容不够客观全面，没有权威性，表述也往往不够准确，这就会导致对其他用户的参考价值变低。蚂蜂窝却利用了量变引起质变的规律，运用大数据很好地弥补了平台上 UGC 的这些缺陷。

就拿巴黎来说，蚂蜂窝根据巴黎旅游的 UGC，利用大数据计算得到，用户对巴黎的印象排名最高的是博物馆，排在第二位的是公园，之后还有歌剧院、巴黎的咖啡和甜品等等。这些数据都是靠众多旅行者的经验得出的结果，因而就变得客观和全面了，因此它们也就可以成为新用户去巴黎的旅游决策首选。如图 7-7 所示，是蚂蜂窝整理出来的香港旅游信息。

同时，聚集海量的 UGC 内容能消除 UGC 的片面性。比如，对于某个具体的酒店，往往既包含了正面的评价，房间宽敞、舒适、卫生等，也免不了有 WiFi 不稳定、性价比不高等负面评价，从而通过观点的自由市场来达到信息的客观和全面。来自不同时间、不同旅行者的内容，每个人贡献一点点，就能给后面的人带来全面而又详尽的信息。

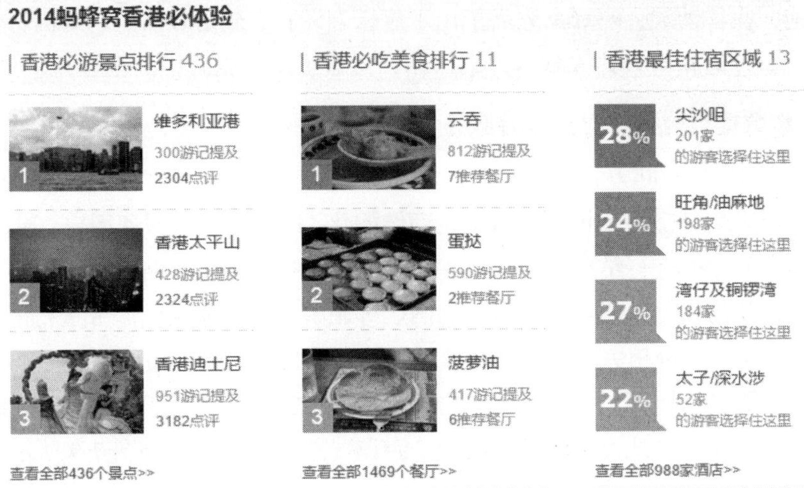

图 7-7　蚂蜂窝整理出来的香港旅游信息

2. 推出移动 App，展开移动战略

蚂蜂窝的移动战略很早就开展了，就在公司化运营的第二年 2011 年 4 月，蚂蜂窝便上线首款 App 客户端“旅行翻译官”，在 App Store 的旅行免费应用中曾排名第一。“旅行翻译官”能为旅行者提供世界上主要语种和中国常见方言的衣食住行的常用语发音。据悉，有一个完全不懂外语的用户反馈说，全靠这个搞定了在迪拜的转机。如图 7-8 所示，是蚂蜂窝“旅行翻译官”App 截图。

图 7-8　蚂蜂窝“旅行翻译官”App 截图

目前，在移动端，蚂蜂窝先后推出了旅行翻译官、旅游攻略、蚂蜂窝特价、国际酒店专家、游记和嗡嗡共 6 款客户端产品，覆盖了用户旅游中的全程需求。

3. 将数据结构化，对接旅游服务

总注册用户 5000 万，活跃用户日均 300 万，这些为蚂蜂窝沉淀了大量的数据。2014 年以来，蚂蜂窝开始把用户数据全面结构化，以便更好地服务用户。通过对 5000 万注册用户的数据进行结构化分析整理，蚂蜂窝在打通旅游攻略、酒店点评、特价信息等相关产品的数据流之后，便可以和酒店等旅游产品供应商的服务进行匹配对接，定期发布酒店、特价相关的用户行为数据和产品数据。比如，2014 年初，蚂蜂窝推出一个全新的服务“国际酒店专家”，让用户可以轻松方便地预订全球各地的酒店，其中所有的酒店评论是从海量蚂蜂窝用户“游记”萃取而来的。如图 7-9 所示，是蚂蜂窝上面的酒店服务。

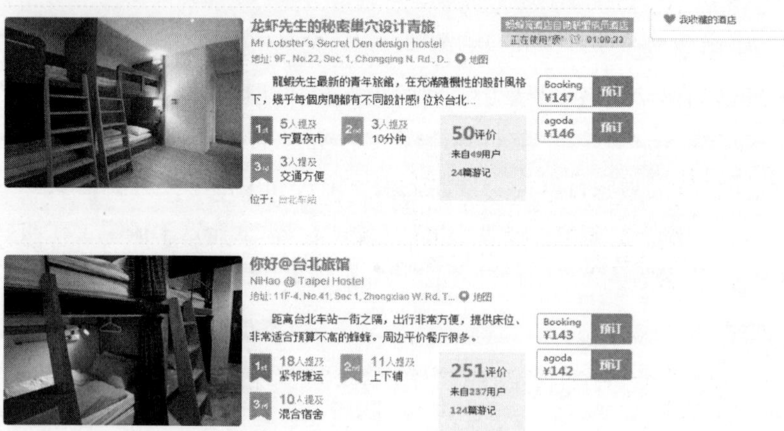

图 7-9 蚂蜂窝上面的酒店服务

这对旅游服务供应商和用户都有好处，对供应商而言，能够为其带来有精准需求的客户，从而可以节省大量的营销推广成本，提供更好的服务给用户；对用户来说，用户可以借助蚂蜂窝找到真正合适的酒店等旅游产品，能够充分满足自己的需求。比如预订酒店，用户可以通过蚂蜂窝看到曾经住过这个酒店的用户的详细评价，对卫生间、早餐、周边环境等优缺点的详细信息，还可以看到网友分享的照片。

4. 推出反向定制旅游产品，满足个性化需求

2014 年 8 月，旅游社交网站蚂蜂窝与航空服务商达成合作，双方联手国内外旅游局、航空公司，推出了首批反向定制旅游产品。比如，海南航空从北京往返芝加哥的 10 天自由行价格为 4999 元人民币，包含往返机票及 1 晚酒店；从北京出发的“普吉岛婚纱 7 天 6 晚”自由行，7999 元的价格包含了往返机票、五星级酒店、签证、门票、旅游用车和婚纱摄影等几乎全部费用。

所谓反向定制，通常是通过聚集数量庞大的用户，向商家集中采购的行为。但大部分的反向定制，比如团购，是商家促销主导，难以深入和持久。蚂蜂窝的反向定制则是双方企业根据长期积累的用户数据进行的反向定制和预售。如图 7-10 所示，是蚂蜂窝上面的反向定制产品。

图 7-10　蚂蜂窝上面的反向定制产品

因此，要实施反向定制，就必须要有庞大而活跃的用户基数沉淀下来的海量数据，通过大数据分析用户行为或聚合社交力量。在这方面，海量 UGC 是蚂蜂窝把握用户需求的核心优势。平均每天有超过 300 万人通过蚂蜂窝规划行程，约 20 万人参与旅游问答，10 万人预订酒店。蚂蜂窝成立了专门的数据中心，进行需求分析，连接用户和高性价比的旅游产品。

对合作的服务供应商而言，借助反向定制的 C2B 模式，把蚂蜂窝大数据当作桥梁，与后方 O2O 的供应商合作伙伴，甚至是线下合作伙伴进行资源对接，能大大降低推广营销的成本，也让旅行者获得非常实惠的价格，从而在用户心中形成自己的口碑。

7.3 艺龙旅行网：时时有活动，省钱

艺龙旅行网是中国领先的在线旅行服务提供商之一，通过网站、24 小时预订热线及手机艺龙网三大平台，为消费者提供酒店、机票和度假等全方位的旅行产品预订服务。艺龙旅行网通过提供强大的地图搜索、酒店 360 度全景、国内外热点目的地指南和用户真实点评等在线服务，使用户可以在获取广泛信息的基础上做出最佳的旅行决定。

【公众号】elongguanfang

微信运营概览

艺龙旅行网作为国内领先的旅游网站平台，其在微博的营销一直被外人所议论，而在微信营销领域，根据笔者的了解，开通的"艺龙旅行网"微信公众号也在深入运营后获得了回报。艺龙网的微信公众账号告知旅行者这是一个说走就走的旅行利器，从另一个方面来说就是旅游预订、查询及沟通的桥梁。

艺龙旅行网的营销特点：一是做好了营销的定位。它将内容定位在满足用户需求的基础之上，包括有休闲娱乐需求、生活服务需求、解决问题的实事需求等。二是线上线下的宣传配合。它在多个与其合作的酒店、机场放置印有自己微信公众账号的海报、易拉宝等，用户只需要用手机轻轻一扫，即可添加关注。三是策划了大量的有奖互动活动。通过活动营销，每期活动日均互动能超过 50 余次。

其实微信的这一系列活动就是照搬了微博上的，但是没想到相关的互动数据却大大超过了微博的互动次数。微信推广活动需要在活动规划前先了解微信订阅用户的属性，进行市场调研后策划并进行全方位预热推广，在微博、线下广告、官网等多方面宣传微信活动的情况。活动运营期间需要有专门的客服在后台记录和解答问题，引导用户积极参与，并通过自定义回复接口不断推送活动说明，利于关注用户的快速参与。此外，还要抓住节假日时效性活动营销热潮，活动的策划可以多采用节日性和热门事件相结合。

O2O 落地

1. "双十一"活动领大奖

前面提到，大量的有奖互动活动是"艺龙旅行网"微信公众账号的一大特点。那么，这次"双十一"活动，小艺又提供了哪些有趣的互动游戏和奖品呢？

小艺这次为旅行者提供了三个互动活动，分别是"0 利润""求脱光"及"火爆测

试”。进入“0 利润”菜单，可以看到小艺打起了一个非常响亮的口号“0 利润，所有利润都返现；1 折起，低价比脱光还彻底”。可见，这次艺龙旅行网所打的广告是非常有趣的，如图 7-11 所示。

从图 7-11 中可以看到，这次小艺的“0 利润”活动是针对酒店进行的，有 1 折优惠，也有团购爆款。

对于“双十一”活动，小艺也别出心裁地推出了一个名为“脱光”的小艺红娘互动活动。此次活动中，小艺会通过互动询问粉丝的一些情况，然后记录下粉丝的微信号发送给与其有相同意向的粉丝，从而推荐当地的酒店。最后，要求粉丝进入刮开兑奖区才能知道是否可以享受优惠。

活动步骤如下：

（1）要求粉丝在输入框中回复“脱光”，然后进入“脱光”活动的主页，如图 7-12 所示。

图 7-11 “0 利润”口号

图 7-12 进入活动主题页面

（2）在输入框中输入“脱光”，小艺会让你根据提示完善自己的资料，如图 7-13 所示。

（3）通过几步资料完善的互动后，如果回复“缘分”，小艺会找到一个与你有同样想去的城市的微友账号并发送。

（4）点击信息，进入主题页面，则可看到已为你推荐了一个五星级酒店，有酒店的名字、奖品信息等，如图 7-14 所示。

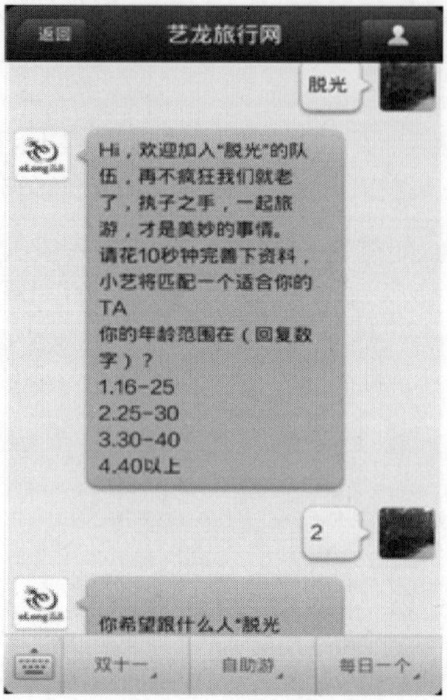

图 7-13　完善资料

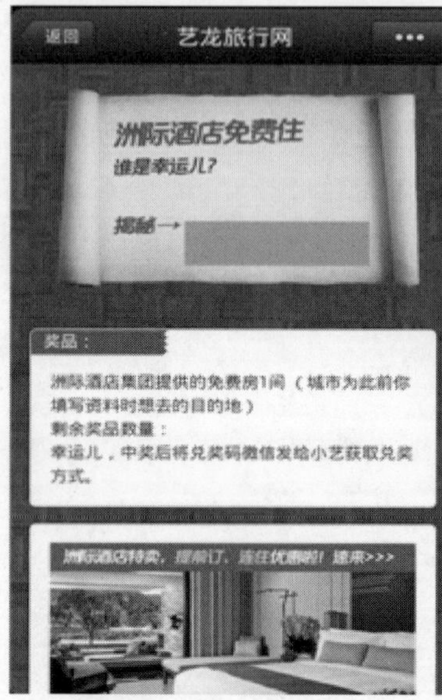

图 7-14　进入主题页面

（5）用手指刮开“揭秘”后面的兑奖区，查看是否得到奖品，如图 7-15 所示。

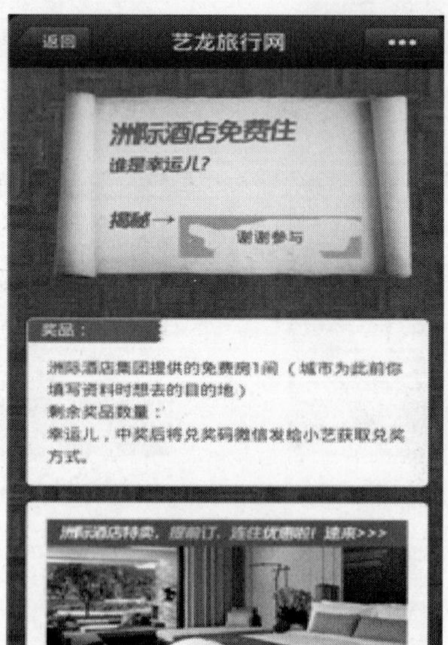

图 7-15　兑奖

图 7-15 刮开的是“谢谢参与”，则表示没有中奖。通过这个活动，不仅能让粉丝体验到活动的趣味性，又为该酒店做了推广，这种营销方式值得其他同行借鉴。

除此之外，艺龙旅行网对于“双十一”来临的推广活动还有一个，就是“火爆测试”，通过测试看自己到底是一个怎样的旅行者。要参与测试则先要在输入框中回复“go”，然后根据小艺提出的问题回复答案前面的字母编号，如图 7-16 所示。

测试到最后，小艺会根据粉丝的类型结果发送一个酒店的优惠奖品，如图 7-17 所示，测试结果为“经济适用型”，则为粉丝推荐了一个经济型酒店。

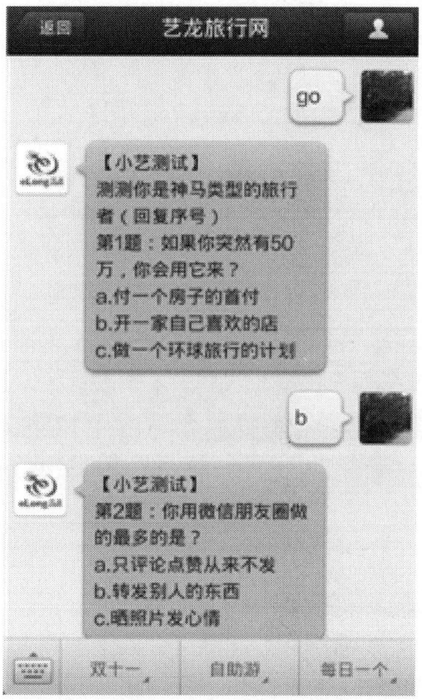

图 7-16　火爆测试中

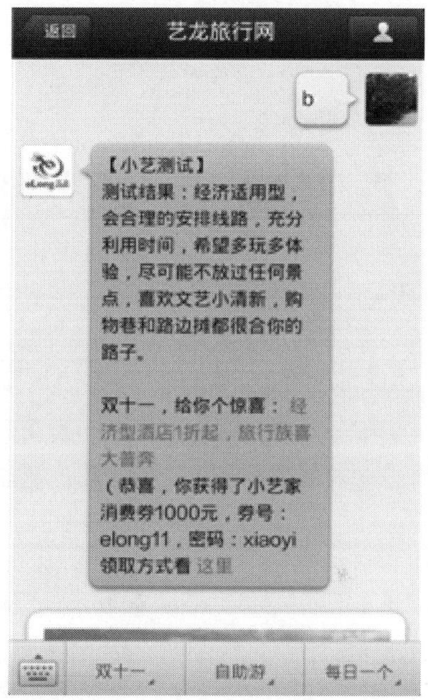

图 7-17　获取奖品

点击链接，则又进入艺龙旅行网推荐的全国各地合作区域的经济型酒店预订页面，如图 7-18 所示。

其实这样的方式也是在为“双十一”做经济型酒店的活动推广。粉丝只有点击“这里”链接才能领取自己获取的 1000 元消费券，小艺会告诉你怎样使用该券，如图 7-19 所示。

根据领取规则，将消费券激活，则可在指定的范围内使用该券。这就是艺龙旅行网在“双十一”推出的优惠活动，确实让粉丝大爱。

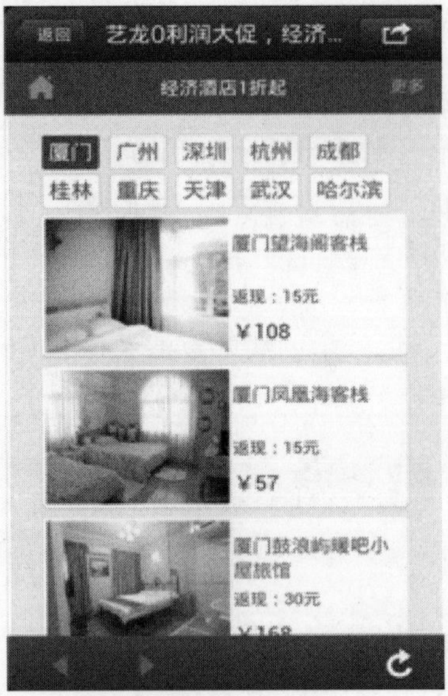

图 7-18　进入经济酒店区

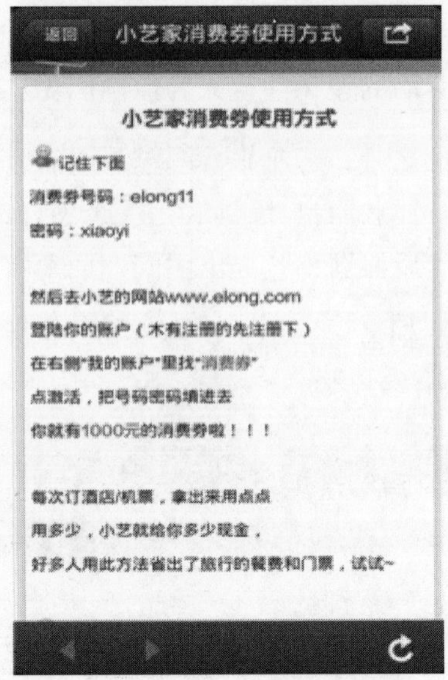

图 7-19　领取消费券规则

2. **信息推送服务**

“艺龙旅行网”微信公众账号的功能做得比较全面，除有一些互动活动及奖品活动外，也设置有信息推送服务。艺龙网将其功能设置在“每日一个”的下拉菜单中，这些信息包括有新鲜资讯、周末游及旅行 FM。如图 7-20 所示，为小艺推送的“新鲜资讯”信息。

图 7-20　新鲜资讯推送

7.4 同程网：旅行装备

同程网的总部在中国苏州，创立于 2004 年。同程网经过数年在旅游在线市场的成功运作，已成为国内一流的旅游电子商务平台之一，也是中国唯一拥有 B2B 旅游企业间平台和 B2C 大众旅游平台的旅游电子商务网站。

【公众号】tc2004

微信运营概览

同程网除开通官方微信公众账号外，还开通了“全国景点团购”公众账号，共提供了 8000 家景点的团购。同程网提供了预订服务，可以提供酒店、机票及景点门票的预订。同程网还给大家提供了“旅游装备”，如列车时刻表、查看天气情况等，并且在过节的时候还会举行有奖活动，如“双十一”活动有惊喜。

O2O 落地

1. **预订服务助营销**

同程网比前三家旅游企业做得好的是它提供了预订服务，可以提供酒店、机票及景点门票的预订，并能注册成为会员随时查看订单情况。

成功关注“同程网”微信公众账号后，先点击“预订”菜单选择“注册会员”，此时同程网会告知粉丝，直接在输入框中回复手机号码，如图 7-21 所示。

接着，点击“手机站”登录同程网官网，输入手机短信接收到的验证码，即可激活账号，并获得 800 元的旅游现金券。

成功注册会员后，则可进入预订服务。下面以预订景点门票为例，介绍同程网的预订营销方式。

首先在“预订”菜单中选择“景点门票”菜单，如图 7-22 所示。

接着，小程程会发送关于景点门票预订的信息，粉丝可以根据自己的需要进行选择。这里提供了三种预订方式，分别是国内景点预订、周边景点预订及会员日景点预订。这里的周边景点预订功能会根据粉丝所在的地理位置，快速定位，然后找到附近的景点。如果是选择国内景点，那么选择的城市就太多了，如上海、广州、深圳等等，如图 7-23 所示。

进入景点选择后，如果该景点开通有门票预订，则会显示价格，并可以直接点击右侧的“预订”按钮进行预订，如图 7-24 所示。

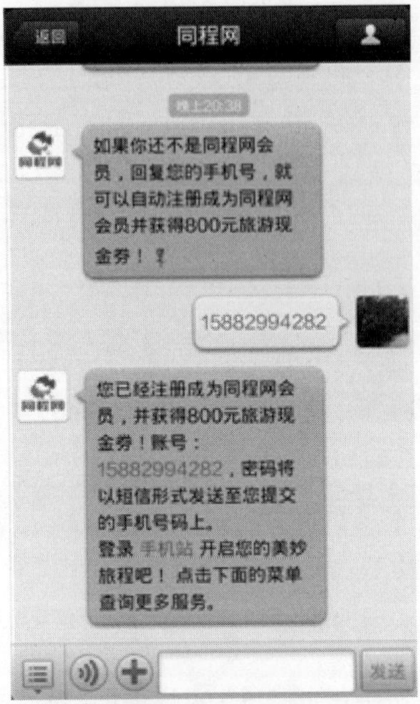

图 7-21　注册会员获取现金券

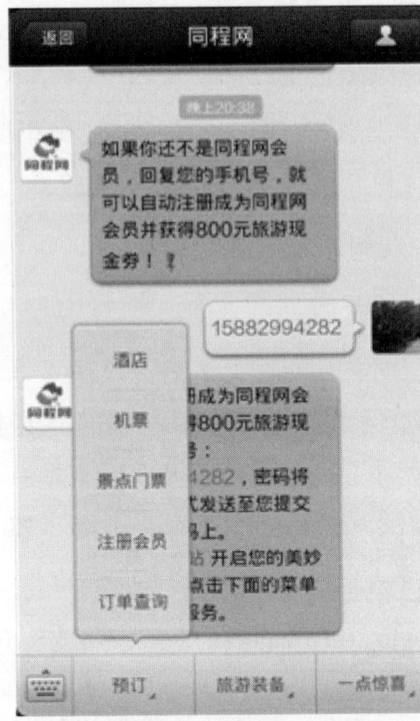

图 7-22　选择菜单

图 7-23　国内景点门票查询

图 7-24　景点门票预订

在预订门票的时候还要输入预订的数量、取票人的名字及联系电话。在预订门票前一定要注意，门票只能提前 1 天的 7:00 前预订。其他项目的预订与该项目类似，故不再重述。

同程网通过这样的预订功能，不仅可以让粉丝及时了解各个景点的情况，也能让旅行者提前买好票，不用担心到了目的地却还要排着队去买票，省去了许多麻烦。

2. “旅游装备”助服务

同程网为游客提供的“旅游装备”可谓是大费了一番苦心，要为游客提供最新的旅游攻略，还要帮助查看天气，列车时刻表更是贴心地“奉上”了旅游 App 应用，如图 7-25 所示。

同程网提供的 App 应用确实非常的不错，让游客不需要进入官网，直接打开 App 就能随时随地查询到酒店、机票、景点门票、自助游等信息，并马上预订。如图 7-26 所示，为下载的同程 App 客户端首页。

图 7-25 “旅游攻略”菜单

图 7-26 App 客户端

在“旅游装备”中提供的“天气查询”需要游客以“城市名+天气”的格式回复信息，即可收到该城市的天气预报，如图 7-27 所示。

通过天气查询，为游客提供出游前的准备，如，需要带什么衣服，是否需要准备雨具等，非常贴心。

3. **“双十一”活动有惊喜**

同程网与艺龙网一样，对于“双十一”的来临，设置了有奖活动。点击“一点惊喜”菜单下的“有奖活动”，则可查看“双十一”同程网送的“双十一，玩微信抢好礼”活动，如图 7-28 所示。

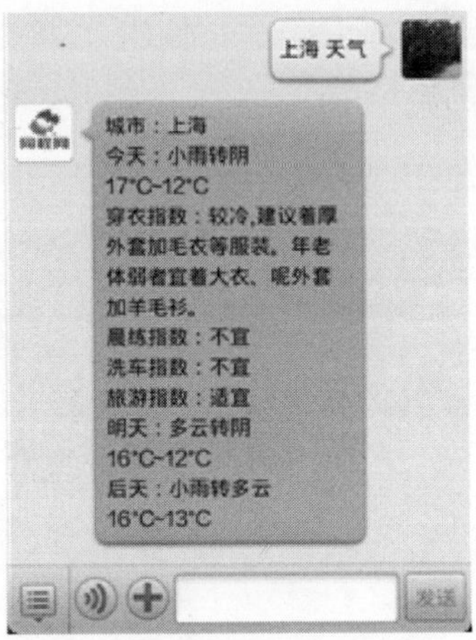

图 7-27　查询天气

图 7-28　活动有惊喜

这次有奖活动，只要添加关注成为同程网会员，即可在 11 月 26 日查看获奖结果。此外，喜爱旅游的你还可以通过朋友圈的力量，将此条有奖活动信息分享给身边的朋友，邀请好友一起参加。

7.5　途牛旅游网：各种活动停不下来

途牛旅游网创立于 2006 年 10 月，以“让旅游更简单”为使命，为消费者提供由北京、上海、广州、深圳等 64 个城市出发的旅游产品预订服务，产品全面，价格透明。

现阶段，途牛旅游网通过网站、全年 365 天 24 小时 400 预订热线、微信公众账号及手机客户端 App 四大平台，为游客提供了 8 万余种旅游产品，涵盖跟团、自助、自驾、邮轮、酒店、签证、景区门票以及公司旅游等，已成功服务累计超过 400 万人次出游。

【公众号】T4007999999

微信运营概览

“途牛旅游网”微信公众平台的营销策略，主要参考了其微博营销策略，即不仅提供了大量的优惠景区门票信息，而且组织了丰富多彩的有奖活动。虽然照搬了微博的营销策略，但是与关注者的互动次数远远超过了微博。

微信活动之所以会产生如此高的互动性，在于其经过了一系列的运营步骤。具体如下：

（1）微信活动规划前需要先了解微信订阅用户的属性，进行市场调研后策划并进行全方位预热推广，微博、线下广告、官网等多方面宣传本次微信活动的情况。

（2）活动运营期间需要有专门的客服在后台记录和解答问题，引导用户积极参与，并通过自定义回复接口不断推送活动说明，利于关注用户快速参与。

（3）通过设置多重奖品来刺激参与者，并且在推广渠道不断地宣传来刺激参与度。奖品方面不光设置单次的大奖，还可以设置多个参与奖，以此调动用户的积极性。

注意：为了提高微信活动效果，最好与节日性和热门事件相结合，提升活动的营销热潮。

“途牛旅游网”微信营销特点在于内容定位准确、线上线下配合营销推广和丰富有奖活动，详细内容如下。

第一个特点：内容定位准确。“途牛旅游网”将自己重点经营的路线进行内容规划，形成系列以供游客预订。同时，聘请和鼓励见多识广的导游，编写各种旅游攻略，以供游客去查看。

第二个特点：线上线下配合营销推广。线上方式为在微博、人人网等平台的皮肤模板右侧都加上了微信公众号的宣传，在其发布的内容中也多次通过文字图片植入关注微信公众号的信息。线下方式为在多个与“途牛旅游网”合作的酒店、机场和社区放置自己的微信公众号二维码海报、易拉宝，通过用户扫一扫享优惠的方式获得了大量的新增订阅用户。

第三个特点：丰富有奖活动。策划了大量有奖互动活动，维持了高频率的活动性，避免了微信关注者的流失，实现了新微信关注者向老微信关注者的转变。

O2O 落地

1. 不容错过的打折门票

对于游客来说，没有什么能够比低价的景区门票更能吸引人了？“途牛旅游网”微信公众平台提供了大量的打折景区门票供游客去预订，主要在“超值爆款”和“限时特价”这两个活动中。

所谓超值爆款，是指途牛网站每天都会寻找出两款品质高、价格低的热门路线，然后在每天 10:00～14:00 供游客抢购。点击“优惠活动>超值爆款”菜单，将会进入“超值爆款”页面（如图 7-29 所示）。该页面中展示了经过途牛精挑细选的热门路线，并且通过倒计时的形式显示了抢购的时间。

所谓限时特价路线，就是旅游行业里实施尾单的路线，即以不同的折扣来推销旅游产品，以尽可能达到“满团客满”的效果。因此，同一款旅游产品，其“尾单”的价格会随着时间的推移不断发生变化，也就是以不同的折扣来调校产品价格促进销售，最终实现“满团客满”。

点击“优惠活动>限时特价”菜单，将会进入“限时特价”页面（如图 7-30 所示）。该页面中不仅展示了限时特价路线，同时显示了这些路线所享有的折扣价和剩余抢购名额。

图 7-29 “超值爆款”页面

图 7-30 “限时特价”页面

途牛旅游网所提供的上述两种打折景区门票，紧紧抓住了游客需求。只要游客购买过一次打折门票后，就会成为该微信公众账号的“终身关注者”。

2. 0 元、1 元旅游活动

比打折景区门票更吸引游客的，就是免费旅游。为了推广途牛手机客户端 App，提高其上人气和关注度，该客户端精心准备了两个免费旅游活动，分别为“1 块钱去旅游”活动和“0 元团购”活动。由于这些互动活动的目的就是维持微信公众账号的互动量，因此活动的更新频率为每天。

每天所推出的“1 块钱去旅游”活动如图 7-31 所示，不仅可以国内游，而且港澳游、出境游、上游轮，应有尽有。游客只需要每天登录该客户端参与抢购，就有机会只需花费 1 元可享受所提供的路线。在具体抢购时，只需要点击的 1 块钱活动列表项（如，1 块飞出境），就会进入该活动的详细页面（如图 7-32 所示），在该页面展示了途牛所提供的旅游路线，点击“立即抢购”就可以参与抢购了。中奖的机会完全是比手快、比网速、靠人品。

图 7-31 “1 块钱去旅游”活动

图 7-32 “1 块飞出境”活动详细介绍页面

游客抢购成功后，不仅需要支付 1 块钱，而且还需要分享活动页面+个人感想至微信朋友圈，以便吸引更多的好友去关注途牛客户端。

每天所推出的“0 元团购”活动，如图 7-33 所示。游客可以免费团购，团购成功可以获取抽奖号，途牛会抽取 1 名或多名幸运者获取的团购项目抽奖号。

为了增加抽取的机会，可以通过如下方式获取多个抽奖号：

- 绑定新浪、腾讯微博可以得 5 个抽奖号，中奖概率增加 2.5 倍；
- 每成功邀请 1 位网友参加，可获取 10 个抽奖号，中奖概率增加 10 倍。

在具体团购时，只需要点击自己所中意的旅游路线（如，昆明大理丽江 6 日游），就会进入该路线的详细介绍页面（如图 7-34 所示），在该页面不仅展示了该旅游路线的详细信息，而且还显示了该条路线的参与人数和开奖日期。点击“立即抢购”就可以参与抢购。中奖的机会完全是靠人品，不过可以通过增加团购次数来获取中奖概率。

图 7-33 “0 元团购”活动

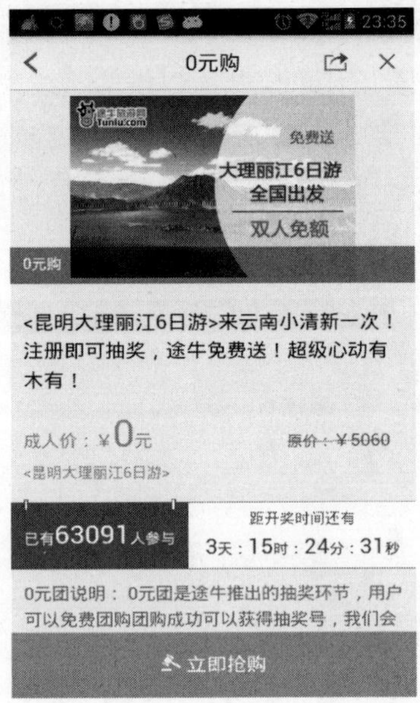

图 7-34 “昆明大理丽江 6 日游”路线详细介绍页面

途牛旅游网所提供的两种免费旅游活动，深谙此微信线上推广之道，即通过将中奖信息和活动信息分享到朋友圈、转发到微博来吸引大批的微信订阅用户。

3. 中大奖活动

前面提到，大量有奖互动活动是“途牛旅游网”微信公众账号的一大特点，那么该微信公众账号又提供了哪些有趣的中奖活动和奖品呢？“途牛旅游网”微信公众账号为游客专门提供了两个有奖互动活动，分别是“全民挖宝季”和“晒图赢大奖”活动。

对于“全民挖宝季”活动（如图 7-35 所示），在规定的时间（8 月—10 月），游客可以每天登录途牛手机客户端参与“全民挖宝季”活动，即可以获取 3 次开宝箱机会。每次开宝箱用户都有机会获得围观奖品页面展示的奖品，如图 7-36 所示。

图 7-35　“全民挖宝季”游戏活动

图 7-36　游戏活动奖品

所谓“晒图赢大奖”活动，就是通过途牛旅游网旅游后的游客，可以在微社区发布自己的比基尼秀，如果没有，也可以发布家庭秀。在规定的时间里，人气较高者就可以获取相应的大奖。点击“优惠活动>晒图赢大奖”菜单，就可以参与该活动，具体活动页面如图 7-37 所示。

图 7-37　“途牛微社区”页面

对于游客，为了给自己的照片拉人气，可以将自己所参与的照片分享到朋友圈。这对于维护“途牛旅游网”的好友人数数量有很大的帮助。上述两个中大奖活动，可以获得旅游者的持续青睐和关注，为“途牛旅游网”微信公众账号的微信营销做出了重大的贡献。

7.6 小猪短租：提供带有人情味的短租 O2O 服务

小猪短租网正式上线于 2012 年 8 月，是国内领先的专业日租、短租房在线预订网站，首轮获得了晨兴创投千万美元的 A 轮融资，于 2014 年 6 月又获得了由君联资本领投的 1500 万美元 B 轮融资。目前，小猪短租在北京、上海等全国 13 个城市设有分公司，房源覆盖国内 130 多个城市。

【公众号】xiaozhuduanzu

微信运营概览

小猪短租是国内领先的短租民宿预订网站，提供有别于酒店且具有人情味的住宿体验。你可以享受到高性价比、更具特色的短租民宿，还能从房东那里得到旅游美食信息。通过线上支付，将获得财产、安全双重保障。

小猪短租为了解决个人房东的疑问，打造出高质量的短租房。小猪短租的做法是，成立一支专门服务个人房东的线下运营团队，一步步为房东详细地做出解答。此外，小猪短租还有一个重要措施，就是建立房东和租客互评机制，加强约束行为。融入社交属性，提供用户黏性。

O2O 落地

1. 建立服务团队，协助个人房东

就在小猪短租的网站正式上线后，当时的房产租赁市场中根本找不到非中介的个人短租房，也就是说，来自个人分享的短租房源基本没有，市场上的房源大多是来自中介。尽管如此，小猪短租还是没有简单地把市场中已有的房源直接搬到线上平台，而是着力于主动寻找个人房东，以求获得高质量的短租房资源。

由于许多个人房东没有任何出租房屋的经历，特别是对这种共享经济的出租模式感到陌生，这就带来了许多问题。例如，大多数房东不确定自己的房子适不适合做短租，对怎么将闲置房改造为短租房一筹莫展等，而这些问题恰恰将决定着小猪短租平台上供给短租房的质量。

为了解决个人房东的疑问，打造出高质量的短租房，小猪短租的做法是，成立一支专门服务个人房东的线下运营团队，一步步为房东详细地做出解答，同时也会帮助房东提供房源的简单装饰建议、上线后的定价调价措施，以及初期接待租客时要注意的问题等。在这个线下运营团队的协助下，往往个人房东的闲置房就顺利变成了线上的短租房，房东们也做好了接客的准备。如图 7-38 所示，是小猪短租上面的出租房和个人房东。

图 7-38　小猪短租上面的出租房和个人房东

2. **建立房东和租客互评机制，加强约束行为**

在这种 P2P 的分享型经济中，交易双方的信任是个难点问题。那么，小猪短租是如何保障房东和租客双方的安全问题，让双方建立起基本信任，并且确保双方都能够在交易过程中适当约束自己的行为呢？

首先是身份信息审核机制，小猪短租平台事先对房东和租客真实身份信息进行验证，在验证通过之后，房东才可以发布个人的出租房，而租客才可以从展示个人房东的房源自主选择，进行下一步的协商交易。这就在一定程度上确保了房东和租客双方的安全问题，让双方能够从陌生人开始建立起基本的信任。如图 7-39 所示，是个人房东的认证机制。

此外，小猪短租还有一个重要措施，就是建立房东和租客互评机制。首先，租客的评价会对房东的出租业绩产生很大的影响。因为在小猪短租网站的房源列表页上，一套完善的运营规则决定着房源排列的先后顺序，并且这一结果只能受房源质量、房

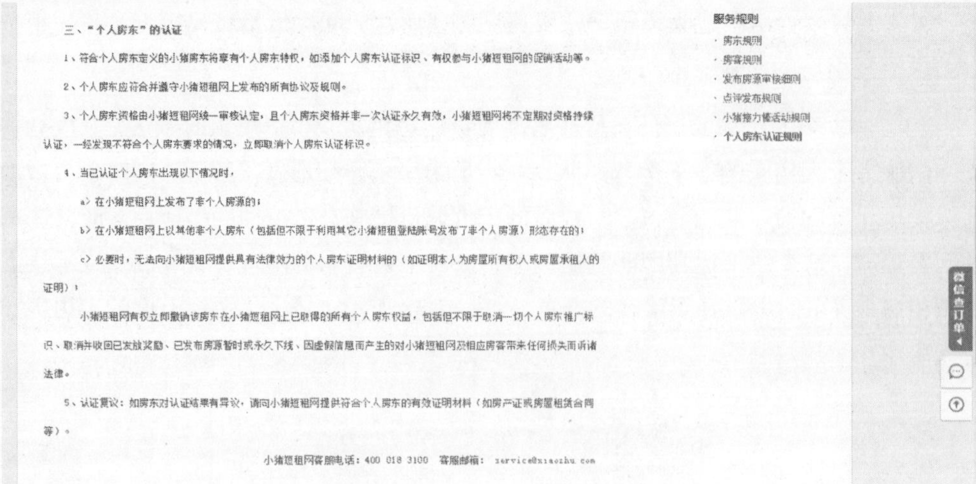

图 7-39　个人房东的认证机制

东服务质量、租客点评情况等因素影响，无法人为干涉。如此一来，平台上那些得到认可的房东则会更加容易地被租客搜索到，进而得到更多订单，而小猪短租平台则能够确保始终向市场提供优质供给。同时，由于租客和房东的互评机制，租客的行为也能得到一定的约束。如图 7-40 所示，是小猪短租上面的租客评价。

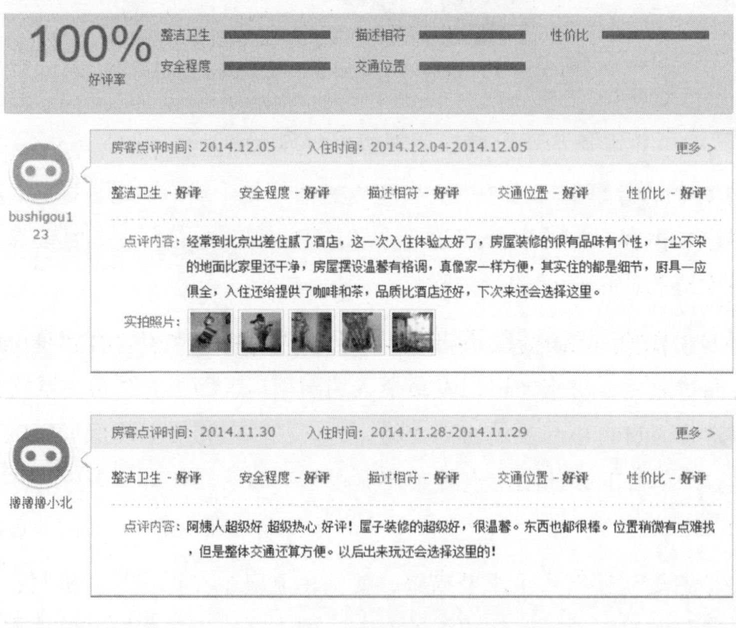

图 7-40　小猪短租上面的租客评价

7.7 途家网：用 O2O 改造度假租赁行业

途家网是一家整合线上、线中、线下的资源和服务的 O2O 平台，将旅游地短租和度假公寓业务相结合，上线于 2014 年 12 月 7 日。通过途家网将自住房与出租房相结合的商业模式，业主不仅可以享受到途家定期的房屋保养服务，还能享受到途家为业主及其亲朋好友提供的接机、餐饮、家政等各类专业服务。另外，通过途家网的平台，业主还可以实时查询房屋的维护状态和出租收益情况。途家正是通过这种模式将旅游地不动产增值服务和度假公寓租赁业务结合，为不动产经营管理提供解决之道。

【公众号】tujia400-188-1234

微信运营概览

途家网作为一个假期租赁平台，房源是关键问题。途家网利用闲置房，解决房源问题；途家网可以按用户需求提供不同房源，来得到用户的认可；途家网有标准化流程；在度假租赁的选址上，途家有一套科学的系统。

O2O 落地

1. **利用闲置房，解决房源问题**

途家网作为一个假期租赁平台，房源是关键问题。据悉，上线一年多，途家网便相继在北京、上海、厦门等城市，与保利、华润、世茂等一线房企签约成功。途家网目前线上可预订房源近 4 万套，储备房源 40 万套，覆盖国内热门城市 74 个、海外城市 57 个。途家网是怎样在短时间内，迅速找到了充足的房源呢？

这是因为途家首先瞄准了房源充足的地产开发商，到他们那里去找房子。之前，途家对市场上的房源进行了调研，发现不仅多数房主投资或者偶尔旅游度假所用的房子都愿意出租，地产开发商们也愿意将项目里的房子拿来出租。途家与开发商的合作方式很简单，如果开发商不出租，途家会做管家；如果出租，途家会做托管。通过这种模式：目前途家已经签约 300 多个项目，3 万多套房子，在谈的还有 900 多个项目。

另外，对于个人业主手下的愿意出租的房子，途家也采取了管家模式。途家将其命名为“途家·管家”，根据不同需求经营，途家负责管理运营成本，而业主提供房源及协调时间，双方按一定比例分成。

通过这一模式，途家的管家服务范围不仅包括对房屋的定期养护，还为业主和亲友提供房间特色布置、机场接送、保姆家政、物品代购等定制化管家服务，而业主仅只需要维持房屋的五星级酒店客房的标准，并凭借途家网在线平台接受游客预订，在短期内就可以获得一笔可观的收入。充分利用了闲置资源，将不动产价值发挥到最大。另外，通过途家网业主平台，业主可随时掌握房屋托管的最新状况，自住、出租，方便灵活，不受任何限制。如图 7-41 所示，是途家网上的短租公寓。

图 7-41　途家网上的短租公寓

2. 按用户需求提供不同房源

房源问题解决后，途家还针对用户群体进行了细分，以便进行精准化服务。途家将用户分为两大类：第一大类是商务型，第二大类是旅游型。显然，这两大类用户群体对价格接受度、时长和性价比要求有很明显的差异，这就需要途家网针对不同用户提供带有不同服务的房子。

首先，商务型人群长期出差，出差的时间又各不相同。对于在同一地方长期出差的用户来说，由于费用较高，很难选择长期住星级酒店，而连锁酒店又在很多地方不方便，会影响出差时间的生活。为此，途家平台上设计的商务套房既能提供全方位的家政服务，还比酒店实惠，可谓是商务出差人员的理想选择。另外，途家上设计的套房还考虑了商务人员的交通问题。

其次，途家平台上的主要用户往往是旅游型。针对旅游型，按照用户旅行的方式，途家又进行了细分：周边游用户和远游用户。

途家发现周边游用户往往是家庭团队一起行动，时间较短，并且细节方面的需求较多。为此，途家网设计了一种套房能够满足家庭团队的短暂住宿需求，还有特殊的设计去满足小孩、老人的需求。这样一来，使得这些人在途家套房与在家的舒适感没有差别。远游用户，这类人群目的性较强，一般是去一些著名的旅游景区，而其到达的旅游景区往往很难找到较高性价比的酒店。途家在这些景区周边有公寓或别墅，如果用户拼团一起租下一个公寓或别墅的话，分摊后费用远远低于酒店，并且更容易增进感情。如图 7-42 所示，是途家网上的精选优惠。

图 7-42　途家网上的精选优惠

3. 科学地选址

在度假租赁的选址上，途家有一套科学的系统。途家根据周边的楼盘、房间的装修和布置等参数达标确定是否需要开拓市场。在开拓市场的同时，途家网还按照客户群进行区域布局。途家网的市场布局往往在周边游相对发达的地区。

据悉，途家网在苏州东山的“普罗旺斯”度假地就是上海周边游的理想目的地，距离上海仅一个小时的车程，而其自然生态却是上海无法比拟的。另外，还滨临太湖和湿地公园，群山环绕，具有欧洲小镇般的建筑风格。如图 7-43 所示，是苏州途家普罗旺斯豪华单卧套房。

图 7-43　苏州途家普罗旺斯豪华单卧套房

7.8 携程：旅游业的完美 O2O 体验

携程旅行网创立于 1999 年，总部设在中国上海，是中国领先的在线票务服务公司。它拥有国内外 5000 余家会员酒店可供预订，每月酒店预订量达到 50 余万间。已在北京、广州、深圳、成都、杭州、三亚等 12 个城市设立分公司，员工超过 10000 人。

作为中国领先的在线旅行服务公司，携程旅行网成功整合了高科技产业与传统旅行业，向超过 4000 万会员提供集酒店预订、机票预订、度假预订、商旅管理、特惠商户及旅游资讯在内的全方位旅行服务，被誉为互联网和传统旅游无缝结合的典范。它凭借稳定的业务发展和优异的盈利能力，于 2003 年 12 月在美国纳斯达克成功上市。

【公众号】iCtrip

微信运营概览

携程网是一个旅行网，但是它正在向旅游的各个服务层次蔓延。携程加快美食频道布局，使出去旅行的顾客更能方便快捷地吃到美味的食物。另外，携程网全新推出“在线预订”功能。

O2O 落地

1. 携程加快美食频道布局

由商旅起家的携程，其产品正在向旅游的各个服务层次蔓延。其美食频道布局渐快，最初由高端餐饮切入，目前已经包含高、中、低端三档产品。不过，携程官方却一反常态地对美食频道保持低调。

携程餐饮频道已上线数月，最初呈现出的产品完全是高端美食。消费者点击移动端的“高端美食”频道后，会直接以所在位置为中心，由近而远地陈列商户，商户介绍图片会注明距离与返现的金额或比例，目前最高返现达 25%。这些高端美食商户人均消费多在 200 元以上，并且高端会所及高星级酒店餐饮占据多数。

携程在签约餐饮商户上已经拥有十几年餐饮 O2O 经验，在 2001 年曾开通特商频道，通过线下拓展积累了 3000 多家中高端商户资源，为持携程会员卡消费的顾客提供餐厅的折扣优惠。2011 年初，携程收购餐厅预订平台“订餐小秘书”，主要面向中高端商务人士的在线和电话订餐服务。如图 7-44 所示，是携程网订餐截图。

2. 推出“在线预订”功能

由于酒店房态时时变化的特殊性，传统的酒店团购通常分两步，第一步，消费者通过网站或 App 购买团购券；第二步，则需与酒店预约，商家确认有房后，才能成功使用团购券入住。

现如今，在 O2O 飞速发展的大时代，团购酒店，手指轻轻一点就能实现线上线下一站式服务。携程旅行网团购频道全新推出了“在线预订”功能，将传统的酒店团购两步简化成了一步，即消费者只需在线选择入住和离店日期，并确认支付，即可成功预订酒店。完成预订后，无需二次电话确认房间，就可直接进店入住。即使变更行程也没有关系，只要记住免费取消时间，取消也可以获得全额退款，操作亦非常方便。

事实上，此前类似的“在线预订”功能，诸如 OpenTable、在线选座等在餐饮、电影等生活娱乐类团购领域已有尝试，但在酒店行业尚属先例。本次“在线预订”功能的推出，正是携程团购通过提升信息技术及整合供应商系统，顺应消费者需求以及 O2O 发展潮流的举措。这项功能不但简化了预订流程，而且更有效地保障入住，让消费者更加放心地选择团购，相信必将赢得市场的青睐。如图 7-45 所示，是携程网在线预订的截图。

图 7-44 携程网订餐

图 7-45 携程网在线预订

7.9 旅游百事通：您身边的旅游管家

旅游百事通是中国西部最大的综合性旅游集团，是重庆海外旅业集团倾力打造的全国性超大旅游连锁超市。旅游百事通采用超大连锁超市经营模式，2012 年已实现为全国加盟门店最多、收客量最大的旅游龙头企业，汇聚国内外上万条旅游线路资源，以统一产品采购、统一产品推广、统一门店管理、统一服务标准的集团化经营模式，依托全国数百家“旅游百事通”连锁门店，随时为消费者提供丰富、优质的旅游线路和热情周到的服务。

至今，旅游百事通已经在全国 15 个省、直辖市建立了区域总部，分别为重庆、四川、贵州、云南、陕西、安徽、江西、湖南、湖北、山东、天津、浙江、河南、江苏、江西。2012 年 7 月 5 日，旅游百事通旗下的唯一官方网站，旅游百事通在线旅游商城上线，标志着旅游百事通已经开始实现从传统地面连锁到网络和实体联合发展模式的转变。到 2012 年 7 月，旅游百事通全国收客量达到 100 万人，2012 年全年收客量为 220 万人。

【公众号】lybestone

微信运营概览

旅游百事通支持粉丝互动，添加关注后，粉丝可以根据提示输入自己想要查询的关键字，得到“旅游百事通”微信公众账号的信息推送。这种互动方式增加了营销的趣味性，而且还为自身品牌做了一个很好的宣传。

O2O 落地

旅游百事通的互动式营销已经起到了很好的作用，粉丝可以在输入框中回复想要查询的关键字，如“风景”，旅游百事通即可马上推送一个地方的风景给粉丝了解，如图 7-46 所示。

除此之外，粉丝们还可以输入地名、美女、摄影等查看其他相关信息。旅游百事通还提供了一个查看上期资讯的功能。粉丝只要输入“历史”+编号就可以查看编号数字相对应的那期资讯，如输入“历史 1”，则会显示第 1 期的精彩内容。

图 7-46　“旅游百事通”的互动式营销

7.10　景点打折门票：LBS 快速定位周边景区

一块去旅行网创立于 2012 年，精选周末旅行方案，定位于“轻旅行 自助游”，专注提供最有品质的精品度假产品，能为游客提供 6000 家景点门票、600 家精品度假酒店的特价预订，挖掘和探索最具特色的旅游目的地。

一块去旅行网是国内新锐的在线旅游 B2C 服务商，直签上千家景区，拥有 80 多家分销合作伙伴，与去哪儿网、携程网、高德地图、UC 浏览器等众多合作伙伴建有良好的合作关系。该旅游网开通了“景点打折门票”微信公众账号，同时非常注重微信中 LBS 的应用，曾连续两年获得中国位置应用（LBS）大赛第一名，并获得多名风投数百万美元的投资。目前总用户数超 250 万，日活跃用户超 5 万。

【公众号】yikuaiqulx

微信运营概览

“景点打折门票”微信公众账号的特点在于添加关注后，游客只需要发送当前位置信息，只需 10 秒就会回复周边 10 个旅游景点的折扣门票信息，同时还会按与游客的距离进行排序，实现了游客周边景区的快速查询和定位，充分体现了微信营销的快捷性和便利性。

O2O 落地

当游客在陌生的地方，想参观周边的景区时，没有比“景点打折门票”微信公众账号的 LBS 快速定位工具更适合了。该微信公众账号只需要 10 秒就可以根据游客所发送的位置信息，回复周边景区的优惠折扣门票信息，同时只需 20 秒就可以成功预订门票。

在关注“景点打折门票”微信公众账号后，该平台要求获取用户的地理位置，如图 7-47 所示。点击微信界面右下角“+”号按钮，在出现的内容中选择“位置”信息，微信将立即定位当前微信，如图 7-48 所示。当搜索到当前位置后，点击“发送”按钮就会将位置信息发送给“景点打折门票”微信公众账号。

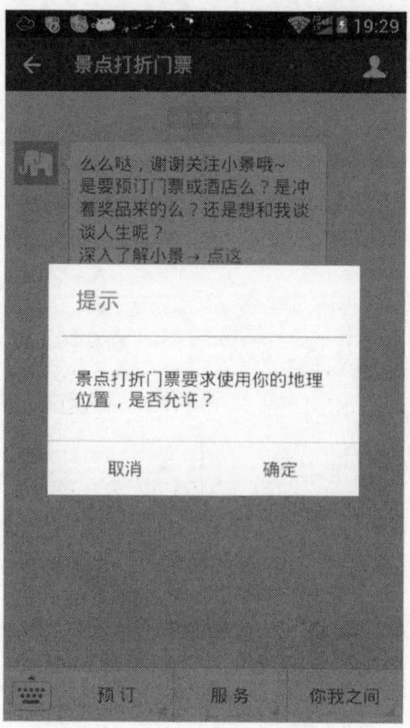

图 7-47　开启 LBS 功能信息

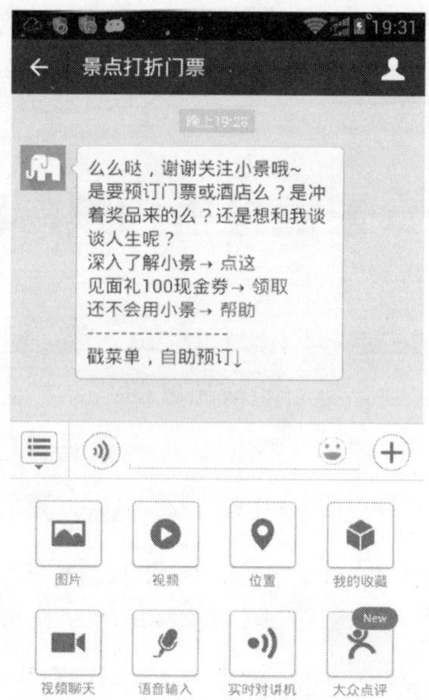

图 7-48　发送位置信息

第 8 章 房地产行业必看的经典案例

在掌握房地产微信营销之前，首先需要了解房地产行业在传统营销当中所遇到的问题，这样才可以更好地在房地产行业实施微信营销。对于房地产行业，传统营销里最关注的是渠道营销推广效果、怎么样更好地蓄客，以及做团购把房卖出去。

8.1 北京买房：一对一贴身定制服务

“北京买房”是由腾讯房产频道推出的微信公众账号，通过一对一贴身定制及专业的购房信息互动，为购房者打造一个专业房产互动导购平台。“北京买房”微信公众账号，能为用户提供集买房答疑、楼市政策解析、全方位购房互动于一体的服务，不仅为用户节省看房的时间成本，而且在资讯发布及互动答疑两个层面上更具针对性，使得看房流程更快捷、更高效。

【公众号】beijingmaifang

微信运营概览

“北京买房”微信公众账号通过与用户的深度互动，为购房者提供一对一的贴身定制信息服务，让房产宏观市场与购房个体实现零距离沟通。“北京买房”通过下拉式菜单设计，预设众多购房者关注的楼市关键字，当用户咨询的问题包含关键字时，即会激活微信的即时回复，第一时间帮用户解决购房疑问。

O2O 落地

1. “位置服务”看楼盘

腾讯房产频道在“北京买房”微信公众账号中，充分使用微信的自身功能，发挥其特色与自身实际情况相结合，为看房者带来便利。“北京买房”使用微信的“位置”服务为用户查看附近房源带来了相当大的便利，用户只需要通过微信中的位置功能，定位自己目前所在的位置，即可搜索到附近的房源。

添加“北京买房”微信关注后，会在信息框中显示其提示信息，如图 8-1 所示。根据提示信息，添加自己的位置，如图 8-2 所示。

待确认位置后，单击“发送”按钮，如图 8-3 所示为“四川省达州市通川区”的位置，而这里要求的是输入北京市位置，因此，在这里位置服务搜索是不成功的，如图 8-4 所示。

像上例中的情况，如果购房者没在北京，却又想在北京购房怎么办呢？“北京买房”还提供有信息框输入位置功能。无论购房者在什么地方，只需要在输入框中输入北京市的一个大概位置，即可搜索附近 5km 以内的房产信息。如图 8-5 所示，输入“春秀路”，立即就可以查询到关于“春秀路”小区的相关信息。点击信息后，会立即链接到腾讯房产网，查看详情，如图 8-6 所示。

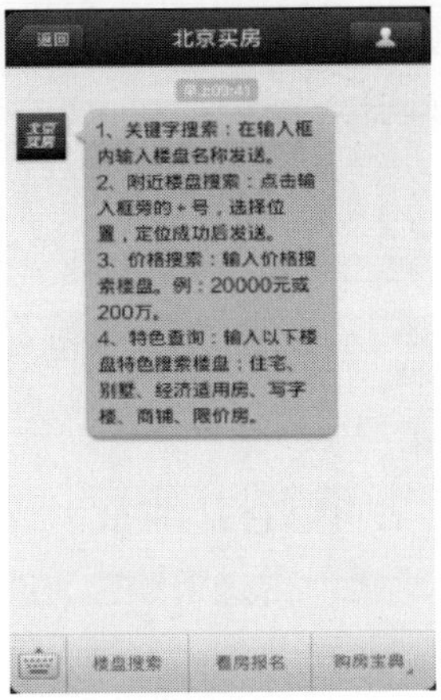

图 8-1　提示信息

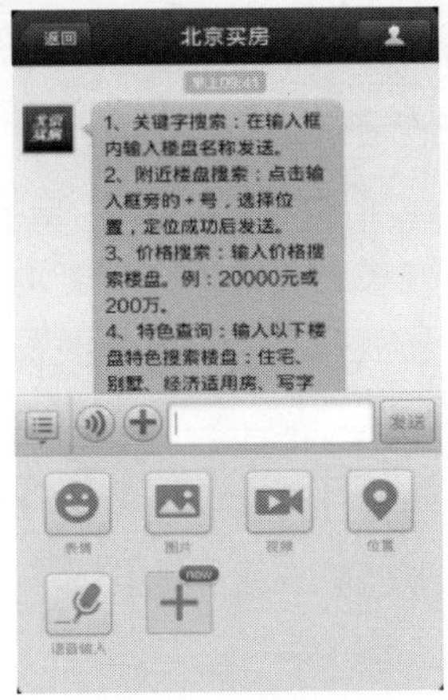

图 8-2　选择位置

图 8-3　位置定位

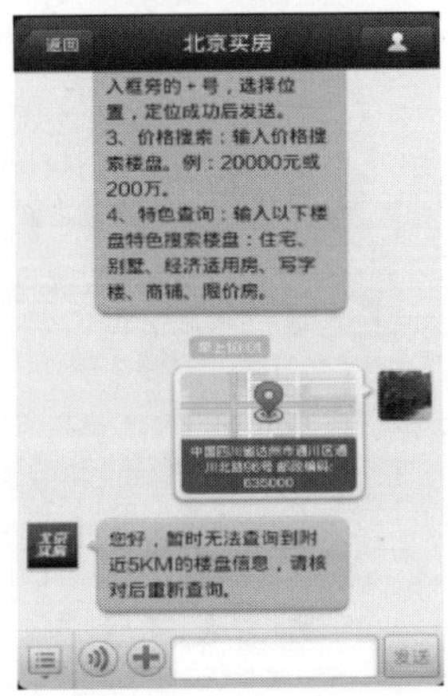

图 8-4　无法搜索位置

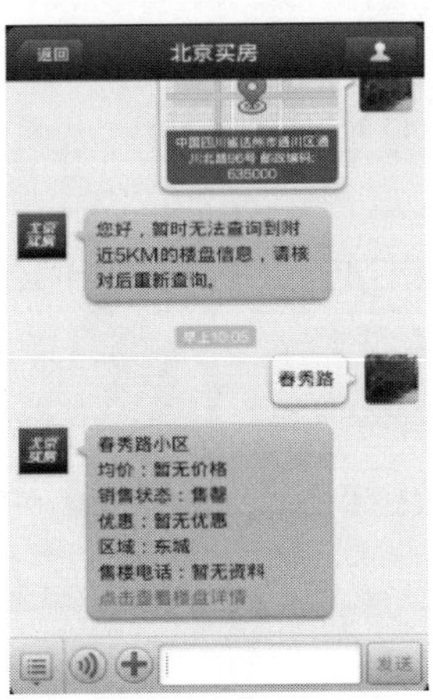

图 8-5　输入地址

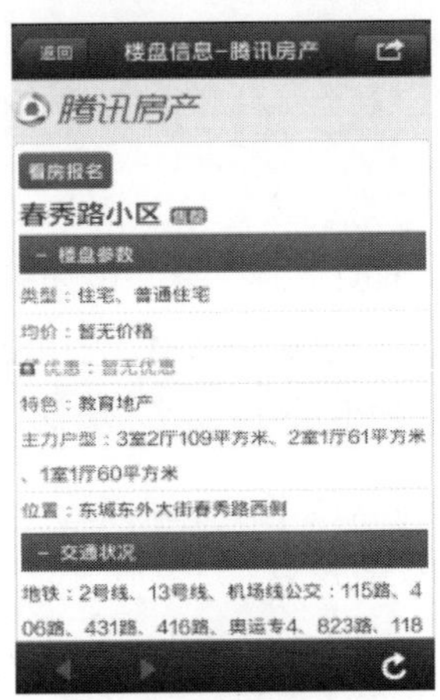

图 8-6　查看详细信息

2. 看房报名查路线

在二、三线城市做房产，广告投入要比大城市的宣传投入少得多，因为大城市在做楼盘宣传时覆盖面积要大得多。许多开发商都绞尽脑汁想尽各种宣传办法，低投入、高回报的宣传方式确实太少，而“北京买房”发现了微信的这一特点，只要关注粉丝达到一定量，那么所有楼盘及路线都可以在微信上轻轻一点就能查询到。

在“北京买房”微信公众账号中点击“看房报名”菜单，就会在信息框中显示其信息提示，如图 8-7 所示。根据信息提示，购房者可以查看到精品楼盘所对应的线路，如果想要去看的楼盘正在这条线路上，那么直接点击这条线路，进入报名登记，如图 8-8 所示。

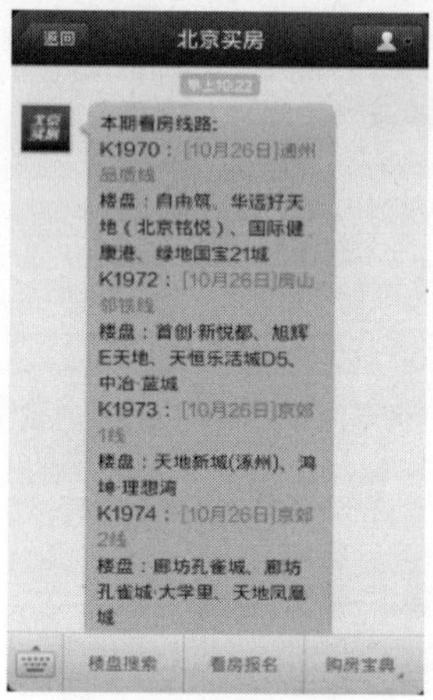

图 8-7 看房报名信息

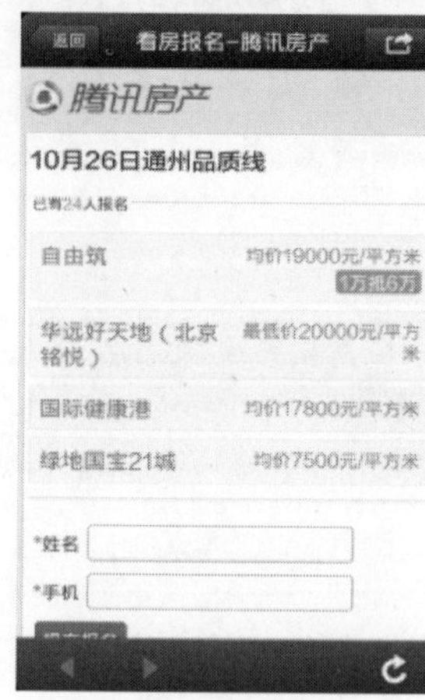

图 8-8 输入登记

8.2 CRIC 研究中心：第一手楼市信息

克而瑞（CRIC）研究中心是易居（中国）旗下克而瑞信息集团的专业研发部门。十年以来一直致力于对房地产行业及企业课题的深入探索。已连续 4 年发布中国房地产企业销售 TOP50 排行榜，引发业界热烈反响。

克而瑞研究半径不仅涵盖以日、周、月、年时间为线索的四大基础研究领域，还包括对宏观、市场、土地、企业战略、企业金融、营销等六大研发方向的深度拓展。每月研究成果出品超过百余份，规模以百万字计，为房地产企业、基金、券商、政府相关部门提供专业研究资料。

【公众号】cricyjzx

微信运营概览

CRIC 研究中心下设有克而瑞大数据、克而瑞房价、克而瑞咨询等。CRIC 现在将这些数据信息同步在微信上，相关人员不需要打开电脑访问网页，只需通过手机微信也能共享资源。

O2O 落地

1. 解读当日楼市

CRIC 使用微信公众账号通过简单的信息互动，就能查询到相关资料。关注“CRIC 研究中心”后，会在信息框中弹出提示导航，如图 8-9 所示。

根据关注时间，CRIC 会每天发送一些当日相关的楼市信息，第一时间送上独家数据报告。当然，用户也可以根据自己的实际情况查询最近一周或具体某一天的相关信息。如，想要查询 10 月 12 日的相关信息，则可在输入框中输入“1012”，如图 8-10 所示。

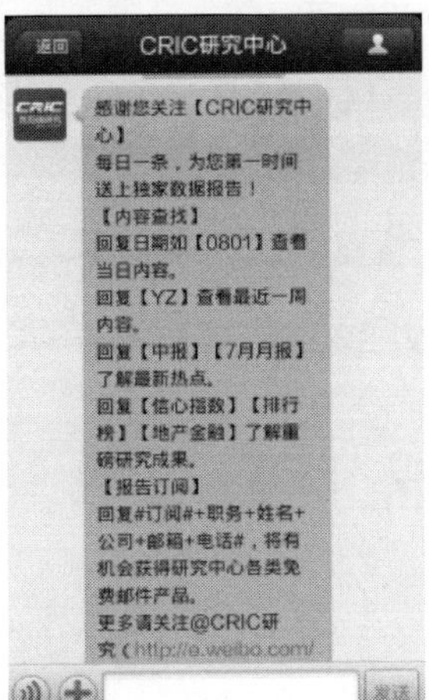

图 8-9　信息导航

图 8-10　输入日期

发送日期后，CRIC 会立即回复 10 月 12 日的相关信息，如图 8-11 所示。

2. 查询楼市热点

根据 CRIC 信息提示，在输入框中输入“中报”可以了解最新热点资讯。如图 8-12 所示，输入“中报”后，CRIC 会发送关于热点资讯的信息。

图 8-11 查询当天信息

图 8-12 查询“中报”热点资讯

8.3 微信楼盘库：购房新利器

“微信楼盘库”也是由腾讯房产频道推出的公众账号，相对于“北京买房”而言，“楼盘认证微信”则可为用户提供更加详细的楼盘项目信息，实现市场微观环境下用户与项目之间的零障碍沟通。用户可随时从“楼盘认证微信”微信公众账号获取楼盘最新动态和开盘优惠等信息。

如今，“北京买房”和“楼盘认证微信”已经在购房者的置业阶段凸显出了它的核心价值。在不远的将来，腾讯房产微信平台将为广大购房者提供更为精准的内容和更全面的服务，构建更加完善的微信置业链条。

目前，腾讯房产频道已有 216 个项目实现微信落地，现阶段“楼盘认证微信”粉丝周净增长率最高达 45%，周活跃率最高达 89%。

【公众号】housedb

微信运营概览

微信不同于微博和报纸等媒体，它使楼盘微信的信息传递更畅通、更准确，信息被接纳程度更高。另外，众多楼盘微信用户更加认可的是“按需定制”，用户可自主选择是否关注，按照需求获取准确信息。楼盘微信可以把项目的最新消息及时传递给相关客户，这是一种新的沟通渠道，这种沟通渠道与短信和电话不同，这是用户自主选择是否关注；微信还有附加资源，通过微信朋友圈的功能，能让售房者与客户之间建立起良好的沟通渠道。

O2O 落地

1. 查看楼盘详情

添加关注后，在“微信楼盘库”公众账号里的“楼盘概览”菜单中选择“楼盘详情”子菜单，此时会在消息框中显示楼盘的宣传图片，如图 8-13 所示。点击“查看全文”后，即可查看到关于楼盘的详细情况，如图 8-14 所示。

图 8-13　楼盘的宣传图片

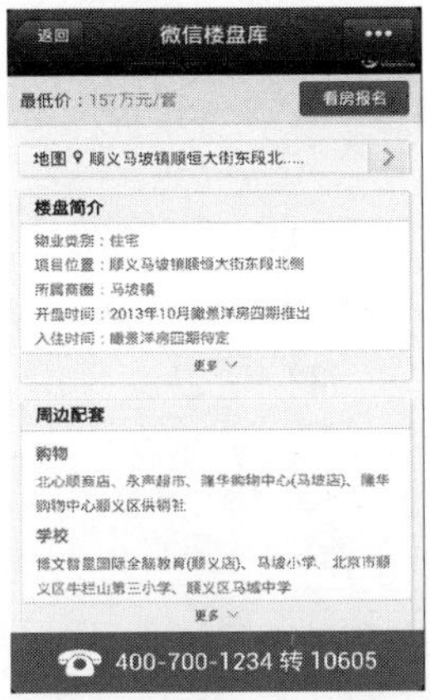

图 8-14　楼盘的详细情况

2. 查看楼盘实景

点击“楼盘相册”菜单中的“楼盘实景”子菜单，即可查看该楼盘的实景，如图 8-15 所示。

点击“查看全文”，进入小区实景页面。在该页面中可以查看到小区的效果图、规划图、小区实景及周边配套等图片，如图 8-16 所示为小区实景图片。

图 8-15　进入小区实景

图 8-16　查看小区实景图片

8.4 深圳万科：业主反馈更及时

万科企业股份有限公司成立于1984年，1988年进入房地产行业，1991年成为深圳证券交易所第二家上市公司。经过20多年的发展，2012年销售额超过1400亿，销售规模持续居全球同行业首位。

【公众号】vanke_shenzhen

微信运营概览

万科是房地产行业的一个龙头品牌，在品牌传播、楼盘质量方面已经尽人皆知，不需再进一步宣传。因此，“深圳万科”微信公众平台开发购房客户认证模块，只要购买了万科楼房，不仅可以参与其每月所组织的活动，而且还可以在微信上联系物业进行各种房屋维修，非常方便和快捷。

“深圳万科”微信公众平台的这一系列功能，充分利用了微信信息的准确传播特性，使微信关注者不会错过任何一期活动。同时，现在的消费者越来越懒，总是想用最简单、最容易的方式与企业沟通，比如，投诉、反馈意见等，因此微信报修，使得深圳万科的物业服务更具人性化。

O2O 落地

1. 入会/认证

购买了深圳万科的楼盘，就可以入会“深圳万科”微信公众账号。点击“客户服务>入会/认证”菜单（如图8-17所示），就会打开“会员认证”页面。在如图8-18所示的页面中，输入相应的内容，则可以实现入会。

“深圳万科”的会员认证非常简单，正因为简单，才吸引了众多的购房者入会。在微信营销中，任何操作都要越简单越好，因为在现今社会，简单就意味着方便、快捷。

2. 业主活动

入会后，就可以参加“深圳万科”所推出的活动。点击“客户服务>业主活动”菜单，就会弹出如图8-19所示的“业主活动”信息列表，查看列表中的项目（幸福感恩季）只需用手指轻轻点击即可进入，如图8-20所示。

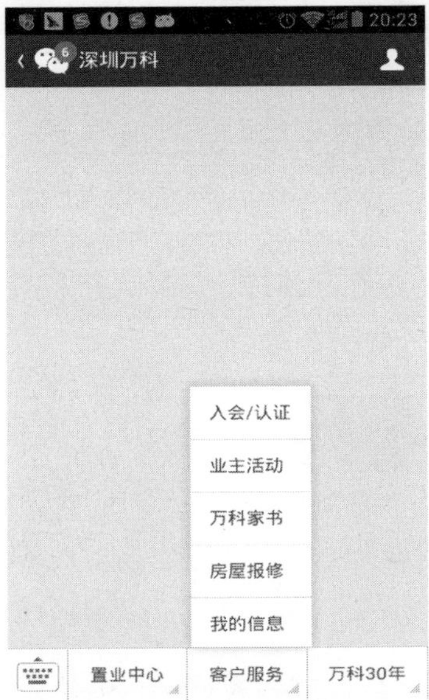

图 8-17 “入会/认证”菜单

图 8-18 “会员认证”页面

图 8-19 “业主活动”信息列表

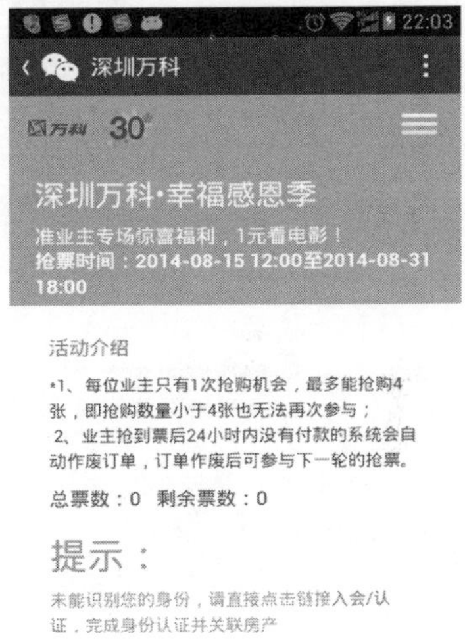

图 8-20 “幸福感恩季”页面

该活动的内容为“1 元看电影”，具体规则如下：

（1）每位业主只有 1 次抢购机会，最多能抢购 4 张。

（2）业主抢到票后 24 小时内没有付款的，系统会自动作废该订单。

微信作为一个全新的网络通信方式，已悄然深入人心。在准确传递信息方面，可以说，没有任何工具能够比得上微信。

3. 房屋维修

关注“深圳万科”微信公众账号后，就可以进行房屋维修。点击“客户服务>房屋报修”菜单，就会弹出“房屋报修”页面。不过在具体进行房屋报修之前，需要先进行用户认证，即需要绑定所购买的万达房产，如图 8-21 所示。

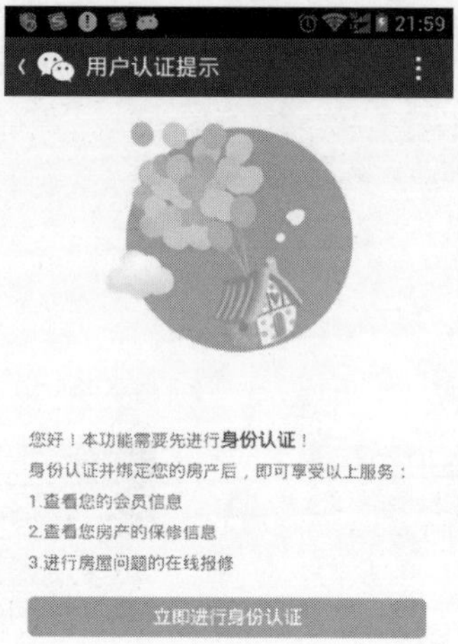

图 8-21 “用户认证提示”页面

8.5 万通上园国际：组团看房

中国万通国际集团全称为“中国万通国际集团股份有限公司”，成立于 2012 年 6 月 18 日，由旗下六个全资公司共同成立并在香港注册，注册资金 1 亿元。

【公众号】leju-hzwtshygj

微信运营概览

在房地产渠道销售中，团购营销是一个不可缺少的手段。但是现阶段，很少能够出现房地产初期，单位公司同事间集体团购、作为投资的整栋购买现象，而对于购买者来说，作为一个集团去购买总会比单人去购买所享受到的折扣要大、服务质量要好。因此，将具有刚性需求的零散购买者，组成一个团队去参观、购买房产，是一种不可忽视的方式。万通上园国际微信营销专门提供了组团看房活动。

O2O 落地

关注“万通上园国际-微房产”微信公众账号后，点击“在线看房->报名看房”菜单，将弹出组团免费实地看房信息。在图 8-22 所示信息列表里，提供了看房团的各种线路，同时还提供了各条线路已经报名的人数。手指轻轻点击所选的线路，就会进入报名页面。在图 8-23 所示的页面中输入相应的内容，点击“立即报名”就会参加该线路的看房团。

图 8-22 “看房团”信息列表

图 8-23 报名看房团

8.6 裕丰青鸟香石公寓：微网站更便捷

香石公寓的微网站于 2013 年 6 月底正式上线，它是杭州第一个将微信做深度开发，建立自己“微网站”的楼盘。

“微网站”就像一个蓄水池，可以将客户引进来后先存放在那里，进而在一定的时机激活，而且因为微信可以对反馈信息进行统计，对客户的判断将更为准确，并可以优化下一次的营销活动。以前通过报纸广告等有意向的客户，一部分会最终走进售楼部，一部分则会在中途流失。即便最终走进了售楼部的客户，一般也是由销售人员进行沟通和回访，这个过程中客户的流失量很大。还有许多客户即便进来了，销售人员也要依靠个人经验来判断这个客户是不是目标客户，难免会有失误的时候，而现在则不需要马上去定性他是不是目标客户，只要把他引导到微信平台上，就可以增加它的黏性和活跃度。

【公众号】xs87700333

微信运营概览

“裕丰青鸟香石公寓”微信公众账号共设置有四个信息查询点，根据提示回复“0”，可以“直达香石公寓微网站”；回复“1”可“获取香石公寓详情及最新动态”；回复“2”可获得“人工服务”；回复“3”可“查看业内资讯”，如图 8-24 所示。

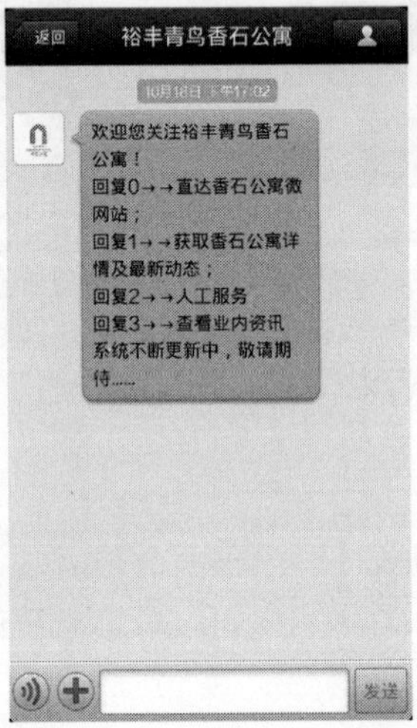

图 8-24　香石公寓提示信息

O2O 落地

根据关注后的提示，在输入框中输入数字“0”，马上得到提示“点击进入首页”，如图 8-25 所示。

点击图片，进入微网站首页。香石公寓微网站中有“香石概况”“户型图”“客户评价”及“样板房”等内容，如图 8-26 所示。

根据这个微网站的内容来看是比较完善的，就像使用电脑在查看一样，许多用户进入微网站后，便能查看到户型图、客户评价及样板房等内容，如图 8-27 和图 8-28 所示，为青石公寓的户型图及客户评价。

图 8-25　回复数字“0”

图 8-26　进入微网站

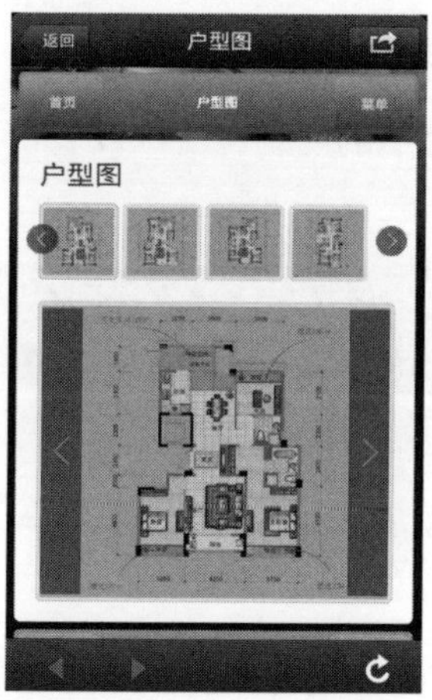

图 8-27　查看户型图

图 8-28　查看网友点评

8.7　搜狐焦点：专业的移动购房指南

搜狐焦点前身为诞生于 1999 年中国互联网第一代浪潮中的焦点房地产网，是国务院新闻办批准的具有新闻登载资格的七大商业网站之一。2003 年 11 月，加入搜狐公司，成为搜狐门户矩阵重要成员。

【公众号】focus1999

微信运营概览

搜狐焦点的微信营销特点，在于挖掘微信的随时、随身和随地分享特征。通过智能手机可以直接访问搜狐焦点的在线网上平台，同时还提供了获取搜狐焦点信息的其他方式，如手机客户端 App。

O2O 落地

搜狐购房助手专注于为用户提供便捷、专业的移动购房指南和房产咨询服务，解决用户找房难、看房累的问题，解答购房过程中的各种“房恼”及疑问，让您随时随地选楼盘，明明白白买好房。安装下载后的搜狐焦点的手机客户端——搜狐购房助手，双击就可以打开，初始界面如图 8-29 所示。

在搜狐购房助手的初始界面里，提供了“楼盘导购”“近期开盘”和“小户型”等信息，同时还通过“爬房团”组织散户以看房团的形式进行预约看房。如果用户对房源有特殊要求，可以通过点击界面下方的“找房”菜单，打开“找房”页面。在该页面中，输入相应的内容，就会以地图的形式显示出符合要求的楼盘。

除此之外，于关注后的自动回复里，点击所提示的网址，就可以直接访问搜狐焦点网站，如图 8-30 所示。

图 8-29 “搜狐购房助手”初始界面

图 8-30 访问“搜狐焦点”

“搜狐焦点”微信公众账号里，集成了搜狐焦点的在线网上平台和手机客户端App，这种营销方式，不仅快速扩大搜狐焦点的口碑传播，而且还促进微信粉丝数量的增加，实现了在线网上平台用户的导入。

第 9 章 酒店行业必看的经典案例

酒店行业，尤其是经济型连锁酒店，作为一个传统而富有活力的行业，近十几年取得了突飞猛进的发展。随着各种酒店品牌的出现和酒店数量的增多，竞争越来越激烈，传统的营销方式渐渐满足不了需求。于是考虑如何拓展酒店的营销思路，针对市场制定酒店营销对策已成为酒店生存和发展的必要条件。

9.1 快捷订酒店：LBS 快速定位周边酒店

快捷酒店管家是一款专注于快捷酒店查询、预订的手机软件。当人们在陌生的街头，想订房却不知道自己在哪里时，直接使用“快捷酒店管家”，只需 20 秒就能找到身边的酒店，然后再用 20 秒，预订成功。“快捷订酒店”是快捷酒店管家的官方微信公众账号，使用它更能体现其便利。“快捷订酒店”找房准、订房快，是真正的开房利器！

【公众号】innteam

微信运营概览

“快捷订酒店”微信公众账号的特点在于添加关注后，就会通过 LBS 获取粉丝的地理位置，然后帮助粉丝找到附近的快捷酒店并预订。快捷酒店里可以预订酒店、查询订单，还可以在无聊的时候看系统发送的有趣段子，可谓既抓住了顾客的需求又提供了打发时间的趣事。

O2O 落地

1. **预订酒店**

快捷订酒店主要通过获取顾客的地理位置为顾客查找最近的快捷酒店进行预订。点击“订酒店”菜单后，则会查询到附近的一些快捷酒店，如图 9-1 所示。

从图 9-1 中可以看到，已经搜索出了顾客所在地附近的所有快捷酒店，从顾客点击菜单到搜索结果不到 10 秒的时间，可见其速度之快。

此时，顾客可以点击搜索出的酒店名称进入查询酒店详细信息，如图 9-2 所示，为“7 天–达州火车站店”的详情。

进入酒店详情后，同样需要选择入住时间及房间套餐等信息，点击“官网直销”按钮，进入预订页面，输入客户姓名、身份证号及手机号，如图 9-3 所示。

填写完资料后，点击“立刻预订”按钮，手机上将会收到一条验证码，然后单击“提交”按钮即可预订成功。此时，快捷订酒店微信会将客户的订单信息发送给顾客确认，如图 9-4 所示。

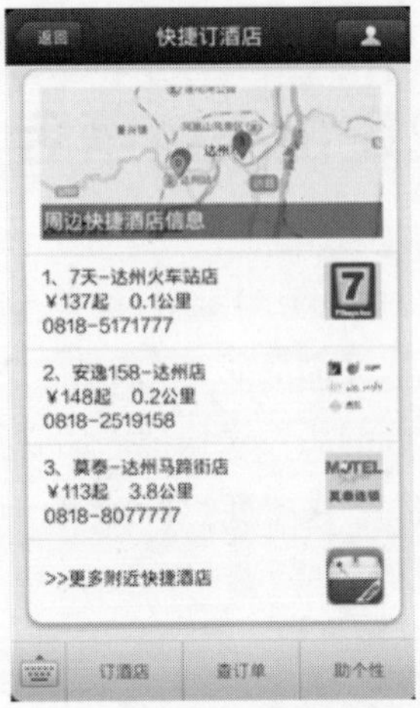

图 9-1 查询附近的快捷酒店

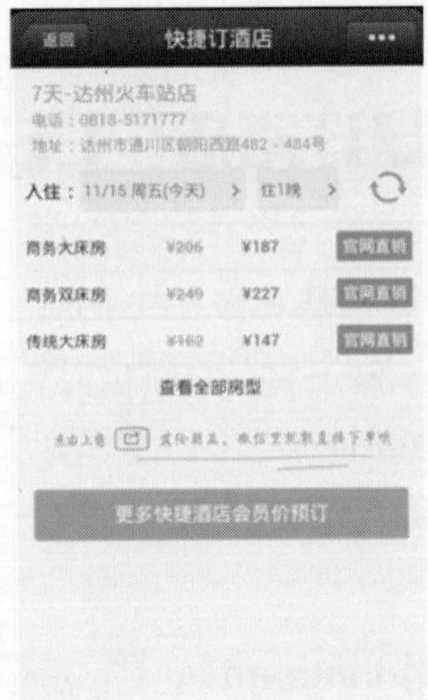

图 9-2 7 天-达州火车站店详情

图 9-3 输入客户预订资料

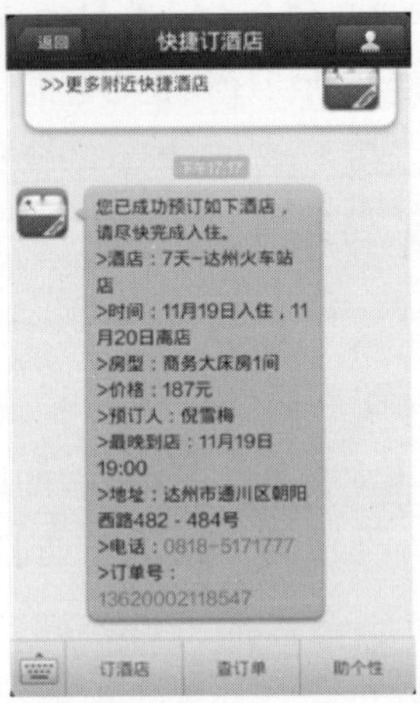

图 9-4 订单信息

2. 查询订单

“快捷订酒店”公众账号支持提前一周预订房间，有时顾客是为了公事下单，比如接待之类的，那么就会存在订单太多的情况，如果分不清楚哪个订单的日期则可通过“查订单”菜单进行查询，如图 9-5 所示。

快捷订酒店提供的“助个性”服务是专为无聊的粉丝准备的，点击它，会收到快捷订酒店微信发来的一段有趣文字，如图 9-6 所示。可见，微信的信息推送服务不仅仅用于和粉丝互动，还能给粉丝带来快乐。

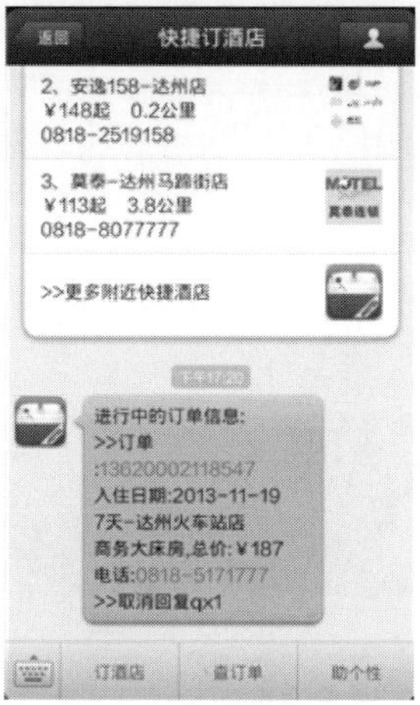

图 9-5 查询订单

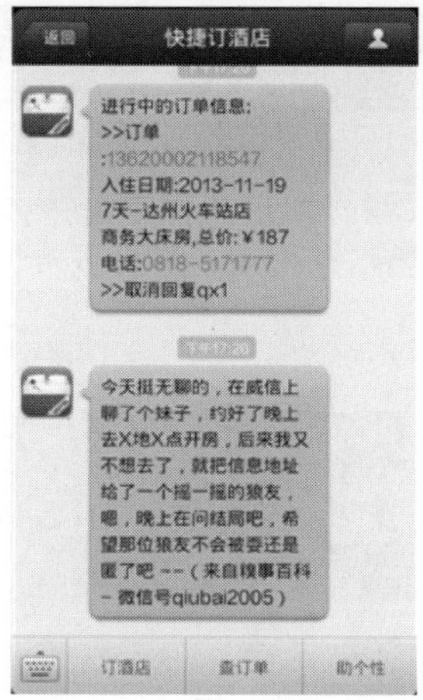

图 9-6 “助个性”服务

9.2 都市 118 连锁酒店：轻轻松松手机预订

都市 118 连锁酒店，由山东星辉盈联酒店投资有限公司（都市酒店集团）创办，为该酒店集团的主打品牌，是专为中国三线城市量身定制的中档商务酒店品牌，以“轻商务型酒店”风靡全国。

【公众号】dushi118inns

微信运营概览

“都市 118 连锁酒店”的微信营销策略，在注册成为该酒店的会员后，每次订房入住消费结束后就可以获取积分。当积分积攒到一定数量，就可以直接到该酒店的“积分商城”进行商品兑换。此种方式让关注者重视自己的会员特权，刺激其再次到该酒店消费，使其成为忠实的客户。

O2O 落地

1. 注册为会员

关注“都市 118 连锁酒店”微信公众账号后，只要注册成为会员，就可以通过手机预订都市 118 连锁酒店。点击“会员中心”的任何一个菜单，就会弹出申请会员信息，于信息内容中点击“请点击进行绑定或者注册”超级链接，就会弹出“用户绑定”（用户注册）页面。

都市 118 连锁酒店的会员注册，分为 3 个步骤。

第 1 步：于“用户绑定”页面输入手机号码和用户名，获取验证码，如图 9-7 所示。

第 2 步：输入通过短信方式发送的验证码。

第 3 步：最后于“我的资料”页面完善会员信息，如图 9-8 所示。

最后，点击“保存修改”按钮实现会员注册功能。

图 9-7　“用户绑定”页面

图 9-8　“我的资料”页面

通过会员注册模块，都市 118 连锁酒店非常容易地就收集到有需求顾客的资料，不需专门安排专员去收集并办理会员卡，节省了成本。同时，通过微信收集到自己的目标客户群后，还可以通过手机短信和微信在线下及线上不定期发送一些酒店促销及折扣信息，从而达到维护客户关系的目的。

2. 会员服务

“都市 118 连锁酒店”微信公众平台的功能非常强大，除了提供微会员功能外，还推出了微信预订功能（酒店预订）和与之相配套的积分制度。通过该微信公众平台的酒店预订功能模块，不仅可以预订全国任意一家连锁店，还能通过微信的 LBS 位置服务预订顾客附近的酒店，非常快捷、方便，真正做到为顾客着想。

点击“酒店预订>查询酒店”菜单，将弹出酒店预订信息列表，只需要用手指轻轻点击“亲预订请点击”，则可以打开“查询酒店”页面。

都市 118 连锁酒店的酒店预订，分为 3 个步骤。

第 1 步：于“查询酒店”页面，选择城市、入住日期、离店日期，如图 9-9 所示。

第 2 步：于符合条件的“酒店列表”页面中（如图 9-10 所示），点击酒店名称（西安新城火车站店）进入酒店详细信息页面（房型选择页面），如图 9-11 所示。

第 3 步：于房型选择页面中，点击“预订”按钮进入“填写订单”页面，填写用户相应信息，如图 9-12 所示。

最后，点击“提交订单”按钮，实现酒店预订功能。

图 9-9 “查询酒店”页面

图 9-10 “酒店列表”页面

图 9-11 “西安新城火车站店”信息

图 9-12 “填写订单”页面

对于都市 118 连锁酒店的顾客，不仅可以预订酒店生成订单，而且还可以管理自己所下的订单。点击“会员中心>我的订单”菜单，将进入“我的订单”页面中，包含“未入住”“已入住”和“已取消”选项。点击“未入住”选项则可以进入“未入住”订单信息页面（如图 9-13 所示），点击“取消”按钮则可以直接取消该订单，非常简单。

图 9-13　订单管理界面

此外，都市 118 连锁酒店还专门提供了与酒店预订功能相配套的积分模块功能，与超市的积分制度非常类似，每次的订单成功消费后，都会为该会员积攒积分。点击“会员中心>我的积分”菜单，将弹出“我的积分”信息，则可以进入“我的积分”页面，该页面通过积分说明、积分和时间 3 项显示出积分明细，如图 9-14 所示。

当顾客的积分积攒到一定数量时，就可以直接到都市 118 连锁酒店的“积分商城”兑换商品。点击“会员中心>积分商城”菜单，进入“礼品商城”页面（如图 9-15 所示），该页面中显示兑换每个商品所需要的积分。用手指轻轻点击所选中的商品，则可以打开“礼品中心”页面，于该页面中显示该用户的积分、商品详细介绍，最后点击“立即兑换”按钮则可以实现积分兑换商品功能。

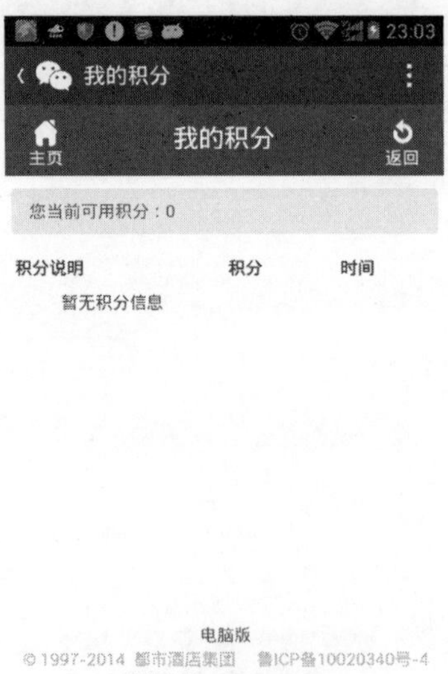

图 9-14　“我的积分”页面

图 9-15　“礼品商城”页面

在“都市118连锁酒店”微信公众平台里，除了通过积分制度来维护与顾客之间的关系外，还专门组织了许多活动，例如，“刮奖100%中奖”“领20元代金券”“领30元代金券”等活动。

9.3 布丁酒店：不满意0秒退房

布丁酒店是杭州住友酒店管理有限公司旗下，中国第一家时尚、新概念的连锁酒店，创办于2007年12月。酒店致力于为顾客创造快乐、自由、时尚的休息体验。

【公众号】podinnskf

微信运营概览

“布丁酒店”的微信营销策略，在于注册成为该酒店的微会员后，除了每次预订入住酒店享受折扣外，还可以享受一些该酒店针对微会员的特殊活动。同时为了方便关注者查询酒店，找到地理位置偏僻或者附近实体酒店众多的布丁酒店，专门提供了“附近酒店”功能。

O2O落地

“布丁酒店”的微信公众平台非常注重酒店服务的细节方面，例如0秒退房、维权和微社区等。由于布丁酒店倡导的是快乐、自由、时尚的理念，因此当顾客通过微信方式入住布丁酒店后，如果感动任何不适，都可以无条件快速退房。

点击“酒店预订>0秒退房”菜单，就会进入“零秒退房”页面，点击“点我退房”按钮后就会自助退房成功，只需要在离开之前将房卡留给前台就可以。再也不会存在退房时，遭到前台服务员的故意刁难等，如图9-16所示。

图9-16　0秒退房

为了提高酒店内部服务，顾客的每个建议或见，都值得重视。于是布丁酒店推出了“维权”和“微社区”功能，使客户可以在这儿畅所欲言。

点击“酒店预订>维权”菜单，将进入“维权”页面（如图9-17所示）。于该页面中，点击“我要维权”则可以对 45 天内已经交易的订单进行维权。点击“布丁社区>唠嗑微社区”菜单，将进入“布丁社区”页面。在图 9-18 所示页面中，能查看其他人的提问和发表信息，同时也可以将自己入住过程中发生的事情，以话题的形式发布出来。

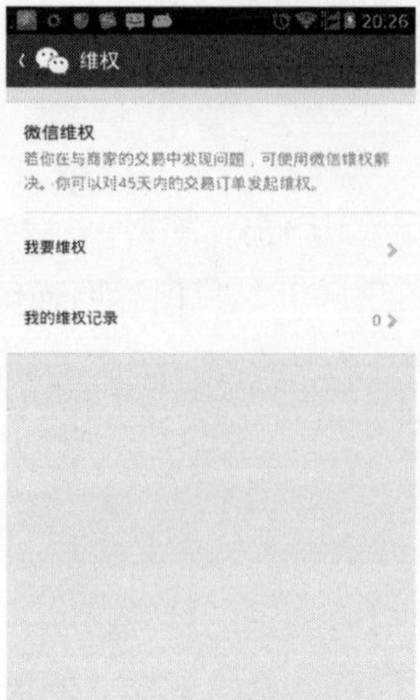

图 9-17 “维权”页面

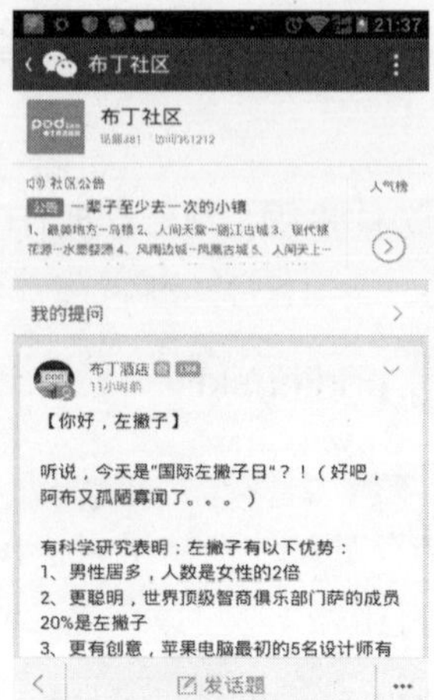

图 9-18 微社区

在微信营销中，不仅可以推送各种形式的内容，而且还可以推送服务。对于服务性质的行业来说，更注重服务功能的推送。在设计服务功能时，不能人云亦云，而应该根据自己的实际情况推送带有自己企业标签的服务，同时应该多推送一些关注服务细节的服务。“布丁酒店”的微信公众平台所推送的服务值得借鉴。

为了维护酒店与客户的关系，“布丁酒店”微信公众平台除了提供各种售后服务外，还专门组织一些活动，例如，“免费去旅游”“你的私人定制”等活动。

所谓“免费去旅游”活动，就是帮助有梦想的客户实现梦想之旅。

（1）填写自己的梦想旅行地。

（2）通过微信支付一分钱。

活动结束时，酒店就会从所有的报名者中抽取一名幸运客户。如果运气比较好，就有可能赢取旅游基金，实现自己的旅游心愿。点击“布丁社区>免费去旅行”菜单，将打开免费去旅游对话框（如图 9-19 所示）。

同时，布丁酒店每月将甄选出客户提交的最有创意的文字制作成实物标签。点击“布丁社区>专属矿泉水”菜单，将打开“你的私人定制”页面（如图 9-20 所示）。于该页面中，输入相应的内容，点击“提交”按钮则会提交文字内容。这样，所提交的内容将来就有可能在各个布丁酒店以实物的形式出现。

图 9-19　心愿单

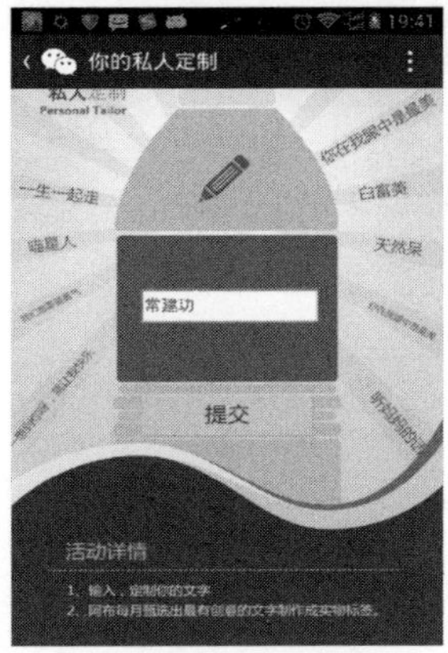

图 9-20　实物标签

9.4　速 8 酒店：绑定会员预订 9.5 折

速 8 酒店是世界知名的经济型连锁酒店品牌，隶属于全球酒店数最多的酒店集团——温德姆酒店集团。温德姆酒店集团（NYSE:WYN）是全球著名的酒店及休闲服务业集团，目前在中国的品牌有温德姆、华美达、戴斯、豪生和速 8 酒店。

【公众号】Super_8_Hotel

微信运营概览

与“都市 118 连锁酒店”微信公众账号非常类似，速 8 酒店也提供了功能强大的绑定会员和预订酒店功能。不过该酒店所提供的各种模块功能都配合了相应的活动，例如，只针对会员的优惠折扣。

除此之外，还专门策划了众多丰富多彩的优惠活动，例如，首单返 10 元、购卡得饮料和安装 App 返 10 元等活动。这些活动不仅内容新颖，而且优惠尺度惊人，对该酒店的新用户和老用户都是一个不小的吸引，同时也加强了与微信关注者的线上活动互动性。

O2O 落地

通过速 8 酒店的会员注册模块成为其网络会员后，只要通过“官网/微信/App/400

电话”预订入住，就可以享受 9.5 折优惠。只要累计 3 个间夜点数，就可以由网络会员升级为贵宾会员，享受 8.8 折优惠，详细信息如图 9-21 所示。

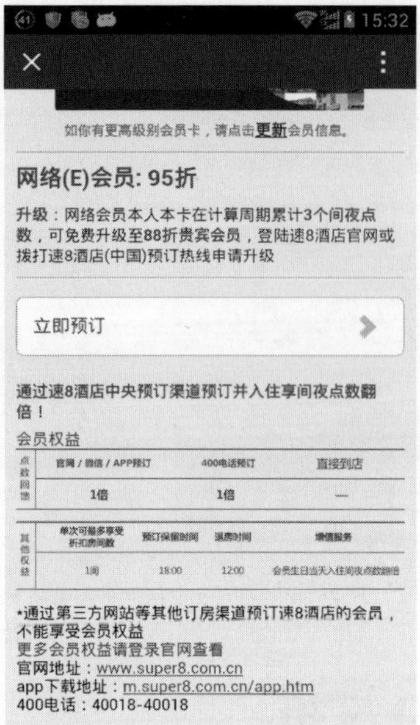

图 9-21　网络会员优惠折扣

速 8 酒店的网络会员优惠折扣，使得酒店顾客非常关注网络会员特权，在关注的同时无形中就会吸引大量的客户。

对于客户来说，不仅可以通过登录速 8 酒店官网、拨打速 8 酒店（中国）预订热线预订酒店，而且还可以通过微信公众账号和手机客户端 App 来预订酒店。众多酒店预订方式的叠加，不仅方便了顾客，而且还降低了人员成本，特别是微信和手机客户端 App 的酒店预订功能。

为了方便维护和管理速 8 客户，专门提供了会员卡。在入店消费时，提供该卡可以享受非常优惠的折扣。该卡的优惠尺度，不仅使得速 8 客户享受到实际优惠，而且还在一定程度上维护和管理了客户，避免了老客户的流失。同时该卡的发行量，也从侧面反映了该酒店的客户量。为了刺激新用户购买会员卡，提供了“购卡得饮料”活动，即只要成为速 8 酒店的会员，都会获赠饮料，并且享受该酒店会员特惠。点击“精彩活动>购卡得饮料”菜单，将弹出该活动的信息，如图 9-22 所示。

为了鼓励速 8 新用户进行第一次消费，只要是速 8 酒店的会员并且是该用户的首张订单，入住消费时就可以享受直返 10 元电话费的优惠。点击“精彩活动>首单返 10 元”菜单，将弹出该活动的信息，如图 9-23 所示。

与会员卡一样，安装 App 的用户量，也从侧面反映了该酒店的客户量。速 8 酒店的 App 不仅方便客户使用，而且不分战场，可以于公交、地铁、被窝里进行预订；比电脑更方便快捷的支付方式，下单后可以通过手机随时查看订单状态，等等，并且还可以对该酒店的客户进行培养和管理。

为了刺激新用户安装 App，提供了安装 App 返 10 元活动。点击“精彩活动>APP 返 10 元”菜单后，就会弹出客户端下载链接，如图 9-24 所示。点击下载链接，就会通过手机下载客户端，安装后的界面如图 9-25 所示。

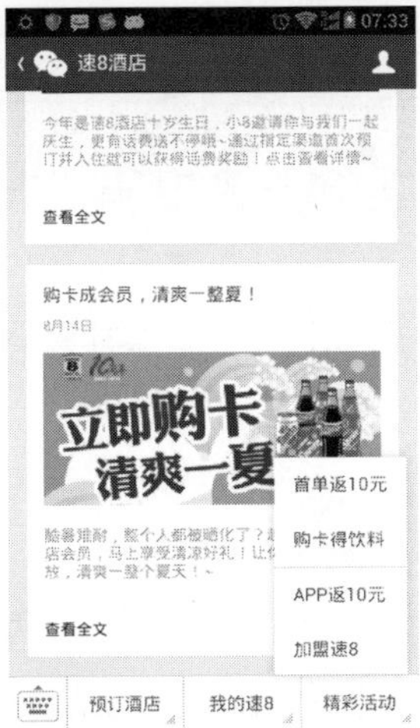

图 9-22　购卡得饮料

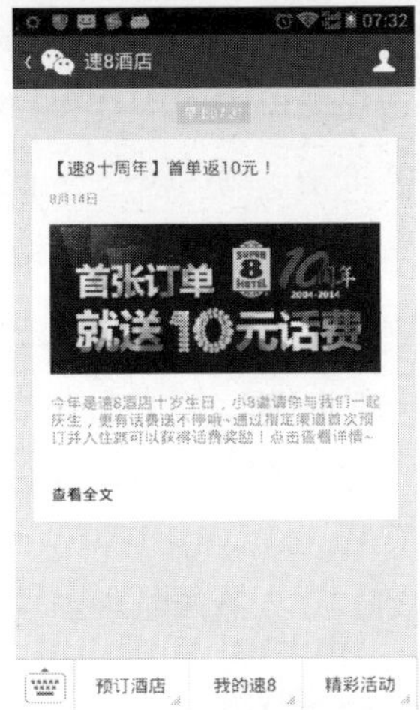

图 9-23　首单返 10 元

图 9-24　下载安装提示信息

图 9-25　速 8 酒店微信界面

速 8 酒店的上述活动，跟线下营销方式中的派发会员卡非常类似，不过这些活动降低了人力成本，不需要一个员工参与就吸引全国各地的大量微信关注者申请会员卡、安装手机客户端 App、进店第一次消费。同时，这些活动也是速 8 酒店狂吸客户的秘诀。

9.5　今夜酒店特价："零花钱"计划

今夜酒店特价隶属于天海路网络信息科技有限公司，它是公司开发的一款基于移动互联网的手机预订平台。今夜酒店特价的经营方式是：每晚 6 点后预订当天酒店剩房，只需要付白天网络预订价格的 5 折，四星级酒店仅需 300 元。消费者可以根据距离远近、星级、价格、酒店风格等个人喜好，方便地查找和预订这些特价房间，以接近经济型酒店的低廉价格享受更舒适的一夜。

今夜酒店特价是一个典型的移动互联网的应用 App，但又不是普通的移动应用，准确的定义应该是 O2O 应用 App。软件的两头分别联系着酒店和旅客，酒店把当天晚上 6 点还卖不掉的剩房便宜卖给今夜特价酒店，今夜酒店特价平台再以正常预订价格 4～7 折的实惠价格卖给消费者。酒店盘活了本来会浪费掉的库存，消费者得到了高性价比的房间，今夜酒店特价则从中赚取差价或佣金，最终实现三方共赢。

【公众号】hotelvp

微信运营概览

今夜酒店特价使用微信做营销，重点在于设置有很多活动让粉丝参与其中。比如“零花钱”计划，从 2013 年 11 月 4 日开始，每个添加关注的粉丝都会获得 30 元的返现券代码。然后将这个专属返现券代码通过分享给朋友，每被一个新用户添加，就可以获得 2 元的现金（累计 10 元发放），每累计 5 位新用户添加，则会额外地获得 30 元返现券。其活动规则只需要点击“赚零花钱”菜单就能进入查看，如图 9-26 所示。

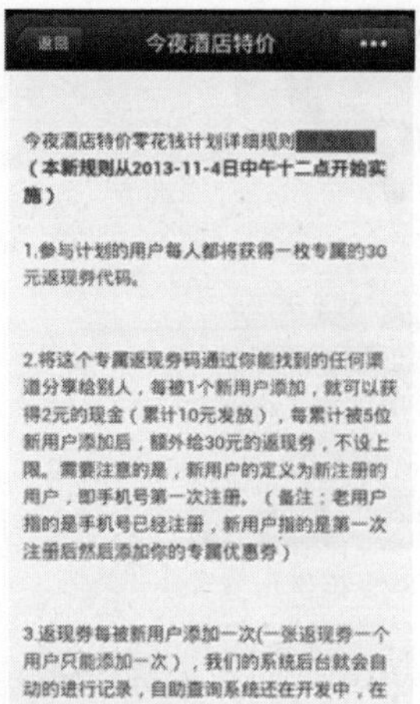

图 9-26 “零花钱”赚钱计划

通过“赚零花钱”活动相当于在线下聘请营销员一样，将这个平台告知给身边的朋友，通过少量的现金获得更多的客户资源。

O2O 落地

今夜酒店特价微信能吸引很多粉丝，不仅仅在于它独制的“零花钱”计划以及它的自身营销模式，更重要的是它推出的一系列活动。如推出的“精选活动”之“梦想之旅”及“周边游”。点击“精选活动”菜单中的选项则可进入相应的活动。特别是“梦想之旅”的活动，一经推出，各地粉丝纷纷参与。此次活动主要推出一项“梦想感恩基金”，帮助心存感恩的人实现它的梦想之旅。

“梦想之旅”活动详情如下：

（1）填写自己的梦想旅行地。

（2）将梦想写出来和图文一起转发到朋友圈。

（3）小夜夜会提供 5000 元的初始基金，这条图文被大家转发多少次，酒店就多拿出多少元作为梦想基金。

（4）转发的次数会实时地在此图文上更新，每一个转发参与活动的朋友都能获得 30 元的返现券。

（5）到活动结束时，酒店会从所有转发报名的朋友中抽出一名最幸运的朋友，把所有梦想基金都赠送给他，帮他完成心中的旅行愿望。

此次活动与浙江卫视举办的“中国梦想秀”有一点儿类似，虽然概率比较低，但只要转发的条数多，就一定是那位幸运的旅行者。比如，已经有 1424 人参与到此次活动中，他们已经说出自己的梦想旅行地并分享到朋友圈，现在的梦想基金即已达到了 1424 元。

想要参与此次活动的粉丝，可以在活动详情页面中滑动到页面最底部，点击“阅读全文”链接，如图 9-27 所示。

此时，进入“今夜酒店特价 App 旅游助手”，写出自己想去的地方，并填上自己的手机号码，再点击“提交梦想”按钮，即可参与到活动中。如图 9-28 所示。

由酒店推出的“周边游”活动，主要是为周边酒店做一些特价宣传，点击进去之后会看到一些有特价或优惠活动的酒店，如图 9-29 所示。

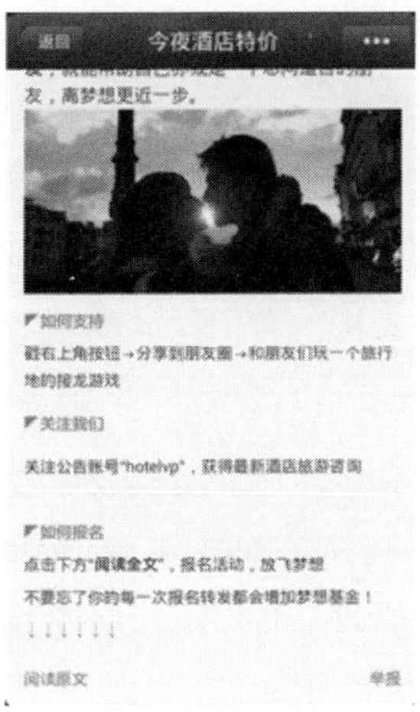

图 9-27　活动详情

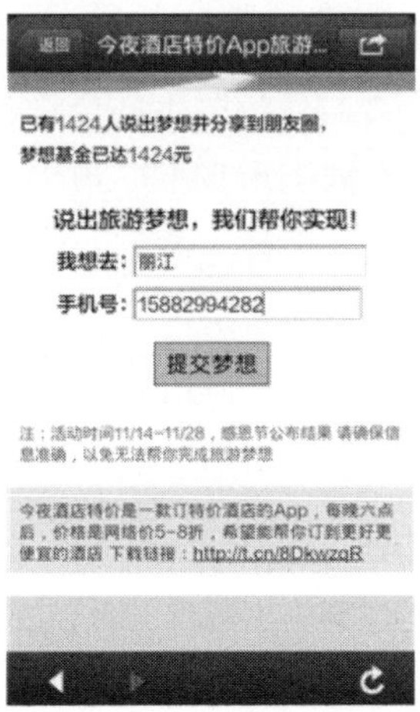

图 9-28　写出梦想地

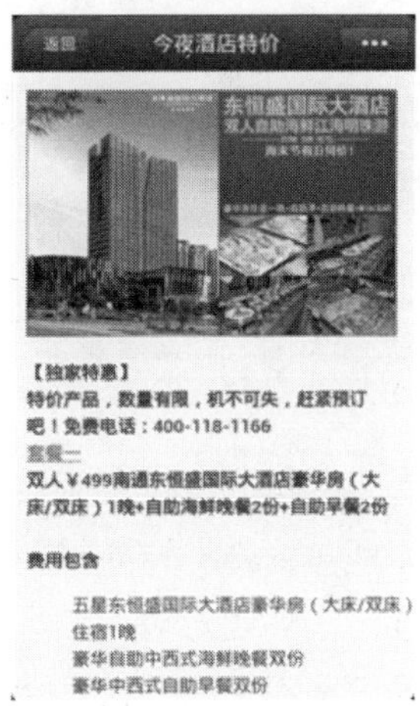

图 9-29　特价酒店

9.6 携程 EBooking 酒店管理系统：与网站结合线上推广

携程作为中国领先的综合性旅行服务公司，成功整合了高科技产业与传统旅行业，向超过 1.41 亿会员提供集无线应用、酒店预订、机票预订、旅游度假、商旅管理及旅游资讯在内的全方位旅行服务，被誉为互联网和传统旅游无缝结合的典范。

【公众号】携程 EBooking 酒店管理

微信运营概览

在微信营销中，可以利用微信账号间的互推，利用微信查找“附近的人”“漂流瓶”等基本功能进行微信推广，借助微博、网络新闻、社交网站等方式宣传微信，无论是微信自身，还是综合其他网络媒体都会使用。

携程于在线网上平台、各大论坛、贴吧、相册、人人网、豆瓣、博客等社交平台上宣传推广携程 EBooking 酒店管理系统。如同微博一样，通过网站的粉丝引流量到微信上来，使携程 EBooking 酒店管理系统更加快速广泛地传播，而且在社交网站上推广，相比微博来说，不容易被删掉，很容易被用户看到，会长期保存在网页上，覆盖率较高。

图 9-30 携程官网推广

O2O 落地

与微信联手的合作，是携程 EBooking 酒店管理系统在线上市场推广迈出的重要一步。携程非常重视微信这个新平台，在官网、微博、淘宝官方店和其他门户网上全面展示“携程 EBooking 酒店管理”微信公众账号的二维码，对其微信展开宣传。

携程 EBooking 酒店管理系统得到了携程服务公司官网（http://www.ctrip.com）的支持，如图 9-30 所示。该官网将“携程 EBooking 酒店管理”的微信公众账号二维码一直展示在官网上，方便酒店添加。

9.7 百伦国际酒店：微信+微博一体化

百伦国际酒店坐落在风景名胜区——都江堰，是都江堰城区内首家高品质国际大酒店。酒店地理位置优越，交通便利，离都江堰景区仅 1.5 千米，距青城山仅 15 分钟车程。它是都江堰作为国际城市的代言及地标建筑，被誉为“都江堰幸福大道上的明珠”。

百伦国际酒店高 18 层，建筑面积近 4 万平方米，客房 311 间，住店客人可在客房和商务中心享受免费宽带上网服务。酒店拥有豪华的室内恒温游泳池及设施先进的健身房，住店客人可免费享用。独具特色的水疗 SPA 位于酒店 4 层。酒店有 4 个特色餐厅及酒吧提供精彩纷呈的各色美食和娱乐，酒店还配备有大、中、小型会议室及多功能宴会厅，是各种行业年会、董事会、高级别培训的理想场所。高标准精心设计的豪华客房及配套设施是追求高品质生活的团队、宾客及商务人士的理想选择。

【公众号】balanhotel_cd

微信运营概览

相对于速 8 酒店来说，“百伦国际酒店”的微信公众账号做得还不够仔细。除了提供酒店餐厅及客房的景点图片外，其他并没有多少服务，也不能使用微信直接预订。尽管这样，百伦国际酒店也算是业内做得比较成功的微信营销案例了。

O2O 落地

酒店将微信和微博结合起来，形成一个对接口，通过微信可以直接进入微博查看。点击“百伦酒店”菜单中的“官方微博”可直接进入“百伦国际酒店的微博”，如图 9-31 所示。

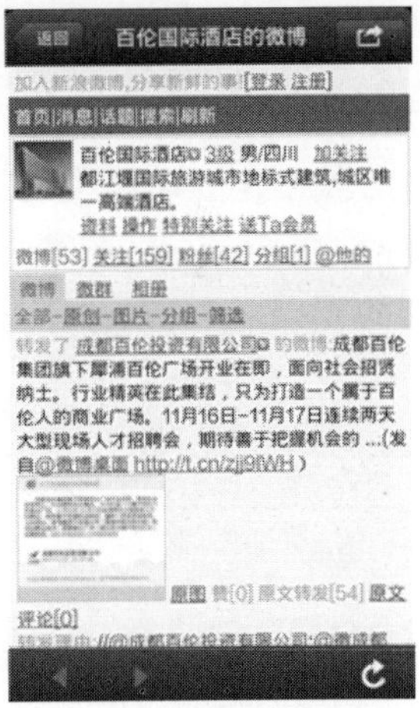

图 9-31 单击地址链接

此外，百伦国际酒店还在微信上公布酒店的 QQ，点击“在线服务”菜单中的“咨询 QQ”，则可以获取 QQ 号码，与之联系。当然，顾客也可以直接点击菜单中的“咨询电话”，如图 9-32 所示。查询到电话后，直接用电话咨询或预订房间，这种方法虽然比不上速 8 酒店的微信预订，但也可以针对自己的目标客户做宣传，锁定自己的客户群。

酒店的“优惠活动”菜单主要通过图片信息与顾客进行互动，点击菜单中的选项菜单，酒店则会发送与之相关的图片给顾客查看，这些图片全是与酒店相关的实景照片，如图 9-33 所示。

图 9-32　在线服务菜单

图 9-33　酒店实景照片

第 10 章
互联网行业必看的经典案例

继微博之后，微信现已成为移动互联网的新贵。迄今为止，微信已经拥有 6 亿多用户，且微信软件下载方便、用户体验好、易于分享和传播等特性，使用人数一直呈现增长的态势。基于微信的开放接口，原来在 App 和网站上实现的企业产品功能展示和客户服务等都可以在微信上实现得很好。至此，互联网营销迎来了微信营销的新时代。

10.1 魅族科技：微活动迎来粉丝

魅族科技成立于 2003 年 3 月，是国内知名的智能手机厂商，总部位于中国广东省珠海市。公司致力于向消费者提供具国际一流性能和品质的电子产品，并立足于中高端市场。2006 年被评为高新技术企业，2007 年产值已达到数亿元人民币。主要产品有魅族 MX3、魅族 MX2、魅族 MX、魅族 M9、魅族 M8（MiniOne）手机系列，M6（MiniPlayer）、M3（Music Card）等 MP3 系列。

【公众号】meizuwechat

微信运营概览

“魅族科技”微信公众账号使用菜单加数字导航互动方式与粉丝进行沟通，并发布自身产品的最新资讯。除此之外，魅族还开通微网站，通过网站查询全国各地魅族手机专卖店并可在线订购。

O2O 落地

1. 微信平台的信息互动

微信平台有一个非常好的特点，就是可以通过一些设置好的信息互动锁定自己的目标客户群，并能使用这个平台更好地将产品特点介绍给顾客。魅族科技正是使用了这一特点，它将魅族手机的介绍、性能及特点都设置在信息导航里，顾客只需要回复相应资讯的数字编号即可查看到，如图 10-1 所示为魅族科技微信平台的信息导航。

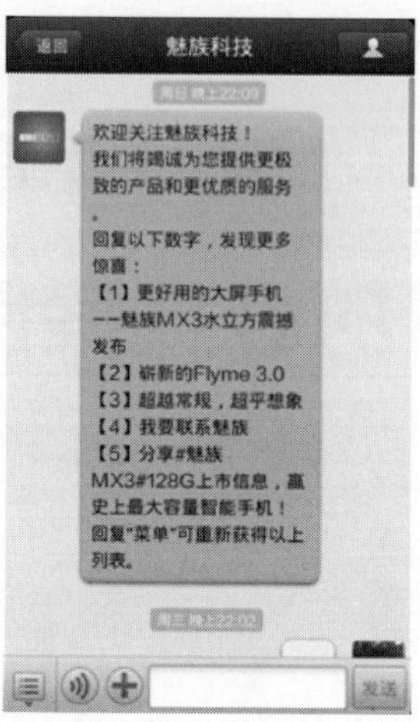

图 10-1　魅族科技信息导航

从图 10-1 中可以看到，魅族科技共设置 5 个导航，数字“1”所对应的介绍是魅族手机的上市发布信息；数字“2”所对应的是魅族手机的外观设计；数字“3”所对应的是魅族手机的性能及特点；数字“4”给出了魅族手机的客服联系方式及电话；数字“5”所对应的是魅族科技微信平台正在举办的活动信息。

在信息框中回复想了解信息所对应的数字，即可得到相关的信息。如图 10-2 所示，为魅族手机刚推出的 MX3 的外观特点介绍。

如，输入数字“1”，可以看到关于 MX3 更为详尽的介绍，包括市场价格，如

图 10-3 所示。

图 10-2　MX3 的外观特点介绍

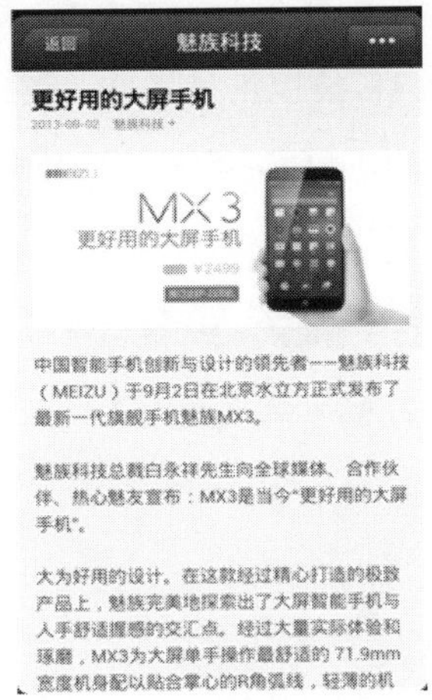

图 10-3　MX3 详细介绍

如图 10-4 所示，为“魅族手机”微信官方平台正在推出的“不完美的完美，赢取 MX3 游日本”的互动活动。平台将会在每一天送出一台 MX3 给最赞的不完美体创作者，并于次日上午公布获奖者名单。用户只需回复文字“获奖名单”，即可获取前一天的获奖名单查询。

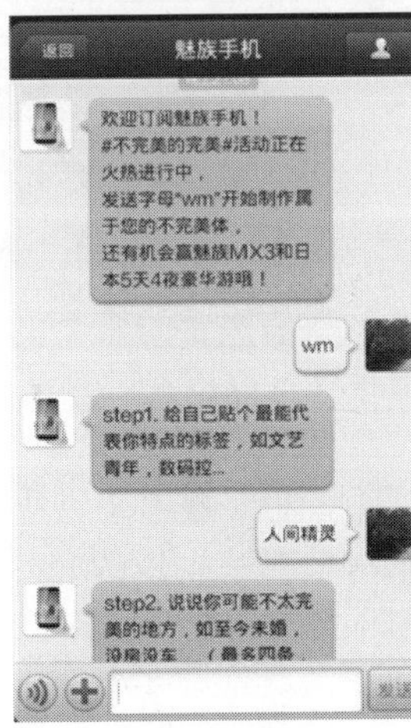

图 10-4　“魅族手机”活动互动

如果一个企业现在还在用微信做产品的全能介绍，那么这个企业或这个产品的关注量一定很少。在一个品牌还未在市场上做成熟前，需要更好的包装和宣传。当然，使用微信平台做宣传，既符合互联网的发展，也符合市场行情，但如果要赚取更多粉丝，则必须增加这个微信平台的互动量。魅族科技既然能赚取这样多的粉丝关注，不仅仅在于其自身产品的优势，更是借助于活动推销的力量。

魅族科技微信官网举办“不完美的完美，赢取 MX3 游日本”的活动规则如下：

（1）活动期限在本月 30 日结束；

（2）需在微信账号中发送信息“wm”参与活动；

（3）将平台自动生成的“不完美的完美”图片分享到自己的朋友圈。

如图 10-5 所示，为作者根据魅族手机微信平台的信息互动为自己制作的一张不完美的完美分享。

2. 微网站订购产品

作为互联网微信营销平台，如果不能增加与电子商务类似的微订购，则显得太不专业了。魅族科技也正是靠这一点，为自己的粉丝解决了许多订购问题。有了微网站，粉丝直接使用手机就能为自己订购到一台中意的魅族手机。如图 10-6 所示为微网站的订购页面放大图。

图 10-5 “不完美的完美”图片分享

图 10-6 微网站订购产品

点击“魅族科技”左侧的键盘按钮，切换到菜单模式。此时，可以看到“魅族科技”微信平台的三个下拉式菜单，分别是“最新消息”“自助服务”及“魅族产品”。点击“自助服务”菜单中的“在线商店”，即可进入微网站选购商品，如图 10-7 所示。

手指轻轻点击屏幕向下滑动，查看魅族手机所有产品，选择到自己中意的产品，点击进入即可订购。其订购方式与在淘宝购买商品一样，可以选择配置等信息，如图 10-8 所示。

订购产品时，先选择好商品的配置，然后点击“加入购物车”按钮，直接去购物车里提交订单并结算即可，如图 10-9 所示。接下来的步骤就不再一一赘述，读者有兴趣的话可以自己试着在微信上购买，其方式比用电脑购买更加便利。

3. 详细的产品特点

点击“魅族产品”下拉菜单，选择产品名称，即可进入页面查看该产品的详情。如图 10-10 所示为 MX3 的详情介绍，展示了 MX3 手机的功能特色。

图 10-7　魅族在线商店

图 10-8　产品订购

图 10-9　加入购物车结算商品

图 10-10　MX3 功能特色介绍

在产品详情的菜单中还可以查看到关于魅族手机的配件产品，如耳机、后盖、充电器等，如图 10-11 所示。

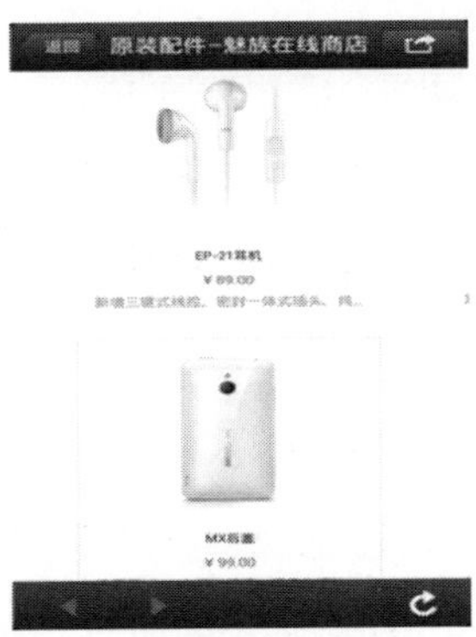

图 10-11　魅族手机配件产品

10.2 京东商城：微购物一条龙

京东商城为消费者提供愉悦的在线购物体验。通过内容丰富、人性化的网站（www.jd.com）和移动客户端，京东以富有竞争力的价格，提供具有丰富品类及卓越品质的商品和服务，以快速可靠的方式送达消费者，并且提供灵活多样的支付方式。

【公众号】JD

微信运营概览

京东的微信营销特点在于提供了操作方便、使用简单的购物系统。在该购物系统中，集成商品搜索、商品查看、商品购物、微信支付等一条龙操作。与京东的官网相比，其微信公众平台功能一点也不少。

同时，京东还与腾讯合作，将其微官网的入口绑定微信。只需登录进入微信，点击“发现>购物”菜单（如图 10-12 所示），就会直接进入京东微官网首页。

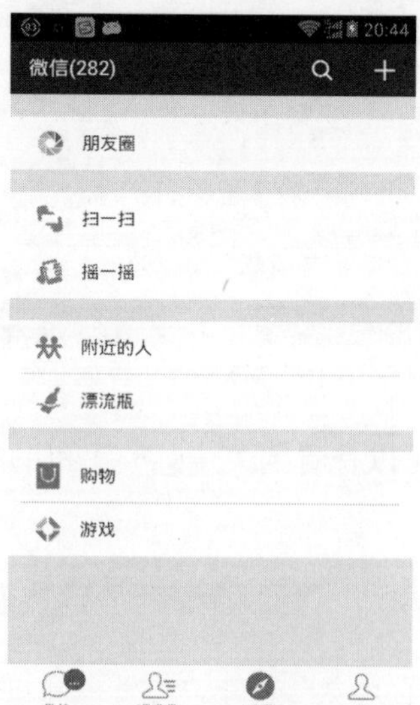

图 10-12　绑定微信

O2O 落地

1. **绑定京东账号**

关注“京东 JD.COM”微信公众账号后，点击“我的服务>个人中心”选项，就会进入“个人中心”页面。点击“请绑定京东账号，获得更多优惠”就会进入“绑定京东账号”页面（如图 10-13 所示），在该页面中输入京东网上在线平台的账号，点击“立即绑定”即会注册成为京东手机会员用户。

只要注册成为“京东 JD.COM”微信公众账号的会员，才可以于该账号所提供的购物商城进行手机购物。注册成为该微信公众账号的会员非常简单，只需要输入京东账号，点击“立即绑定”按钮就可以实现。

图 10-13 “绑定京东账号”页面

2. **微信购物**

注册成为京东手机会员用户后，不仅可以享受更多优惠，而且还可以随时随地的购买商品。与在电脑端操作相比，操作简单、支付方便。于“京东 JD.COM”微信信息界面中，点击“购物触摸版”选项就会进入如图 10-14 所示的购物首页。

如果通过手机购买，需要经过如下步：

第 1 步：于京东商城首页，选择所要购买的商品。

第 2 步：于商品详情页面，设置购买数量、点击“加入购物车”按钮购买商品，如图 10-15 所示。

第 3 步：于“购物车”页面，核对商品信息和应付金额，如图 10-16 所示。

第 4 步：于“确认订单”页面，确认订单信息，如图 10-17 所示。

最后，点击“微信支付”按钮实现在线支付功能。

图 10-14 购物首页

在查看选择商品时，除了上述方式外，还可以通过搜索功能实现。点击购物首页下方的“搜索”菜单，就可以打开“搜索”页面。在该页面的上方，输入所要购买的商品，就可以直接查看所要搜索的商品，如图 10-18 所示。

与京东在线网上平台相比，“京东 JD.COM”微信公众账号在商品展示方面一点也不差。同时，更便捷的在线订购与支付流程，使得微信用户的购买率得到极大的提升很高。

图 10-15　商品详情页面

图 10-16　“购物车”页面

图 10-17　“确认订单”页面

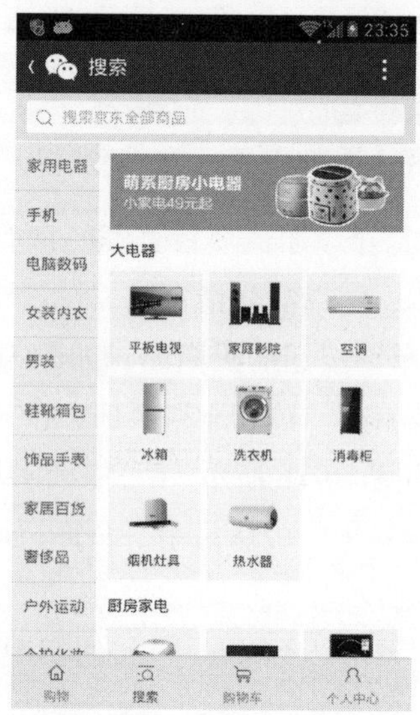

图 10-18　“搜索”页面

10.3　大麦网：个性化票务营销

红马传媒旗下的大麦网上线于 2003 年，其前身是 1999 年成立的中国票务在线。2010 年 2 月，大麦网获得 B 轮投资 1 亿元；2011 年，大麦网佣金收入达 2 亿。经过

10 年时间，大麦网已形成对中国华北、华东、华南地区的直营，拥有注册用户近 1000 万，占据国内 20%以上的在线票务市场份额，同时积累了辐射全国 30 多个城市的管理团队，为国内重大娱乐体育事件提供独家票务系统和市场营销支持。

【公众号】damaiwang01

微信运营概览

大麦网，中国最大的演出票务平台，涵盖演唱会、音乐会、戏剧、摇滚、古典、舞蹈、曲艺、电影、体育赛事、亲子、明星周边等全国数千种娱乐商品，同时为领先的娱乐营销平台，为各合作伙伴、艺人经纪公司提供营销整合服务。

大麦网之所以能够发展迅速，成为娱乐票务中的 No.1，其中一个重要的原因是其善用明星艺人、热门赛事等提升网站影响力和销售业绩。特别是近几年来，大麦网在基础票务代理业务上，还将线上营销与落地渠道媒体无缝对接，参与娱乐项目的整合宣传与营销，从而成为娱乐信息发布的重要渠道。大麦网还推出个性化定制的票务服务，能够让用户自发地参与决策，满足用户的个性化需求。

O2O 落地

1. 利用明星效应

大麦网之所以能够发展迅速，成为娱乐票务中的 No.1，其中一个重要的原因是其善用明星艺人、热门赛事等提升网站影响力和销售业绩。据悉，2011 年大麦网凭借“张学友演出项目”，便获得 2011 年全年一半的营收；2013 年凭借“五月天慈善演唱会”的抢票活动，大麦网在上海便发展了 110 万抢票用户，而在北京这一数字也达到了近 70 万。如图 10-19 所示，是大麦网明星演唱会购票界面。

大麦网通常在这些热点之前借助明星效应大力营销，有效地点燃了粉丝的“追星”情绪，将明星的粉丝变成大麦网的用户，而大麦网也依靠其丰富的资源，不断让这种情绪持续下去，从而提升网站上的用户黏性。

2. 线上线下全面营销互动

除了拥有近 1000 万优质的用户资源以外，大麦网还拥有上千家长期合作的二级网络分销商，通过整合互联网的优质资源，在互联网形成一个宣传购票联盟，再借助演出行业的成功运作，将优质的演出营销资源移植到电影领域。如图 10-20 所示，是大麦网电影频道截图。

图 10-19 明星演唱会购票界面

图 10-20 大麦网电影频道

特别是近几年来，大麦网在基础票务代理业务上，还将线上营销与落地渠道媒体无缝对接，参与娱乐项目的整合宣传与营销，从而成为娱乐信息发布的重要渠道。由于娱乐演出和电影的市场用户重合率极高，大麦网就可以很好地将原来娱乐演出的营销资源应用到电影领域，这些资源也就成为大麦网电影 O2O 业务中的核心优势。

比如，2014 年春节的大片《西游记之大闹天宫》在发行之前便与大麦网电影进行了合作，进行电影的在线推广。大麦网在合作期间动用了自有分销商联盟体系，在同一时间联合 500 家分销联盟网站共同营销推广这部影片，让影片的海报及视频在上映之前得到了大面积的曝光。更为关键的是，如果有用户对这个影片感兴趣，点击了海报或者视频等，就能够直接关联到这部影片的线上票务销售。

3. 个性化定制的票务服务

在传统的演出行业，通常用户只能选择观看已有的项目。但是，大麦网于 2013 年 1 月在国内上线了“大麦·点将”的独立频道，率先推出了 C2B 和预售的模式。这是演出行业中的一种全新的运作模式，能够让用户自发地参与决策，满足用户的个性化需求。如图 10-21 所示，是“大麦·点将”首页。

图 10-21 “大麦·点将”首页

用户在“大麦·点将”的频道上，通过 5 个环节就能完成点将。首先是投票环节，当用户发现感兴趣的项目，使用手机号就可以参与投票。当该项目达到规定投票数后进入了声援环节，用户需支付不低于一份的预订金，然后就获得一个排号；若该项目筹集到了目标金额便可以申报审批，也就进入了第三个环节——审批环节。审批环节中，如果项目被承接，演出商即开始着手准备工作，这也意味着点将项目取得了成功。接下来就是用户抢座，参与声援的用户享有优先购票权，并按序分组选座；完成余款支付后即表示抢座成功。最后是开票，在抢座结束、演出开始前，开放购票。

“大麦·点将”的优势是多方面的，首先，用“点将”的形式可以有效地激发用户的主动性，也鼓动了粉丝的追星情绪，这种积极的互动有助于提升网站的黏性。其次，通过“点将”，可以实现平台、用户和主办方的三赢局面。对于用户而言，项目成功则满足了用户的需求；如果不成功的话，用户的声援金额将全额退回，不会造成什么损失。对于平台而言，“点将”期间，用户的积极参与会迅速提升平台的人气和关注度。最后于主办方而言，主办方可根据投票、声援人数来预估参与总人数而选择场地，票的发行量，有效避免了大量缺票、剩票情况的出现。另外，于明星尤其是新兴艺人而言，这是绝佳的宣传机会，比如，杨姣就通过“大麦·点将”开办了个人演唱会，如图 10-22 所示。

图 10-22　歌手杨姣的点将项目

“大麦 · 点将”的 C2B 模式把主导权交给了用户，相对以商品为出发点的 B2C 模式，C2B 模式以用户的需求为出发点，从而提高用户的参与度和购票体验，而预售的模式，能够有足够的时间测试市场的反应，借助用户群体的力量降低个体决策的风险，从而能做到对成本的控制。

提示：杨姣，手机 K 歌软件“唱吧”红人，凭借着极高的人气与粉丝，一直稳坐唱吧首把交椅，而其颇为甜美的声音，也赢得众多观众的喜爱。之后进入“大麦 · 点将”平台，成功开办个人演唱会，成为草根明星里由粉丝支持正式举办演唱会的第一人。

10.4　时光网：专注于电影的社区网站

时光网创立于 2004 年 9 月，是一家专注于电影的社区网站，创立之初为互联影库，到 2006 年才更名为 Mtime 时光网。作为中国版的 IMDb（Internet Movie Database，互联网电影资料库），目前，时光网可提供全国 450 多个城市的电影院放映时间查询和全国 150 多个城市实时在线选座购票，并且拥有海量的电影数据库，涵盖了数万部电影信息，每日汇集几十万影人和影迷。时光网站月访问的观影人数超过 8000 万，而手机用户超过 6500 万。

【公众号】V_Mtime

微信运营概览

时光网，为爱电影的人传递全国最新影讯、全球电影资讯、优惠购票活动及热门电影介绍。与国内很多产品不一样，时光网并未将产品的所谓打通停留在分享层面，而是将社区中不同的产品进行有效的打通，让其发挥的价值大大高于各个产品的简单相加。时光网为了让用户注册后能够继续活跃在网站上，在提供丰富的电影资讯和强大的产品功能的同时，还建立了自己的多维激励机制来激发用户参与的欲望。网站提供相关性推荐，提高用户黏性。

O2O 落地

1. 打通产品，提高用户体验

与国内很多产品不一样，时光网并未将产品的所谓打通停留在分享层面，而是将社区中不同的产品进行有效的打通，让其发挥的价值大大高于各个产品的简单相加。

首先，时光网的影评、资讯以及电影答题等都可以添加与之相关的影片、影人信息，这样做不仅可以让用户了解更多、更全面的电影信息，还有利于网站依据影片、影人的角度对时光网的各类信息进行分类、推荐。

另外，时光网还把用户群组和博客进行了互通。用户写完一篇博客，可以将其推送到相关群组，并且，群组的人看到这篇文章后发表的评论，又可以同步到博客。这样做的好处在于，一方面给了博客更多的曝光量；另一方面增强群组成员之间的互动，通过一篇文章寻找兴趣相同的人。如图 10-23 所示，是时光网博客截图。

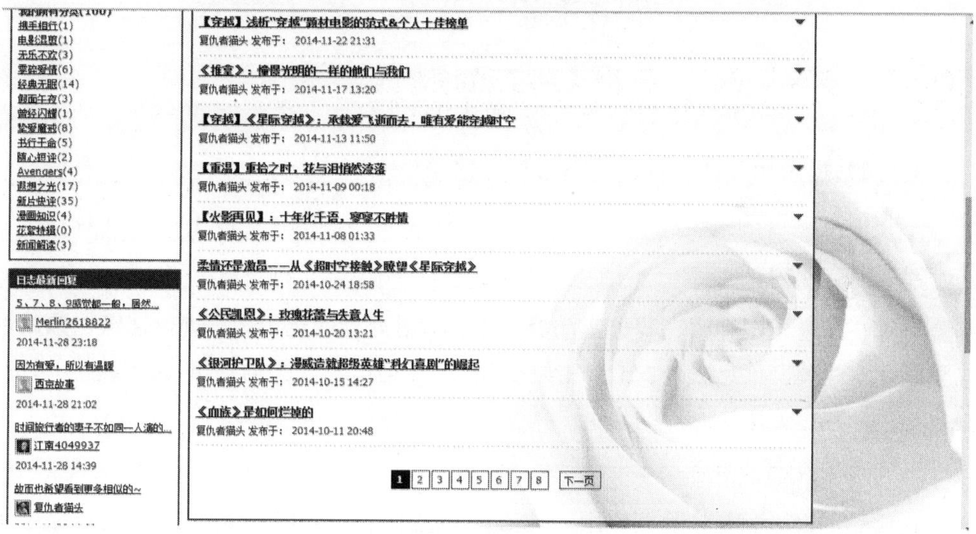

图 10-23　时光网博客截图

2. 建立多维激励机制，激发用户参与欲望

时光网为了让用户注册后能够继续活跃在网站上，在提供丰富的电影资讯和强大的产品功能的同时，还建立了自己的多维激励机制来激发用户参与的欲望。

时光网对用户激励采用了多种措施，首先，时光网像许多网络游戏一样设置有用户的等级称谓，通过这些具有特色的等级称谓，可以给用户很强的社区归属感和身份认同感；其次，还会通过加分的方式表明对于优质内容的认可，如果影评被首页推荐或被群组推荐，都会得到相应的分数；最后，时光网几乎在每个频道都设置有榜单，榜单是按照用户对网站的贡献来排名次的。在榜单上的用户为了维护其在榜单上的位置，就会不断努力多做贡献，而没有上榜的用户也会被告知处于哪个阶段，前进一名需要再做多少努力，这些都极大地激发了用户参与的欲望。如图 10-24 所示，是时光网“24 小时热门日志”榜单。

图 10-24　时光网“24 小时热门日志”榜单

3. **网站提供相关性推荐，提高用户黏性**

与其他电影网站相比，时光网更注重向用户个性化地推荐相关信息，并且这些信息全面而又不显烦琐。

比如，在时光网介绍一部电影的界面上，除了影片信息，能够进行选座购票的影院和影评这些关键信息之外，还有相关影院咨询、与电影相关的资讯、群组话题讨论，以及相关标签、关注该影片的会员、关注该影片的群组、与影片相关的游戏、相关影片专辑等各个方面的相关信息。

这样做的好处就是，既能够用关键信息抓住用户的真正需求，同时又可以鼓励用户看完基本信息，在线选座购票后，去看看还有哪些电影、影人是自己感兴趣的，去做做与电影相关的游戏，或者加入相关群组，参与对这部电影的讨论，等等。通过这样相关性很强的推荐信息去触发用户的下一步行为，挖掘用户的潜在性需求，增长用户在时光网上的停留时间，提高时光网上用户的黏性。如图 10-25 所示，是时光网电影界面部分截图。

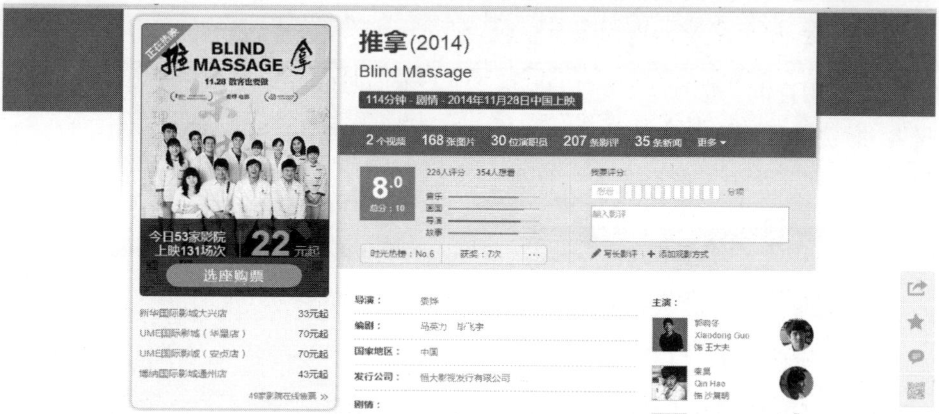

图 10-25　时光网电影界面部分截图

10.5　中国电信手机营业厅：手机上的营业厅

中国电信集团公司成立于 2000 年，是我国特大型国有通信企业、上海世博会、广州亚运会全球合作伙伴，连续多年入选“世界 500 强企业”，注册资本 1580 亿元人民币。主要经营固定电话、移动通信、卫星通信、互联网接入及应用等综合信息服务。

【公众号】wx800010000

微信运营概览

中国电信手机营业厅作为中国电信的官方手机服务渠道，为广大电信用户提供中国电信地区的业务办理、费用查询、充值交费、积分查询、4G 手机优惠购买等服务。电信用户可以通过输入自己所在省的序号查询相关业务。

O2O 落地

1. 电信业务办理

在中国电信手机营业厅，可以随时随地实现查询和查找功能。为了让电信用户心中有数，消费有度，通过该营业厅可以随时随地查话费、查余额、查积分，随时掌握一切账单。同时，为了让电信用户在查找附近营业厅和周边电信 WiFi 热点达到快速定位、精确测距、省时间、省脚力、不走冤枉路的目的，实现了各种查找功能。

在营业厅主界面里，点击“查询办理”选项就会进入 “查询”界面。在如图 10-26 所示页面中可以办理各种查询功能，如费用查询、业务办理、积分查询、订单查询和查找附近功能。

在“费用查询”选项里，可以进行“话费查询”“历史话费”“流量查询”“套餐用量”“缴费记录”和“增值业务查询”业务办理。如果要进行话费查询，只需要点击“话费查询”菜单，就会进入“话费查询”页面。如图 10-27 所示。

图 10-26　“查询办理”界面

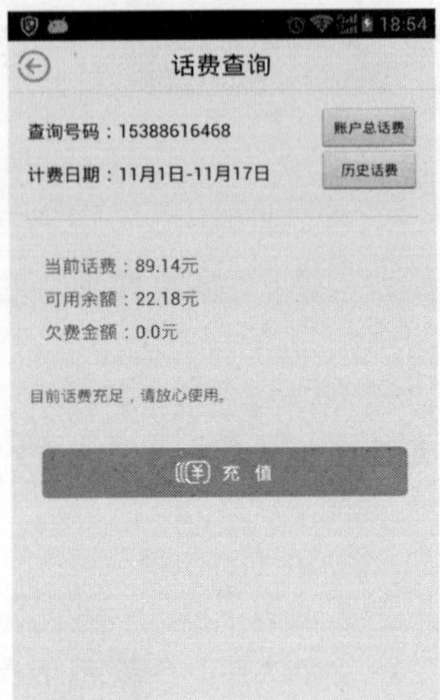

图 10-27　“话费查询”界面

“查询”里其他功能的使用与此类似，故不再重述。

2. 充值缴费

在中国电信手机营业厅，可以随时随地充值话费和流量，不仅可以使用充值卡，而且还支持银行卡。通过该营业厅进行充值时，操作方便、到账及时、远离使用电脑的烦恼。

选择营业厅主界面下面的“充值”选项，就会进入“充值”界面。在该界面中可以办理充话费、充流量、买充值卡功能，如图 10-28 所示。在“充话费”界面里，输入所要充值的电话号码和充值金额，选择充值方式，点击“充值”按钮就可以进入电信营业厅充值订单界面（如图 10-29 所示），在该界面中点击“支付”按钮则可以实现手机充值功能。

3. 优惠活动

选择营业厅主界面下面的“优惠”选项，就会进入“优惠”界面。在该界面中提供了 4G 手机和 3G 手机优惠购买、套餐个人定制等服务功能，如图 10-30 所示。

图 10-28 “充话费”界面

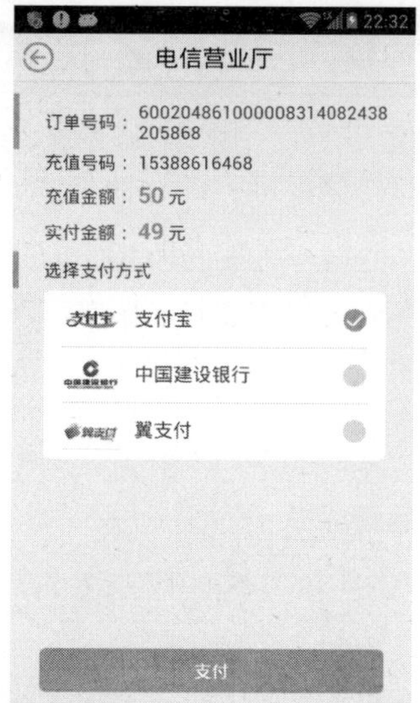

图 10-29 “电信营业厅”充值订单界面

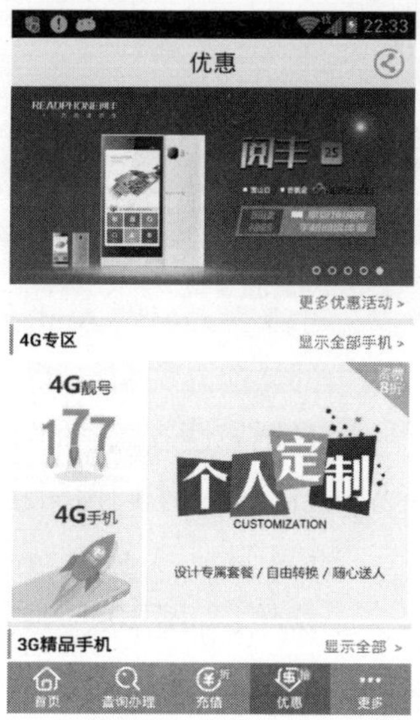

图 10-30 优惠活动

优惠活动资讯的推送，是微信营销功能的深化和多样性的体现，在互动中优惠活动给微信用户带去惊喜和优惠，不仅提升了微信用户体验，也增加了微信用户黏性，微信用户通过中奖、优惠券、打折卡等来到店铺，这些也会成为商家销售额增长的重要因素。

10.6 蘑菇街：2 亿微信用户在蔓延

蘑菇街是国内最火的女性分享导购平台，每天有数百万的女性在这里扎堆儿分享购物、讨论时尚。在成立两年半的时间内，就已经拥有了超过 5000 万的注册会员，日均访问人数达到 350 万。作为目前最大的女性导购网站，蘑菇街致力于为每个消费者提供最便捷、最实惠、最个性、最优质的消费建议。

【公众号】mogujieguanfang

微信运营概览

“蘑菇街”和“美丽说”通过微信进行无差别病毒轰炸，有的微信朋友圈几小时就被各种好友的“心理年龄测试”和“性格测试”刷了十几屏，蘑菇美丽诱导用户分享后查看结果加关注，才可以看答案。

蘑菇街微信平台的分享形成了链式反应，于是病毒链接在不到一天之内就弥漫了整个微信的 2 亿用户，可见微信的威力之强。

图 10-31　性格测试页面

O2O 落地

蘑菇街在崛起的初期敏锐地捕捉到了“王功权私奔”的这个热点。当时蘑菇街就快速地出了一个私奔题材的 App，开始的时候是匹配粉丝和自己的微博异性朋友谁最有可能私奔，但反应寥寥。于是把异性改成了同性，用户做完测试后，发现居然自己和一个同性朋友私奔了。App 迅猛病毒式的传播开来，蘑菇街一战成名，获得了大量的关注度和粉丝。如图 10-31 所示为蘑菇街微信平台中的性格测试。

待粉丝达到一定量后，“蘑菇街”微信公众账号又推出了“菇凉”来互动的营销方式。“蘑菇街”微信平台叫每位粉丝为“菇凉”，只要粉丝在输入框中输入要查找的商品，微信就会发送相关的产品信息，如图 10-32 所示为查找关于“靴子”的相关商品信息。

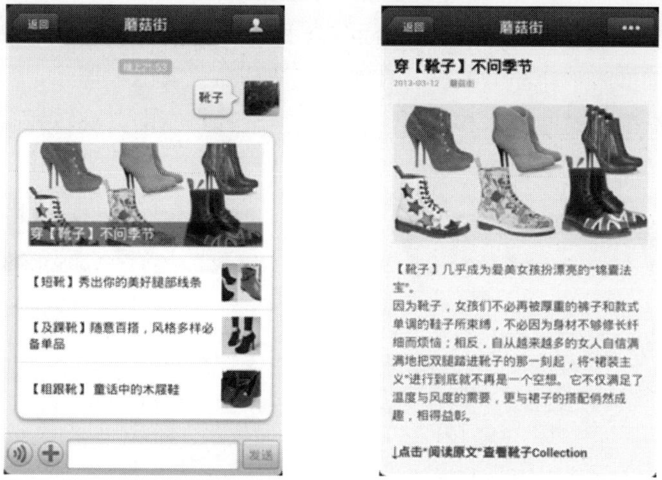

图 10-32　查找“靴子”的商品信息

10.7　当当网：扫一扫封面微信营销

当当网，综合性网上购物商城，致力于为消费者提供更多选择、更低价格、更为便捷的一站式购物体验。包括服装、鞋包、图书、音像、家居、孕婴童等众多品类，支持全网比价、货到付款、上门退换货。

【公众号】dangdang1999

微信运营概览

微信 5.0 除了街景扫描外，还新增封面扫描功能。使用封面扫描，对于书籍类商品，微信会在识别出商品后显示内容简介，列出 QQ 网购、亚马逊、当当、京东等 B2C 类商家的价格和购买通道，点击可以直接跳转至商城页面进行下单购买。对于音像类商品，微信扫描封面后会跳转至剧情介绍页面。

O2O 落地

在当当网的在线网上平台上，查看到自己想要购买的书籍（《Java Web 典型模块与项目实战大全》）时，使用微信的封面扫描功能，就会进入商品主页（如图 10-33 所示）。在该页面中，显示了书名、作者、内容简介，同时还显示了当当、亚马逊和京东商家的价格和购买通道，手指轻轻点击即会跳转到商城页面进行下单购买。

在当当网的在线网上平台上，查看到自己想要购买的影视作品（《小时代 3：刺金时代》）时，使用微信的封面扫描功能，就会进入商品主页（如图 10-34 所示）。在该页面中，显示了该影视作品的名称、导演、主演和在豆瓣电影评分，同时还显示了当当、亚马逊和京东商家的价格和购买通道，手指轻轻点击即会跳转到商城页面进行下单购买。

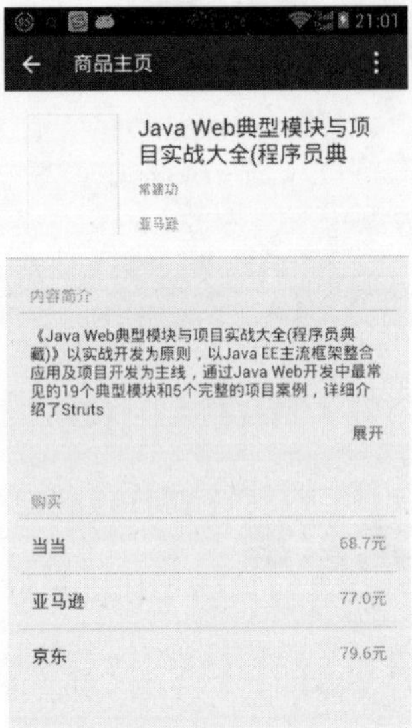

图 10-33　图书商品主页

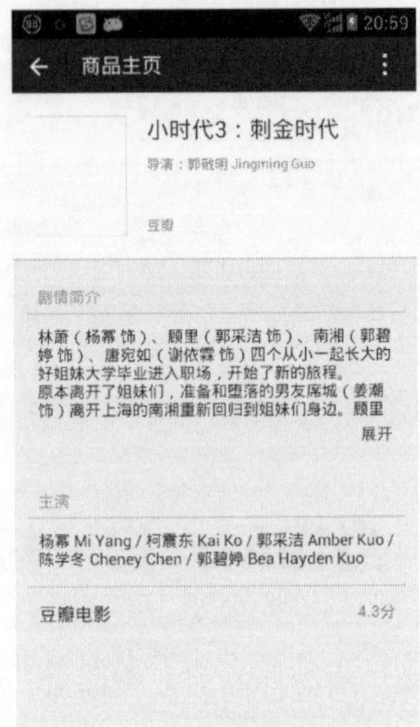

图 10-34　音像商品主页

当当网所提供的封面扫描功能非常实用，与腾讯微信合作，制作一些自己独家的标识于宣传单、图书封面和音像海报，微信用户通过扫描后，可以识别出附加在里面的信息。上述这种方式要比只扫描商家的二维码或产品的条码有创意得多，会更令用户印象深刻。

10.8　百度地图：样样在行的图姐

百度地图是百度提供的一项网络地图搜索服务，覆盖了国内近 400 个城市、数千个区县。在百度地图里，用户可以查询街道、商场、楼盘的地理位置，也可以找到离你最近的所有餐馆、学校、银行、公园等等。

【公众号】baidu_map

微信运营概览

“百度地图”微信公众账号的营销特点就是设置了无所不能的“图姐”，想查看城市地铁，可以找图姐；想查找银行，可以找图姐；想查看周边美食，可以找图姐；想查找周边最新团购信息，可以找图姐；想查找周边特价影院，等等，统统都可以找图姐。

O2O 落地

首次关注“百度地图”微信公众账号后，就会弹出“自动回复”信息，提示了该微信公众平台可以实现的功能。根据“图姐”的提示，在消息输入框中回复数字“1”，就会弹出百度地图美女代言人的音频，手指轻轻点击就可以试听。在消息输入框中回复数字“4”，就会弹出查看周边的地铁图（如图 10-35 所示），点击“地铁图”则可以打开周边的地铁图页面，如图 10-36 所示。

除此之外，当进入陌生的城市，只要发送自己的位置，即可以查看周边吃喝玩乐、出行方案及优惠信息。例如，点击微信界面右下角“+”号按钮，在出现的内容中选择“位置”信息，当搜索到当前位置后，点击“发送”按钮将该位置发送出去。“百度地图”微信公众平台就会以列表的形式展示出周边的吃喝玩乐住信息，查看列表中的项目只需用手指轻轻点击即可进入，如图 10-37 所示。

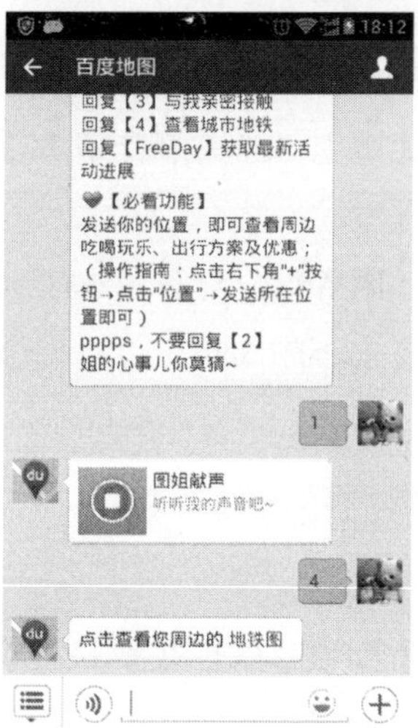

图 10-35 百度地图互动

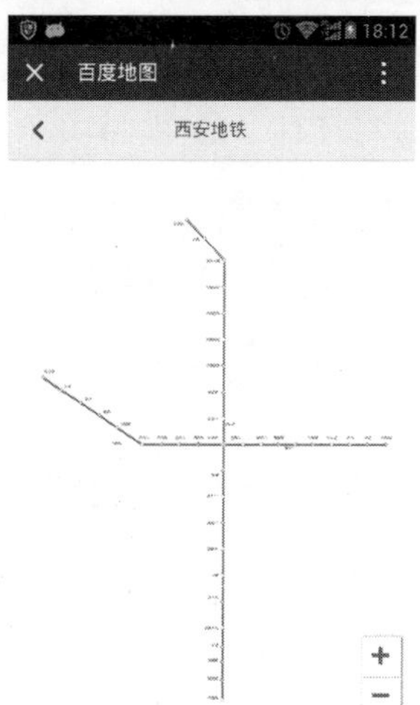

图 10-36 西安地铁

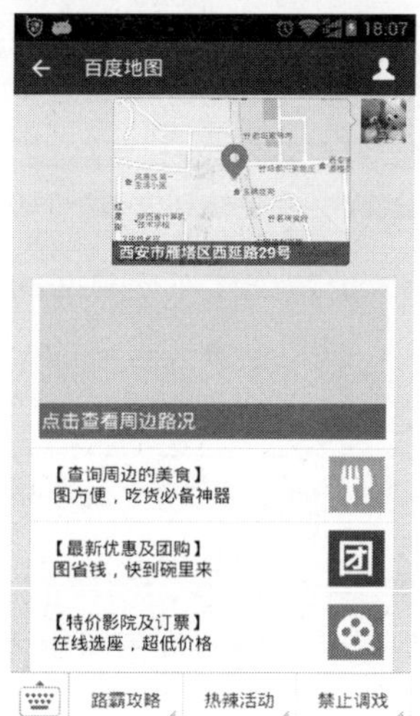

图 10-37 周边信息

对于微信用户来说，特别是路痴，只要关注“百度地图”微信公众账号，就可以随时查看周围的路况、餐馆、酒店、厕所、银行、学校、公园、影院及各种优惠信息。

10.9 273二手车交易网：二手车免费评估

273二手车交易网创办于2003年，简称“273”。273二手车交易网是福州市二七三汽车经纪有限公司建立的国内最早的专业二手车网站之一。

273以“不赚差价”的商业定位，配套“车况宝”专业二手车检测系统，开创并领导中国二手车经纪模式。它融合网站、线下连锁店和全国客服中心，构建了完整的、覆盖全国的“三网合一”的服务体系，是国内一流的二手车交易平台。

【公众号】usedcar_273

微信运营概览

“273二手车交易网”微信公众平台告诉用户想买什么车，直接发微信即可。在“273二手车交易网”公众账号上，发送自己想要的车型信息，就能立即得到全国该车型的二手车车源信息；发送当前所在的城市名称，就能立即看到该城市在售的二手车。车源信息的搜索，是基于“273二手车平台”的车源库，该车源库汇集了273十年来交易的所有车型车系、二手车报价、二手车成交价等海量信息。

O2O落地

“273二手车交易网”微信平台告诉您，买二手车不懂价，273为您免费评估。想卖二手车，不懂自己爱车能卖多少钱，这没关系，发送车型信息到273微信平台，273会有专业的评估师为您的爱车进行评估。如图10-38所示，在微信平台上输入估车导航编号，微信平台会告诉用户估车热线。

273二手车交易网的客服们会根据您提供的车况、使用年限等信息计算出车子现价，提供最真实可靠的交易价格作为参考。同样，想要购买二手车的用户也可以根据提示输入编号查找二手车信息。

“273二手车交易网”微信平台提供的车源搜索功能也是非常不错的，在输入框中输入车子的品牌及系列，就能查找到相关资讯，如图10-39所示。

针对普通的用户来说，他们一般没有很强烈的需求或是不知道自己现在到底需要哪一款车型，“273二手车交易网”微信平台还为他们提供了最热门的车型推荐，如图10-40所示。

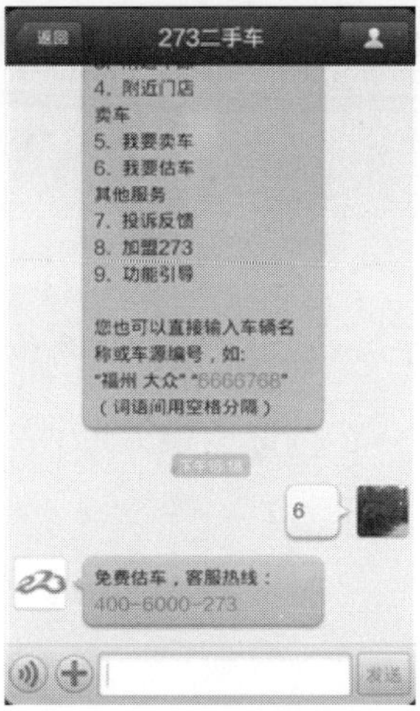

图 10-38　获取估车热线

图 10-39　查找车源

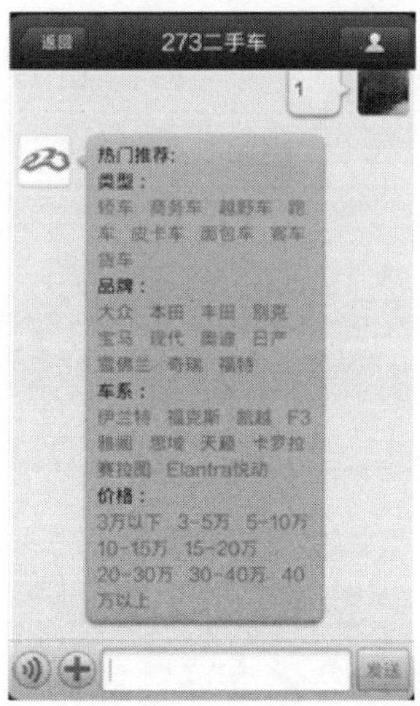

图 10-40　热门车型推荐

在输入框中回复数字“1”，就可以查询到 273 的最热门车型推荐。用户可以查看类型、品牌、车系及价格等，相当于给用户提供了一个很好的购车导航。点击这些信息也可以直接进入 273 官网查询。

第 11 章 餐饮行业必看的经典案例

在过去 20 年里，餐饮行业每年都以两位数的增速保持着平稳快速增长的态势，是消费品市场的一大亮点。然而最近几年我国的餐饮业的发展却出现了让人始料未及的转变，例如大型快餐连锁企业上半年同比增幅维持在 10%左右，新门店扩张完成计划比例仅为 20%～30%，本土快餐品牌利润不及 8%。微生活、微会员的出现，掀起了餐饮信息化建设的又一高潮。

11.1 好豆网：主打移动端的菜谱 O2O

2009 年上线的好豆网是一个中文美食社区服务平台，旗下拥有美食社区服务网站“好豆网”，行业领先的“好豆菜谱”移动应用，以及基于 LBS 的美食发现应用“去哪吃”，提供菜谱分享、小组社交活动、美食推荐三大核心服务。好豆网整合线上线下资源，用心打造用户与平台、平台与机构全方位的垂直运营服务新模式。据悉，其上线至今已经发展近 2000 万独立用户，日活数字 150 万，月活则达到 1000 万上下，目前累计菜谱总量 20 万道。

【公众号】haodouw

微信运营概览

好豆网，最贴心的吃货利器，负责产一切好吃的、好喝的、养生的、健康的。“好豆菜谱”是好豆网开发的一款菜谱分享与交流的社交型 App 应用，于 2011 年先后上线了 Android 版和 iPhone 版。好豆网分出“去哪吃”，推出“约饭”功能。好豆网会对豆友会组织的多场线下活动给予场地等相关支持，在维持豆友们之间的社区关系的同时，也受到了广大豆友们的喜爱和认同。同时，好豆网还借力媒体资源吸引用户。

O2O 落地

1. 推出移动应用好豆菜谱，工具+社交的应用

“好豆菜谱”是好豆网开发的一款菜谱分享与交流的社交型 App 应用，于 2011 年先后上线了 Android 版和 iPhone 版。目前这款应用拥有 3000 万独立用户，月度活跃用户近千万，囊括高达 40 多万份的云端菜谱库和详尽的菜谱标签。从多方数据反映，好豆菜谱无论在用户数量，还是活跃度等方面都稳居行业第一，获得了“苹果 App Store 中国区年度最佳应用”等多项荣誉。

好豆菜谱里面集中了 20 多万道标准化的优质菜谱内容，值得一提的是，这些菜谱全是采取 UGC 模式，由用户自主发布的；在研发设计时，还以小白用户为范本，不断完善简单、实用、极致的用户体验。无论是资深互联网用户还是普通小白用户，都能玩转这个菜谱类 App，这也使得其大受欢迎，成为所有竞品当中最受用户好评、用户群最为广泛的菜谱应用。另外，好豆菜谱不仅仅是一个工具，还是一款社交应用，在用户当中具有良好的口碑，如图 11-1 所示。

图 11-1 好豆菜谱截图

提示： UGG 模式，UGC 是“User Generated Content”的缩写，中文可译作“用户原创内容”。UGC 的概念最早起源于互联网领域，即用户将自己原创的内容通过互联网平台进行展示或者提供给其他用户。

2. 分出“去哪吃”，推出“约饭”功能

“去哪吃”是从好豆菜谱独立出的应用，提供基于 LBS 的美食发现服务。“去哪吃”基于用户关系和好友美食分享、本地活跃美食用户特色美食与攻略推荐、菜品与口味选择，并结合智能手机 GPS 定位，从而随时随地为用户解决去哪吃的美食需求。如图 11-2 所示，是“去哪吃”App 截图。

为了迎合中国人吃饭喜欢组局，讲究特色美食的心理，“去哪吃”还与微信合作推出“约饭”功能，在寻找和发现美食的基础上，为大家组织饭局、邀请好友吃饭而特别推出的新功能和新体验。

“约饭”功能细说起来就是：用户可以打开“去哪吃”手机应用，然后选中朋友最喜欢的菜，点击右上方的“约饭”，再轻轻一按“通过微信去约朋友”分享给朋友，吃什么菜，以及饭店的地址、电话、地图等信息就直接到了朋友的微信上，如果这个饭局还有什么交流，两个人就通过微信直接交流。

图 11-2 “去哪吃”App 截图

该功能一上线，就备受用户的极大欢迎。“去哪吃”手机应用上有很多美食达人分享的美食，当用户看中美食，想约上家人、朋友、同事等一起去尝尝鲜的时候，就可以免去电话和短信告知的麻烦，借助微信，约饭的交流也更加顺畅。特别是饭局人数较多的时候，“去哪吃”通过和微信打通，不仅可以多人一键分享，而且群组沟通交流更便捷，体验更时尚，关键是它很符合中国人的习惯和需要。

现在微信已经在主流用户手机中普及，其微群、语音对讲、在线超链接等核心功能，恰恰适合组饭局，“去哪吃”和微信联手推出“约饭”功能也成为了行业内的经典。

3. 组织豆友会，实现线上线下的沟通

豆友会是好豆网组织的、好豆网注册会员参与的线下活动名称，由各个城市的美食爱好者牵头，以与美食相关的活动为主题，为美食爱好者提供一个参与和分享的活动平台。如图 11-3 所示，是好豆网海报。

好豆网会对豆友会组织的多场线下活动给予场地等相关支持，在维持豆友们之间的社区关系的同时，也受到了广大豆友们的喜爱和认同。据悉，北京的豆友们最为活跃，已经组织了数十场活动，包括亲子烘焙教学、美食摄影讲座等，每次活动参与人数达到上百人之多，受到了豆友们的一致好评。

图 11-3 好豆网海报

好豆网正是通过豆友会稳固了美食社区，提高了用户黏性，同时实现了线上线下的沟通与交流，构成了 O2O 的闭环。

11.2 多元锦江大饭店：预订客房送彩票

青岛多元锦江大饭店位于青岛经济技术开发区行政、金融、商业的中心位置，是由青岛多元建设集团有限公司投资建设，环境舒适。饭店建筑高度 200 米，为青岛黄岛区第一高建筑，经营面积 43000 平方米。饭店拥有各类客房，为商务、旅游提供理想的住所。

【公众号】qddyjj

微信运营概览

青岛多元锦江大饭店微信账号里设置的功能远比百健餐饮的功能多得多，除了预订服务外还可以了解最新优惠信息、订房信息以及婚宴信息。同时，青岛多元锦江大饭店的微信还设置有天气查询、股票查询、火车查询、在线听歌等功能，将多种生活服务集于一体是青岛多元锦江大饭店微信营销的一大特色，也是为绑定目标客户做的功能性服务。

O2O 落地

1. **房间预订**

根据提示信息，查看订房信息，在输入框中回复“66”，就可以得到订房信息图片链接，如图 11-4 所示。

点击图片，进入“多元锦江订房信息”页面。在该页面中可以查看饭店的客房图片，各类客房间（套）数，如图 11-5 所示。

图 11-4　订房信息图片链接

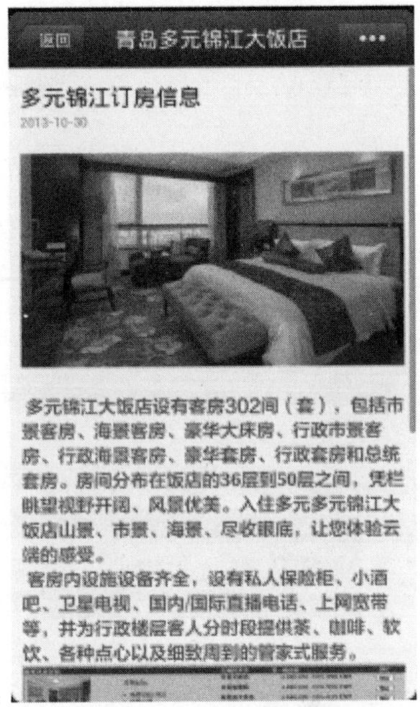

图 11-5　查看房间信息

滑动到页面最下面，点击“阅读原文”进入多元锦江饭店官网进行预订。可以输入入住日期、退房日期、入住人数等，然后点击“空房搜寻”即可预订，如图 11-6 所示。

2. **获取新浪彩票**

青岛多元锦江饭店与新浪彩票联合推出“彩票免费送，圆您 500 万”活动。此次活动参与方式如下：

（1）活动要求用户关注微信公众账号，然后在输入框中回复手机号码，然后饭店微信会以短信回复一条验证码信息，如图 11-7 所示。

（2）在输入框中回复短信中发送过来的验证码，如图 11-8 所示。

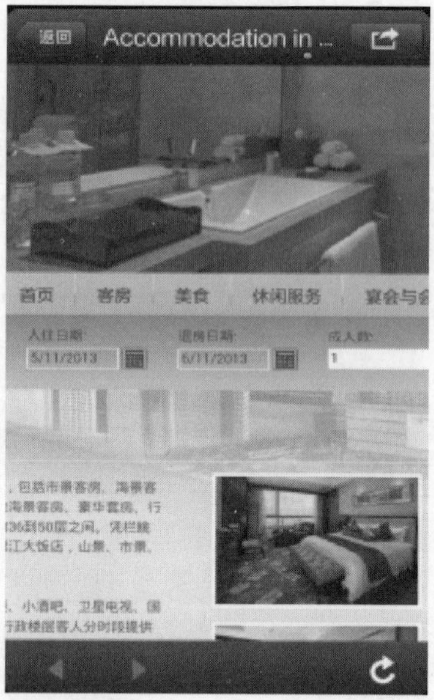

图 11-6　预订房间

图 11-7　回复手机号

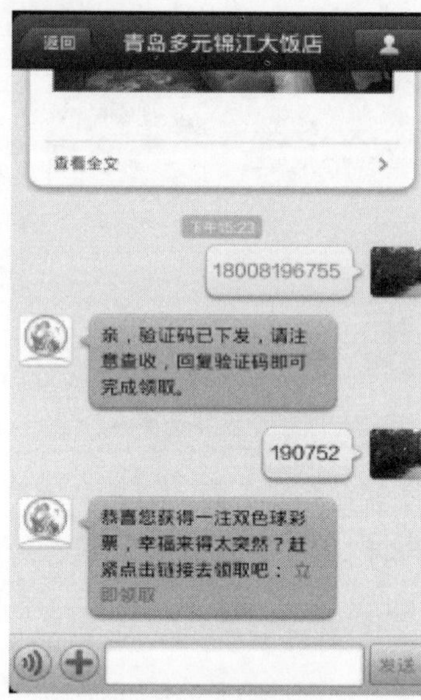

图 11-8　回复验证码

（3）此时，微信会回复您领取地址。点击“立即领取”链接，进入领取页面，如图 11-9 所示。

（4）在页面中下载客户端并安装。打开新浪彩票客户端，进入新浪彩票领取页面，登录账号后，点击右上角的“个人中心”按钮，如图 11-10 所示。

图 11-9　领取彩票页面

图 11-10　登录个人中心

（5）进入“个人中心”，点击“收取彩票”，如图 11-11 所示。

（6）进入“收取彩票”页面，输入验证码，然后点击“提交”按钮即可领取，如图 11-12 所示。

图 11-11　进入个人中心

图 11-12　收取彩票

11.3 肯德基宅急送：移动微信快速订餐

麦当劳（McDonald's）是全球大型跨国连锁餐厅，1940年创立于美国，在世界上大约拥有3万间分店。主要售卖汉堡包，以及薯条、炸鸡、汽水、冰品、沙拉、水果等快餐食品。

2009年麦当劳开始提供24小时送餐服务——宅急送服务，为了方便消费者订餐，麦当劳不仅开通了外卖服务的唯一官方平台——“肯德基宅急送”微信公众平台，而且还开通全国客户、在线网上预订、手机客户端App和手机在线预订等渠道。

【公众号】KFC_Delivery

微信运营概览

在2013年6月20日，腾讯微信开始支持在线移动支付功能。所谓移动支付也称为手机支付，就是允许微信用户使用其移动终端（智能手机）对其所消费的商品或服务进行账务支付的一种服务方式。单位或者个人通过移动设备、互联网或者近距离传感直接或间接向银行金融机构发送支付指令产生货币支付与资金转移行为，从而实现移动支付功能。移动支付将终端设备（智能手机）、互联网、应用提供商以及金融机构相融合，为用户提供货币支付、缴费等金融业务。在“肯德基宅急送”微信公众平台里，微信用户不仅可以获取肯德基产品信息进行购买，而且还集成了支付过程。

肯德基宅急送微信界面采用了“自定义菜单”设计方式，设定了“看看菜单”“立即订餐”和“@我”菜单。微信用户使用时一目了然，并能通过菜单选择自己想要获得的信息。

O2O落地

1. 智能选择送餐范围

为了保证品质，肯德基宅急送各门店有送餐范围限制，如果用户的送餐地址不在送餐范围内，就不能使用订餐功能。因此，订餐之前首先需要确认用户地址是否在送餐范围内。关注“肯德基宅急送”微信公众账号后，点击“@我>送餐范围”菜单，就会弹出查看当前位置是否属于肯德基宅急送范围的信息，具体步骤如下。

第1步：点击左下方“小键盘”。

第2步：点击“+”号键，在出现的内容中选择“位置”。

第3步：完成定位后点击“发送”。

如图 11-13 所示，为送餐范围提示信息。

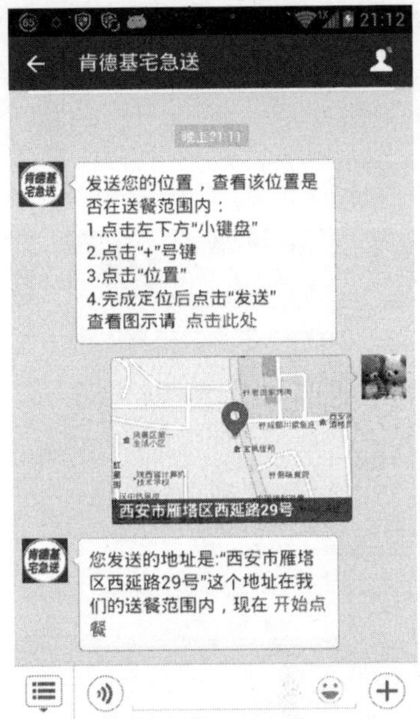

图 11-13 送餐范围

通过图 11-13 可以发现，“肯德基宅急送”微信公众账号的“送餐范围”功能非常智能，只需要通过 LBS 获取微信用户的地理位置，就会自动判断出该位置是否属于送餐范围。

2. **微信菜单**

肯德基忠实粉丝通过微信不仅能够查询当前位置是否为送餐范围，而且还可以查看肯德基所提供的菜单。同时，由于肯德基宅急送实行专属菜单及价格，不同城市、不同送餐区域的菜单有所不同，不同时段产品品项及价格有所不同。菜单的价格以确认送餐地址后的价格为准。因此，确定了送餐地址后，才能查看菜单。

关注“肯德基宅急送”微信公众账号后，点击“查看菜单>全部菜单”菜单，就会连接肯德基宅急送官方网站展示肯德基的所有菜单列表，如图 11-14 所示。

图 11-14 微信菜单列表

在肯德基菜单列表里，不仅展示了早餐、正餐和夜宵，而且还专门展示了优惠产品，例如，“新品优惠”和“鸡翅 10 块超值分享装”。如果喜欢某个菜单，可以直接点击就会显示出该菜单里的产品。

3. **微信预订餐饮**

关注“肯德基宅急送”微信公众账号后，点击“立即订餐”菜单，就会进入“肯德基宅急送 登录”页面，具体步骤如下。

第 1 步：于“登录”页面输入手机或电子邮箱，如图 11-15 所示。

第 2 步：于“送餐信息”页面，完善“基本信息和密码”“联系电话”和“送餐地址与时间”，如

图 11-16 所示。

第 3 步：于微信菜单页面选菜，点击“订购”进入“结算中心”。

第 4 步：于“结算中心”页面确认预订信息，点击“提交订单”按钮生成订单，如图 11-17 所示。

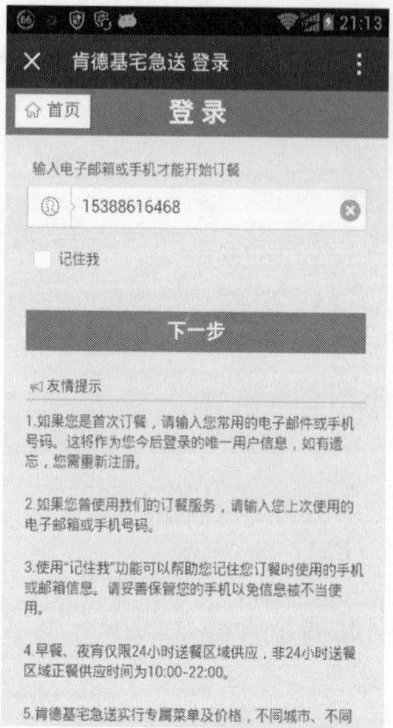

图 11-15 “登录”页面

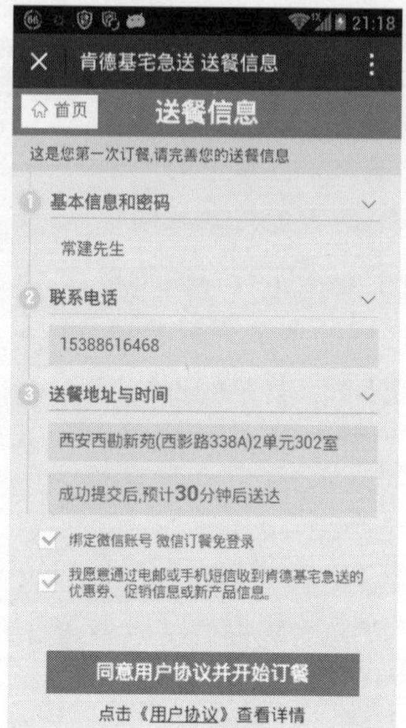

图 11-16 “送餐信息”页面

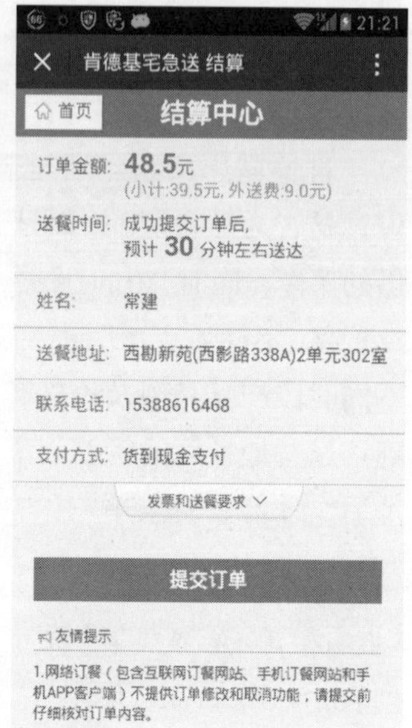

图 11-17 “结算中心”页面

如果用户为首次订餐，不仅需要输入用户最常用的电子邮箱或手机号码，而且还需要完善送餐信息。如果曾使用过送餐范围，则只需要输入以前使用的电子邮箱或手机号码就可以。“肯德基宅急送”微信公众账号将线下消费与线上互动为一体，通过线上微信预订餐饮，线下快速送达，使用户体验到了移动互联网带来的好处。

11.4 餐饮微时代：将餐厅开在手机里

餐饮微时代隶属于上海叮铃铃信息技术有限公司，成立于 2012 年 11 月，专为中小型餐饮企业提供领先的 App，为微营销系统电商平台将自己的餐厅开到手机里，随时随地与客户互动，了解客户需求，改善经营中的不足，让部分营销管理停留在简单的推销或低级的削价手段的餐饮，在如今激烈的市场竞争中获得成倍收益。引导餐饮业走出传统的营销模式，迈入微信、微博、微站、App 等社会化的营销微模式。

【公众号】cywsdla

微信运营概览

餐饮微时代主要通过 App 应用为餐饮类商家提供产品营销的一个平台，且“餐饮微时代”在其公众账号里还提供有餐饮的预约服务、在线点餐、在线菜肴等功能，通过下载 APP 让客户真正享受到一切尽在手机中的便捷。

O2O 落地

1. App 应用下载

成功关注“餐饮微时代”微信公众账号后，会收到平台发来的信息，如图 11-18 所示。点击“免费下载餐饮微时代 App”进行下载。

待下载完成后，进行安装。安装完毕，则会在手机桌面上看到已经安装好的图标。点击该图标，则可进入 App 应用，如图 11-19 所示

图 11-18 平台信息

图 11-19 进入 App 应用

2. 在线预订

“餐饮微时代”公众账号的在线预订做得非常成功，顾客不仅可以快速预订餐点，还能看到餐厅的实景，并能精确到每个区域。

点击“服务在线”下拉菜单中的“预订包间”菜单，平台返回在线预订信息，如图 11-20 所示。点击信息进入预订页面，在页面中可以看到餐厅的实景，还可以预订区域、人数及用餐时间等，如图 11-21 所示。

点击“预订”按钮，只待平台信息审核成功后，即可预订成功。

图 11-20　在线预订

图 11-21　输入预订信息

11.5　海底捞火锅：移动体验高于一切

四川海底捞餐饮股份有限公司成立于 1994 年 3 月 20 日，是一家以经营川味火锅为主，融汇各地火锅特色于一体的大型直营连锁企业。

现阶段，海底捞火锅不仅致力于传统线下宣传，如所有门店都有易拉宝，每个餐桌上都贴有宣传信息等，而且还结合了线上营销，如海底捞火锅网上在线平台、海底捞火锅微信公众账号、海底捞火锅腾讯微博、海底捞火锅搜狐微博、海底捞火锅手机客户端 App、海底捞百度直达号等，这标志着海底捞火锅实现了传统地面连锁和网络联合发展模式的转变。

【公众号】haidilaohotpot

微信运营概览

为了扩大海底捞火锅的宣传，海底捞餐饮股份有限公司不仅推出了“海底捞火锅”微信公众账号，而且还推出了“海底捞”“海底捞调味料”等微信公众账号。前者主要用于宣传公司动态、查询全国门店信息、预订餐位等，而后者主要用于策划活动、关联海底捞调味料商城。

“海底捞火锅”微信公众账号提供了集门店美味菜单查询、门店餐位及外卖预订，在线微信支付和售后服务于一体的服务，不仅为用餐者节省了时间成本，而且在海底捞品牌宣传及互动答疑两个层面上更具有针对性，使得就餐流程更快捷、更高效和更方便。同时还采取了多种微信互动方式，如现在推出的“Hi 农场”“Hi 拼菜”“Hi 吃海底捞”“摇摇乐”等互动游戏，从而聚集了大量人气。

O2O 落地

1. 强大微信预订和支付功能

关注“海底捞火锅”微信公众账号后，点击“吃>订餐-预订座位”菜单，就进入海底捞分店列表，具体步骤如下。

第 1 步：于海底捞分店列表里选择相应的分店，如图 11-22 所示。

第 2 步：于“填写订座信息”页面输入就餐时间、就餐人数等信息，如图 11-23 所示。

图 11-22　分店列表

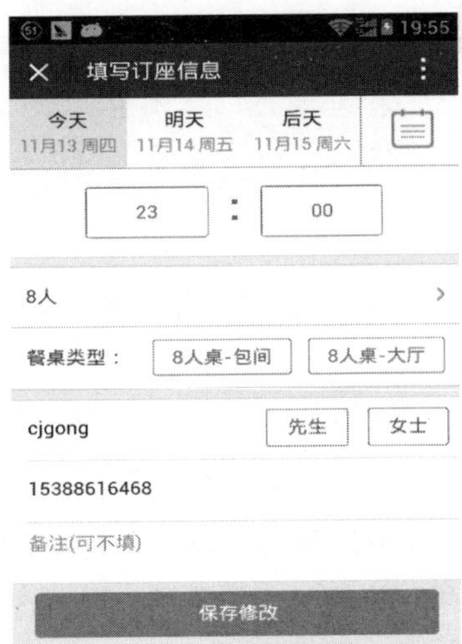

图 11-23　“填写订座信息”页面

第 3 步：于“点菜”页面选菜，生成订单，如图 11-24 所示。

第 4 步：于“支付”页面支付相应金额，实现在线支付，如图 11-25 所示。

图 11-24 “点菜”页面

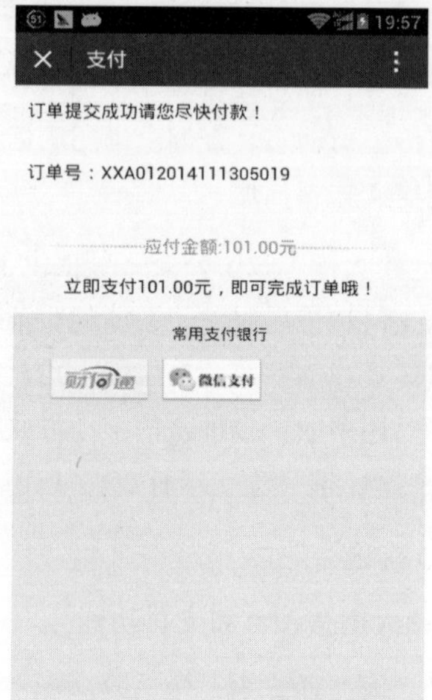

图 11-25 “支付”页面

“海底捞火锅”微信公众账号的预订座位功能非常灵活，如果只需要预订座位，不点菜的话，只需要进行到第 2 步就可以了。同时，如果通过微信支付，还可以享受订餐立减 30 元优惠。

“海底捞火锅”微信公众账号，除了提供预订座位外，还提供了预订外卖功能。点击“吃>外卖-送餐上门”菜单，就进入“Hi 捞送”页面，具体步骤如下。

第 1 步：于“Hi 捞送”页面，根据提示设置用餐人数、外卖类型、送餐地址、送达时间。

第 2 步：于“外卖点菜”页面选菜。

第 3 步：于“点菜”页面选菜，生成订单。

第 4 步：于“支付”页面支付相应金额，实现在线支付。

“海底捞火锅”微信公众账号支持“普通外卖”和“上门自取”两种外卖类型，如果为普通外卖，预订用户不仅需要支付菜品费用和服务费用，而且还需要支付送餐费用。如果不想支付送餐费用，可以选择“上门自取”类型，即只需要在如图 11-26 所示的页面中点击“上门自取”就可以。

如果用户想在家中吃海底捞火锅，但是又不想付相应的海底捞服务费和送餐费，就可以在家自己 DIY 海底捞火锅。为了让用户能够 DIY 出地道的海底捞火锅，只需要点击“吃>商城-生鲜调料”菜单，就会进入“海底捞精选食材”页面（如图 11-27 所示）。该页面包含了“底料专区”“精选食材”和“捞派菜谱”菜单，只要购买相应的食材，那么 DIY 出海底捞火锅再也不是梦。

图 11-26 “Hi 捞送”页面

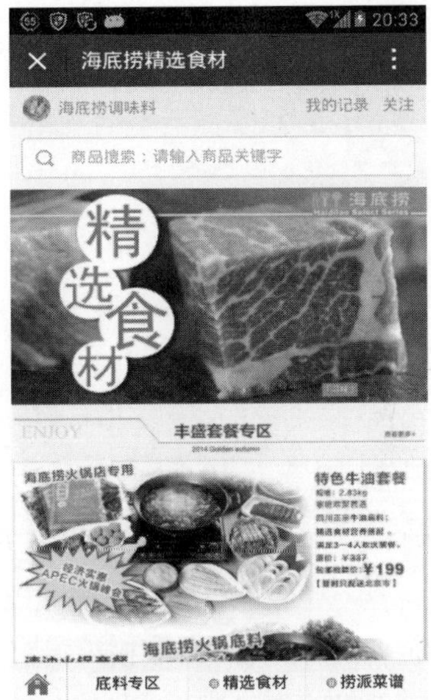

图 11-27 “商城-生鲜调料”页面

“海底捞火锅”微信公众账号中“吃”菜单所提供的预订服务，不仅方便了商家、节省了成本，而且吸引了大批量的微信用户，同时实现将微信用户转化成目标客户，扩大海底捞的消费群体。

2. 微信游戏新体验

对于海底捞火锅的忠实顾客来说，十次就餐往往需要九次排队等待。等候就餐的时间是非常枯燥的，为了加强与顾客的互动，“海底捞火锅”微信公众账号提供了许多游戏活动。

点击“玩>Hi 游戏”菜单，就进入“Hi 游戏”页面（如图 11-28 所示），在该页面中提供了“Hi 农场”“Hi 拼菜”“Hi 吃海底捞”和“摇摇乐”等趣味性强的游戏。对于微信用户来说，通过玩微信游戏，不仅可以使得等待时间不再枯燥，而且还会享受海底捞的许多折扣优惠。

图 11-28 “Hi 游戏”页面

图 11-29 “Hi 拼菜”游戏

如图 11-29 所示的“Hi 拼菜”游戏，在具体玩的过程中，需要按照“捞面→菠菜→蔬菜拼盘→香菇→金针菇→内蒙羔羊肉→澳洲肥牛……→海底捞火锅”的顺序进行拼图。在当天内拼出“海底捞火锅”并截图，那么到指定的活动门店就餐就赠送 30 元以内任意菜品一份。

对于“Hi 吃海底捞”和“摇摇乐”游戏，结束游戏后可以将结果分享到微信的朋友圈、搜狐微博和人人乐微博，如图 11-30 和图 11-31 所示。“海底捞火锅”微信公众平台中将游戏的结果发送给微信好友，分享到微信朋友圈，让海底捞的品牌借助微信平台，进行更广泛的传播。

“海底捞火锅”微信公众账号所提供的各种游戏，与餐饮商家传统的推广方法发传单相比，具有不可替代的优势。消费者接到传单后，大部分是被丢弃的，因为除了菜品本身和优惠之外（传单所能容纳的内容很有限），没有什么是能吸引消费者的，但是消费者在等待就餐的过程中参与微信游戏活动，这样既加深了消费者对商家的印象，又把消费者变成了忠实粉丝用户，通过以后的促销信息推送，增加与消费客户的黏性。所以参与微信公众号的游戏活动后，推广效果会大大提升，公众号忠实粉丝数量也会大增。

图 11-30　“摇摇乐”游戏

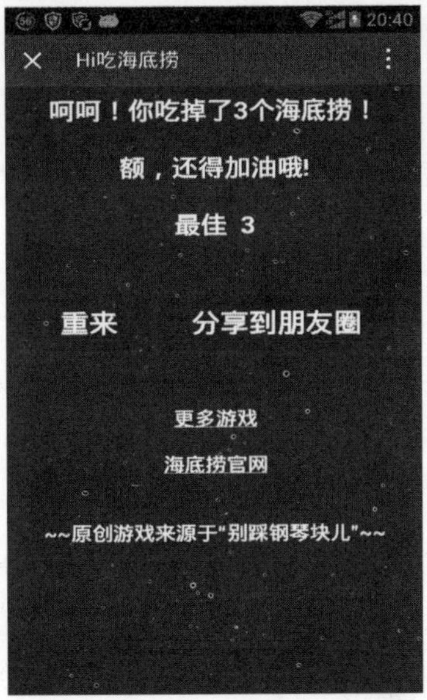

图 11-31　“Hi 吃海底捞”游戏

11.6　青年菜君：用线上预订+地铁自提的 O2O 模式卖菜

青年菜君是一家以售卖半成品净菜为主的 O2O 企业，创建于 2014 年 3 月，致力于解决上班族的晚餐需求，而菜君设计的晚餐程序就是：下班回家出地铁口，到门店取上预订好的半成品菜，到家简单烹饪，半个小时之内就能吃上放心晚餐。在 2014 年 8 月，成立不到半年时间的青年菜君获得了千万元级 A 轮投资，更被搬到了央视的《新闻联播》上面。值得的是，在较难盈利的 O2O 企业中，青年菜君的实体店每天可以卖出约 150 份菜品，已经实现了单店盈利。

【公众号】qncaijun

微信运营概览

青年菜君，地铁口的帮厨小伙伴，优质半成品净菜服务商，致力于提供安全省时的健康晚餐，面向北京消费者全面开放。青年菜君通过线上预订、精简和特色化需求，做到减少库存损耗问题和增强用户体验。另外，还在地铁旁建立自提点，与社区便利店合作，既减少物流成本，又能扩大规模。

O2O 落地

1. 线上预订，减少库存损耗问题

青年菜君不像许多 O2O 模式那样，是将用户从线上拉到线下，它的大部分用户一开始的购买行为，都是从线下开始的。青年菜君通过在线上提供品类更多、价格更低的菜品来吸引用户到线上预订，而在线下自提点只存放少量菜品，就这样把用户拉到了线上。

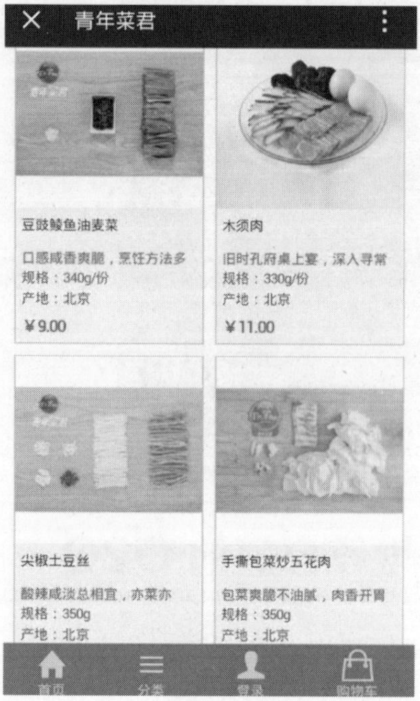

图 11-32 青年菜君微信下单界面

将用户拉到线上的好处是，青年菜君可以通过 PC 端官网和微信公众号下单的数量控制供应量。青年菜君只放少量的净菜菜品在自提点直接销售，自提点大部分净菜都是用户在线上已经预订的，下班后自提即可，这就基本上能达到“零库存”的目的，成功规避了成本风险。同时，线上预订、次日自提的方式也让青年菜君准备的净菜足够新鲜，让用户更加放心。如图 11-32 所示，是青年菜君的下单界面。

2. 精简和特色化需求，做出标准

在青年菜君网站上，众多菜品分为凉菜、素菜、荤素菜、肉菜、汤羹类以及家庭套餐，还配上了每一道菜品的分量、产地、图片、价格和特征。不过这些菜品并不是随时随地都能上架，随着时令和季节的变化，青年菜君每周一都会更新菜单，同时，根据顾客反馈情况下架一些菜品。这样下来，每周顾客可选择的菜品约 20 道，不同的时候菜品不尽相同，既有家喻户晓的传统菜品，比如木须肉、鱼香肉丝等，也会推出一些具有特色的青年菜君私房菜品，比如，“在一起，不孤单”私厨米粉、菜君地三鲜等。这样既方便控制产品和管理库存，也使得顾客容易保持新鲜感，增强用户体验。如图 11-33 所示，是青年菜君部分菜品。

另外，青年菜君在菜品的搭配上还包括了调料，比如辣椒、葱、姜、蒜等，而这些调料的比例都是通过一遍又一遍的尝试总结出来的。如图 11-34 所示，是青年菜君尖椒土豆丝的搭配。

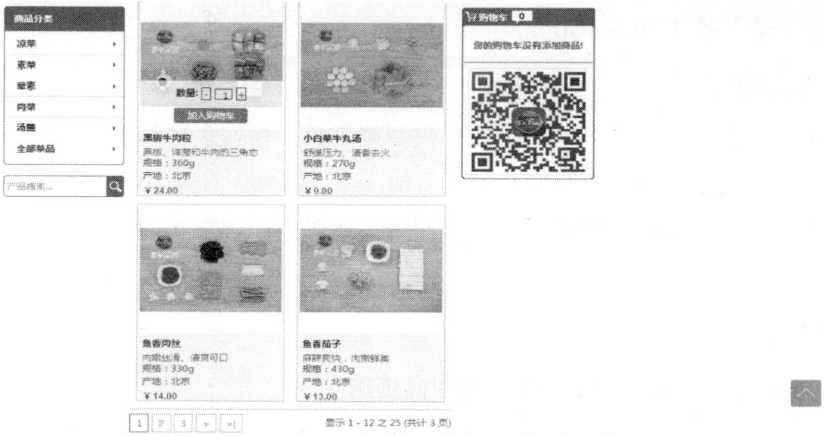

图 11-33 青年菜君部分菜品

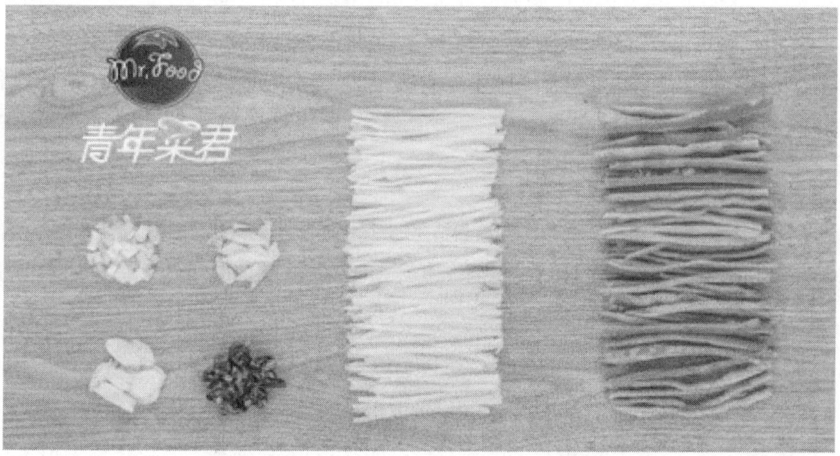

图 11-34 青年菜君的尖椒土豆丝

11.7 楼下 100：烘焙美食的 O2O 尝试

楼下 100 定位于“垂直烘焙的电子商务网站”，网站上线于 2013 年 10 月。楼下 100 通过线上平台和线下自建的物流团队，为上海的白领们递送工作日中新鲜的烘焙美食。楼下 100 致力于改变烘焙行业的产业链，在提高用户消费频次的同时，帮助独立品牌的建立和销售。楼下 100 还于 2014 年 10 月推出了 iOS 与 Android 两个版本的 App。上线不到一年时间，楼下 100 在上海市有超过 40 人的物流团队，专门进行烘焙配送，并且建立了 7 个配送站点。

【公众号】kf_louxia100

微信运营概览

上海首家精品下午茶外卖网站，提供新鲜平价、快捷多样的下午茶外卖服务，让白领阶层也能享受到只有金领才能享受的下午茶。楼下 100 不但推出蛋糕切件，提供一站式的甜品选购，而且推出爿片厨房，做烘焙品牌孵化器。另外，还推出了闪购模式。

O2O 落地

1. 推出蛋糕切件，提供一站式的甜品选购

楼下 100 在上海有自己的物流系统，再依靠用户预订的模式，能够有效地确保食物的品质，特别是能够进行切件零售。根据用户的订单需求，楼下 100 的工作人员每天上午都会跑到各个连锁品牌、合作商家那里，进行采购、取货。采购之后，楼下 100 再用冷链物流等方式将食物送到物流分站上，食物会在分站内被切件、包装，再保鲜存放。只要一到预约时间，配送员马上就会把包装好的食物装进保温箱，再送到用户手上。

与线下的传统烘焙商家不同，楼下 100 的品类更加丰富。既有像 85 度、红宝石这样的知名烘焙连锁品牌，又有一些口碑好但只有一两家店面的线下精品烘焙店，同时还包括一些新兴的线上烘焙品牌，如 21cake、诺心等。针对不同的品类，消费者既可以自行选购，又可以直接订购楼下 100 经过精心搭配和设计的“楼下套餐”。楼下 100 依靠丰富全面的烘焙食物，再借助自建的物流系统，就确保了用户能在楼下 100 平台上享受一站式的甜品选购服务。如图 11-35 所示，是楼下 100 精品蛋糕截图。

2. 推出爿片厨房，做烘焙品牌孵化器

在烘焙行业，许多拥有好手艺的师傅们往往只能依靠酒店和餐厅等，而不能自己开一家成功的烘焙店，这是因为地上店面具有服务范围有限、房租贵、手续多、行销难等现实痛点。楼下 100 看中了这些师傅们的痛点，可以让他们在其电商平台上建立自己的烘焙品牌，而包装、配送都由楼下 100 完成，这就相当于“烘焙界的 Etsy”。现在网站上的品牌“身边”就是一个 5 星级饭店高级厨师所建立的蛋糕品牌，他们直接通过楼下 100 做蛋糕的售卖，而楼下 100 还帮助品牌做包装的设计和制作，如图 11-36 所示。

图 11-35 楼下 100 精品蛋糕截图

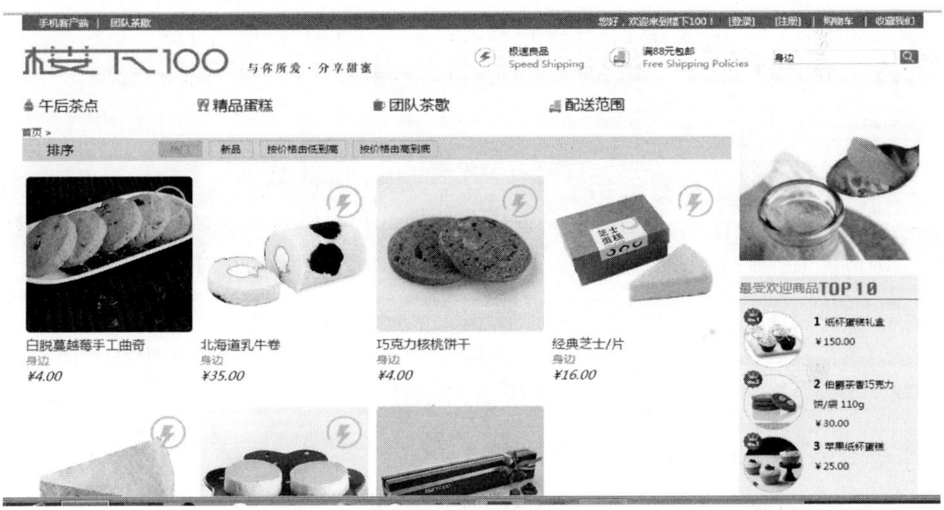

图 11-36 楼下 100 上的“身边”品牌

提示：Etsy 是美国一个在线销售手工工艺品的网站，网站集聚了一大批极富影响力和号召力的手工艺术品设计师。在 Etsy，人们可以开店，销售自己的手工艺品。

3. 推出闪购模式

楼下 100 还借鉴了唯品会，采用了闪购模式，以限时特卖的形式，定期定时推出一些烘焙产品。闪购增加了一些烘焙品牌的曝光率，也为网站带来部分持续的流量。如图 11-37 所示，是楼下 100 推出的闪购模式截图。

图 11-37　楼下 100 闪购模式截图

11.8　开吃吧：无线订餐机接单的外卖 O2O

开吃吧订餐网是一个免费的网络订餐平台，在网站上提供外卖商户的菜品信息，其目标用户群体为在校师生、城市白领以及小区住户。开吃吧上线于 2011 年 9 月，截至 2013 年 12 月 31 日，足迹遍布了 7 大城市，收集了近 5000 个餐厅信息。同时，开吃吧还拥有自己的 Android 客户端，而且开吃吧的微信订餐平台（开吃吧网上订餐）还成为了全国最大的微信订餐平台。开吃吧上线不到 2 年，创造了用 100 万让年流水破亿的奇迹。2014 年 8 月，被外卖超人以 500 万美元收购。

【公众号】kaichiba

微信运营概览

开吃吧订餐网是一个免费外卖订餐平台，关注“开吃吧网上订餐”微信公众号，即可直接微信上叫外卖，在电脑上也可以叫外卖，可访问 www.kaichiba.com。为了将网络、短信和电话订单相结合，开吃吧自主研发了一款设备——无线订餐机，提供给入驻餐厅来进行接单。另外，为了更好地占领移动订餐领域，开吃吧还推出了微信订餐的方式。

O2O 落地

1. 自主研发无线订餐机进行接单

开吃吧与其他外卖平台不同，开吃吧并没有采用客户端接单、短信接单或客服接单当中的任意一种，这是因为无论采用哪种方式，都会有一些缺陷，比如，客户端只能接受来自网上的订单，短信接单又难以转至线上，而设置客服进行电话接单又会增加人力成本。

有什么方式可以将网络、短信和电话订单相结合呢？为此，开吃吧自主研发了一款设备——无线订餐机，提供给入驻餐厅来进行接单。无线订餐机设备是一款多功能订餐机，可进行网络订餐、短信订餐的接单，同时还支持电话快速接单。餐厅只要在订餐机里面插入一张有信号的 SIM 卡就可以实现全部功能，即客户无论用哪种方式下订单，订餐机都会自动跳转链接到互联网中的服务器，读取订单并打印出来，如图 11-38 所示。

图 11-38　无线订餐机

2. **深耕微信订餐**

开吃吧并不仅仅局限于网页订餐、App 订餐或者电话订餐，为了更好地占领移动订餐领域，开吃吧在微信服务号“开吃吧网上订餐”上推出了微信订餐的方式。目前，尽管饿了么、美团外卖等都有提供微信订餐的服务，但是开吃吧订餐网微信的开发程度最深，将微信服务号的消息接口利用到了极致。如图 11-39 所示，是开吃吧微信订餐首页。

开吃吧不像别的一些订餐网站，对微信的使用仅停留在营销功能的层面，涉及到订餐下单，大都是直接跳出到自己的功能页面完成下单。开吃吧深耕微信订餐平台，在下单功能的基础上，还做到了用户下单后，能通过微信消息的提醒进行订单状态的跟踪，并且可以在微信上直接进行催单，如图 11-40 所示。特别是用户的催单信息，也能通过微信消息发到送餐员手机上。

图 11-39　开吃吧微信订餐首页

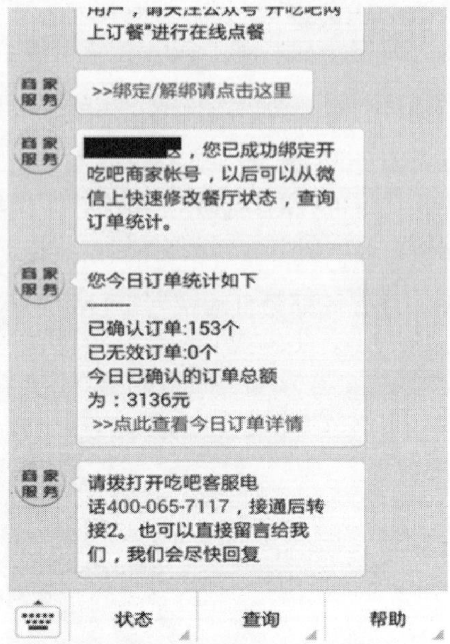

图 11-40　开吃吧状态查询

11.9　美食杰：以体验为核心的美食 O2O

美食杰网站上线于 2007 年 1 月，截至 2014 年 2 月，累计更新菜谱超过 25 万篇，每月超过 1500 万美食爱好者通过美食杰了解美食信息上线。手机客户端免费版于 2010 年 7 月上线，上线后不久就跃升到 App Store 免费美食菜谱类应用排行榜第一位。美食杰此后又上线了多款 App，分别是美食杰家常菜谱大全、美食杰家常菜谱大全 HD、伊特美食管家、食材组菜、健康时钟、吃出健康、美食杰家常菜谱大全 TV 版。

【公众号】meishi-cc

微信运营概览

2012 年 9 月，美食杰推出了一款美食 App：伊特-美食管家。这也是美食杰的第二个移动应用，这个名字来自英文单词 “Eat” 的移动应用是一个以菜谱和食材为核心的 Siri。美食杰上线智能电视 App，布局美食生态链。

O2O 落地

1. 推出伊特——美食管家，尝试 O2O

2012 年 9 月，美食杰推出了一款美食 App：伊特-美食管家。这也是美食杰的第二个移动应用，这个名字来自英文单词“Eat”的移动应用是一个以菜谱和食材为核心的 Siri。和 Siri 的操作方式类似，你可以语音提问伊特“今天应该吃什么”“土豆和番茄怎么做菜”以及“茄子怎么选”等与美食相关的问题，而伊特会通过自然语言识别，并且做出相应的反馈。除此之外，你也可以通过伊特完成一般菜谱应用的功能，查看、查找菜谱，如图 11-41 所示。

图 11-41 伊特软件截图

伊特的特色之一是打造了美食属性这个概念。通过家乡、喜好的食材、烹饪工艺及口味等问题的测试，伊特会根据每个用户的美食属性做个性化的食物推荐，所以每个人得到的“今天吃什么”答案都有不同。随着用户与伊特的互动增多，用户会相应地将菜谱收藏为想做、做过的菜，这也会成为伊特了解用户的维度之一。

此外，在伊特应用上还将增加 O2O 的功能，“在今天应该吃什么”的问题上，用户不仅能问菜怎么做，还能问菜可以到哪里去吃，而这种个性化推荐中，用户的美食属性及收藏记录将会成为餐馆以及餐馆菜肴推荐的基础。通过与一些餐饮 CRM 服务供应商以及本地美食门户进行合作，美食杰打算在将来做到通过美食属性，做基于位置的餐馆推送。这将扩大美食杰的使用人群，同时也会是伊特将来的盈利模式。

提示：Siri 是苹果公司在其产品 iPhone 4S，iPad Air 及以上版本手机上应用的一项语音控制功能。Siri 可以支持自然语言输入，并且可以调用系统自带的天气预报、日程安排、搜索资料等应用，还能够不断学习新的声音和语调，提供对话式的应答，利用 Siri 用户可以通过手机读短信、介绍餐厅、询问天气、语音设置闹钟等。

2. 上线智能电视 App，布局美食生态链

美食杰网于 2013 年 11 月在乐视盒子、小米盒子等智能电视软件平台发布了其第一版智能电视端软件“美食杰 TV 版”，但是这次美食杰在开发和发布速度上，相对于国内其他美食网站没有占到优势。不能先发制人，参考了其他美食类电视 App 以后的美食杰就在用户体验上下足了功夫。从此，美食杰在 PC 端、移动端、智能电视端均有自己的应用，其全面的美食菜谱生态链也完成了基本布局。

美食杰 TV 版的首页设计具有 Win8 风格，简洁大气，主要以时间为轴，小到一日三餐，大到时令食材，永远在最合适的时间把最合适的菜肴推荐给用户。美食杰并不强调菜谱数量，而是为用户提供更加精准的美食信息。整个应用界面简洁大气，以适应智能电视遥控器按键少、要求操作简洁明确的特点。这种设计方法既提高了操作效率，又显得美观整齐。如图 11-42 所示，是美食杰 TV 版首页。

图 11-42　美食杰 TV 版首页

除了简洁大气的设计以外，美食杰 TV 版还特别重视实用性和精确性，在 TV 界面上，每道菜用料精确、步骤明晰、食谱作用明了易懂，调料精确到一勺一克，火候、烹饪时间、难度一目了然，确保不会做菜的人也能凭借它下厨房。另外，美食杰 TV 版无需注册登录即可使用全部功能，还能将用户喜爱的菜谱收藏在本地，以便日后查

看，如图 11-43 所示。

图 11-43　美食杰 TV 版菜谱界面

另外，美食杰 TV 版界面，操作流畅，界面之间切换顺利，互通性良好。为了解决智能电视 App 的互动难点，让用户能通过 TV 端参与到对菜谱的评论之中，美食杰 TV 版提供了二维码扫描，可以方便地下载到手机端软件，避免智能电视遥控设备的互动局限性，破除用户"只能看，不能评论"的窘局，自由发表言论，如图 11-44 所示。

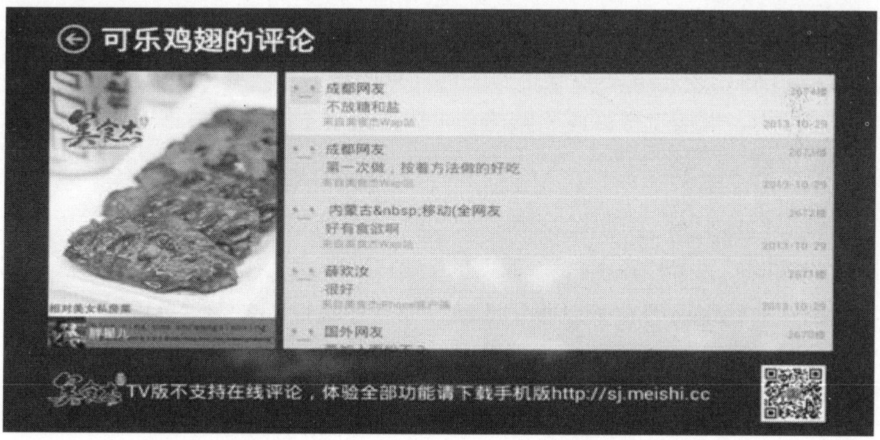

图 11-44　美食杰 TV 版菜谱评论界面

美食杰 TV 版的出现，旨在打通了 PC 端、移动端、智能电视端多个渠道，将饮食健康理念带入人们的客厅，从而改变人们的饮食习惯和生活方式，形成以美食杰为核心的美食生态圈。

11.10 星巴克中国：整合一切微营销

爱喝咖啡的人大概都知道星巴克（Starbucks），“星巴克”是100多年前美国一个家喻户晓的小说的主人公。20世纪70年代，3个美国人把它变成一家咖啡店的招牌来推广美国精神，自那以后，一杯一杯的星巴克咖啡使整个世界为之着迷。星巴克是当下青年男女热衷的咖啡。

【公众号】xingbakezhongguo

微信运营概览

对于商家来说，开通微信公众账号后，并不意味着将以前的营销方式全部抛弃，只专注于微信营销，而是综合多种营销方式于微信营销中。让传统推广资源和活动营销得到更大的价值体现，从而实现吸引粉丝关注以便营销的目的。商家可以通过微信公众平台结合微信营销策略，展示自己的微官网、微会员、微推送、微支付、微活动等信息，这种方式已经形成了一种主流的线上线下微信活动营销方式。

为了迎接圣诞节，星巴克将自身周围的所有社交媒体整合入营销中，于在线网上平台、新浪微博、微信公众平台和手机客户端App花费大量篇幅宣传了“温暖的经典约定　聚在圣诞季”活动。

O2O落地

“星巴克中国”微信公众账号作为星巴克在中国的唯一官方微信账号，不仅展示了许多咖啡知识，推送了丰富多彩的活动，快速搭建了星巴克第三生活空间，而且整合所有营销渠道于一体。

添加“星巴克中国”微信公众账号关注时，在其关注页面中设置了关于“星巴克微官网”的链接，手指轻轻点击就可以进入微官网页面。在该页面中，不仅详细介绍了“温暖的经典约定　聚在圣诞季”活动，而且还提供了关于“星巴克App”“新浪微博”和微信公众账号的链接，如图11-45和图11-46所示。

打开星巴克在线网上平台（http://www.starbucks.cn/），跟星巴克微官网非常类似，不仅详细介绍了“温暖的经典约定　聚在圣诞季”活动，而且还提供了关于“星巴克App”“新浪微博”和微信公众账号的链接，如图11-47和图11-48所示。

图 11-45　微官网页面 1

图 11-46　微官网页面 2

图 11-47　在线网上平台 1

通过星巴克微官网或者在线网上平台下载“星巴克 App”，安装完后于“星消息”菜单里，可以发现关于“温暖的经典约定　聚在圣诞季”的宣传，如图 11-49 所示。

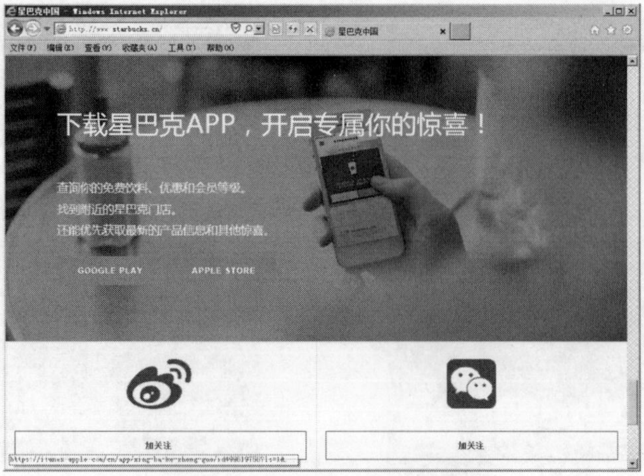

图 11-48　在线网上平台 2

图 11-49　星巴克 App 信息

关注星巴克新浪微博后，可以发现该微博的整体背景换成了“温暖的经典约定”，同时以置顶的方式宣传了该活动，如图 11-50 所示。

图 11-50　星巴克中国的微博

星巴克的整合营销，极大地提升了用户服务体验，快速扩大了星巴克品牌以及新活动的口碑传播。虽然微信公众账号在传达信息的到达率方面是其他传统媒体无法比拟的，但都是针对已经订阅的用户，如果企业想要发展新的订阅用户、提高粉丝数量的话，还要善于利用其他的新媒体渠道给微信引流，即在任何可能的地方展示企业的微信公众账号，才有获得更多粉丝的机会。

第 12 章
其他行业必看的经典案例

随着移动互联网时代的到来，各种新媒体不断推出，于是各种网络营销模式也开始大洗牌。在这种情况下，对于各行各业的企业来说，简单的营销模式已经没办法满足自己的需求。正是由于这点，各家企业纷纷入驻微信公众平台，开始打造新的移动互联网营销新渠道。微信营销在企业中的兴起，不仅仅是改变了各行各业的营销方式，更重要的是营销观念上的改变。

12.1 热点瑜伽：微视频+微图片

热点健身有限公司是深圳首家大型连锁瑜伽健康管理服务机构，旗下拥有“热点瑜伽”及“印瑜伽”两个总营业面积超过 5000 平方米的专业瑜伽会馆直营品牌。

【公众号】Hotzyogy

微信运营概览

作为新媒体的代表，微信所推送的内容，从形式上是能够集成文字、图片、语音、视频、超链接、第三方应用等多媒体。微信的图文形式是其他媒体无法比拟的，主要分为单图文信息和多图文信息。微信的语音消息功能，支持最长一分钟时间的语音，语音的形式可以用录音设备录好，剪辑后上传到平台。微信的视频消息功能，能够实现声音和画面的同步展示形式，让微信用户可以更直观地了解所表达的意思。

“热点瑜伽”微信公众账号的营销特点，在于采用图片和视频的形式，为喜欢瑜伽的用户提供瑜伽的专业知识。与其他健身行业的微信公众账号相比，热点瑜伽没有花太多篇幅来宣传自身公司，但是在专业度方面却做得非常细致，例如每一个瑜伽的标准动作都通过视频形式发布。

O2O 落地

1. **微信视频**

首次关注“热点瑜伽”微信公众账号后，就会弹出如图 12-1 所示“自动回复”信息目录，提示了该微信公众平台可以实现的功能，即为瑜伽爱好者提供查询课表、近期培训、瑜伽体位视频讲解等 10 个信息互动。

根据“热点瑜伽”的提示，在消息输入框中回复数字“5”，就会弹出已经设置好的“瑜伽体位视频讲解”目录，如图 12-2 所示，可以看到这些目录中全是瑜伽的基本体位名称，根据这些名称的编号，在输入框中回复，即可看到该瑜伽体位的简单介绍和视频演示。如图 12-3 所示为“A1 头肘倒立”的资讯。

在采用互动形式来推送信息时，不应该将所有资讯目录一下子全部推送出来，而应该将目录分门别类，分成多个层次，下一级目录应该比上一级目录更详细。同时目录层次也不应该过多，一般 2～3 层就足够。以视频的方式推送瑜伽体位的标准动作，不仅可以帮助瑜伽爱好者纠正姿势，而且可以展示自身品牌的专业程度，无形中为公司品牌做更好的宣传。

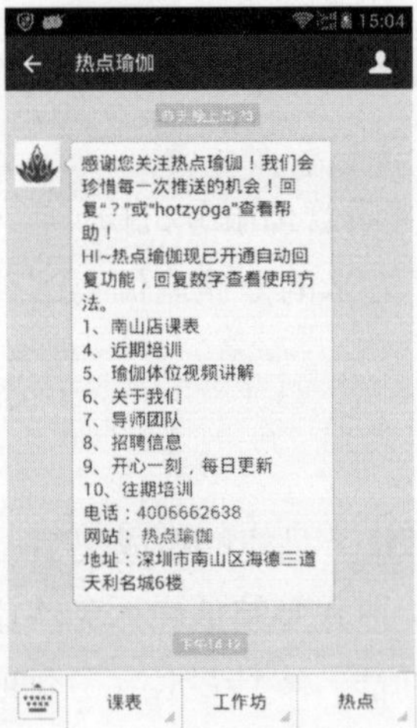

图 12-1　“自动回复”信息目录

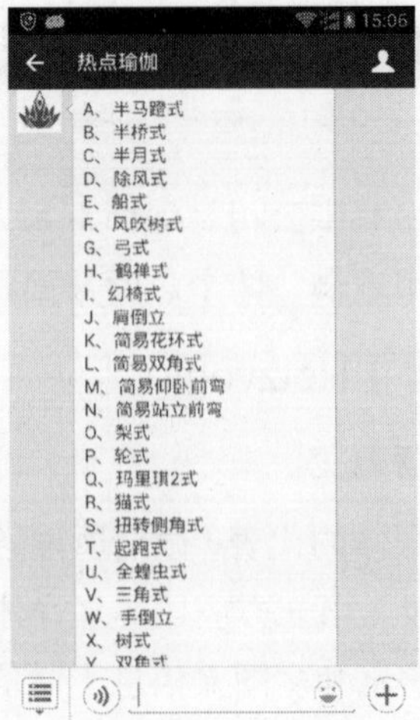

图 12-2　“瑜伽体位视频讲解”目录

2. 微信图片

关注“热点瑜伽”微信公众账号后，在消息输入框中回复数字“1”，则会以图片的形式传送给瑜伽爱好者课表，如图 12-4 所示为热点瑜伽南山店课表的资讯。

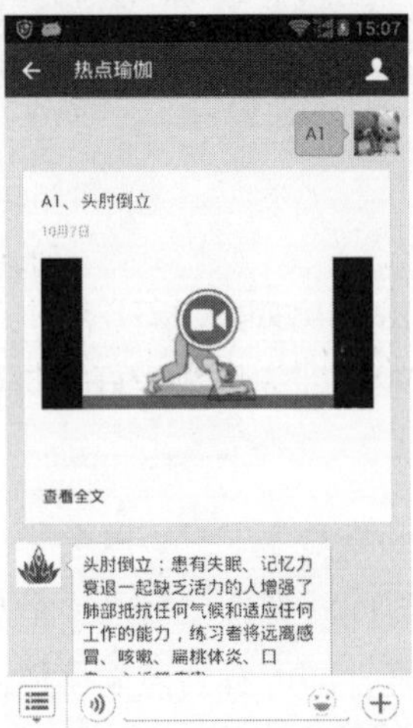

图 12-3　“头肘倒立”的资讯

图 12-4　南山店课表

“热点瑜伽”微信公众账号采用图片的方式推送课表，虽然不如图文结合的形式吸引微信用户，但是毕竟瑜伽项目的培训是比较单纯的，完全没有必要设计得那么复杂。其实在微信营销中，都要根据内容自身的特色进行选择，没有最好，只有更适合自己产品的营销方式。

12.2 爱奇艺：互动点播

爱奇艺，原名奇艺。2010 年 4 月 22 日，奇艺正式上线，2011 年 11 月 26 日，奇艺正式宣布品牌升级，启动“爱奇艺”品牌并推出全新标志。爱奇艺创始人龚宇博士担任 CEO。自成立伊始，爱奇艺坚持“悦享品质”的公司理念，以“用户体验”为生命，通过持续不断的技术投入、产品创新，为用户提供清晰、流畅、界面友好的观映体验。2013 年 5 月 7 日，百度收购 PPS 视频业务，并与爱奇艺进行合并。

2014 年 12 月 5 日到 2015 年 1 月 3 日，爱奇艺 7 天黄金 VIP，主要针对在设备上首次下载并登录爱奇艺的用户。下载并登录爱奇艺客户端，进入【我的】—【个人信息】界面，点击【绑定手机号】，输入手机收到的验证码绑定账号，只有绑定手机号的用户才可以领取 VIP。进入发现—活动页面，点击“领取”按钮，即可领取爱奇艺 7 天黄金 VIP，有大量好看的电视剧、电影等着你。

【公众号】iQIYI2010

微信运营概览

“爱奇艺”官方微信公众账号开通了视频点播功能，为网友提供想看的视频点播，可以输入搜索+电视名称、演员名称进行查找。“爱奇艺”微信平台同时提供电视剧、电影、MV 等视频内容。

“爱奇艺”微信平台借助微信的互动功能，支持用户发送语音、文字、图片等内容给爱奇艺，爱奇艺将积极了解服务需要，进一步完善信息内容。随着粉丝数量的不断增加，爱奇艺将充分利用微信平台，不断丰富服务内容，根据需求为网友提供视频相关服务。

目前被炒得非常火爆的“微电影”，激起了众多 80 后、90 后的人群参与，他们通过附近的人、语音对讲、视频接收、摇一摇等功能进行视频营销。另外，他们还会发送一些笑料百出的剧情，给众多网友留下了深刻的印象，从而达到了让目标受众在观看感兴趣的内容时获得共鸣的效果。爱奇艺视频正是看到了这一噱头，立即将“微电影”发布在自己的平台上，引起众多网友的关注。

O2O 落地

1. **互动点播**

用户只需要输入搜索+想观看的电影名或其他关键字，爱奇艺微信便会将信息传送给用户。如图 12-5 所示为“微电影”的搜索结果。

图 12-5 为搜索“微电影”的结果列表，用户只需要点击一下“查看更多相关视频”，就会出现很多部微电影，如图 12-6 所示。

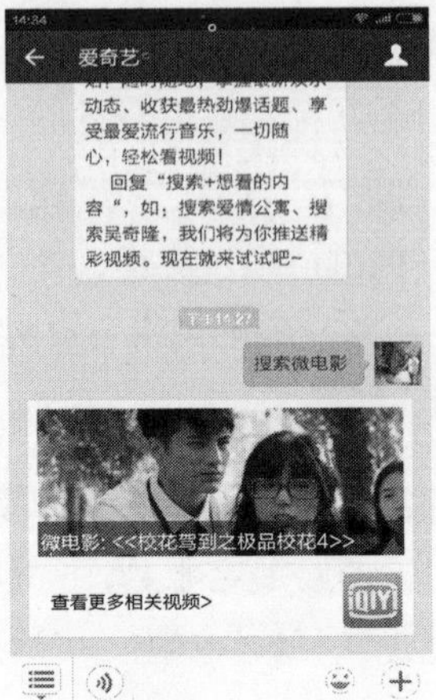

图 12-5　搜索“微电影”

图 12-6　相关视频搜索

2. 多功能下拉菜单

“爱奇艺”微信平台上有 3 个下拉菜单，分别是抢肾 6 活动、热门推荐、看剧抢红包。通过抢肾 6 活动，有机会获取《一步之遥》IMAX 零点场电影票和 iPhone 6 奖品，如图 12-7 所示。

点击“热门推荐”可以看到 2014 年热门综艺，这个菜单中设计的都是现在最流行的综艺节目。还有“看剧抢红包”，抢到的红包可以自动放入您的滴滴账户。如图 12-8 和图 12-9 所示。

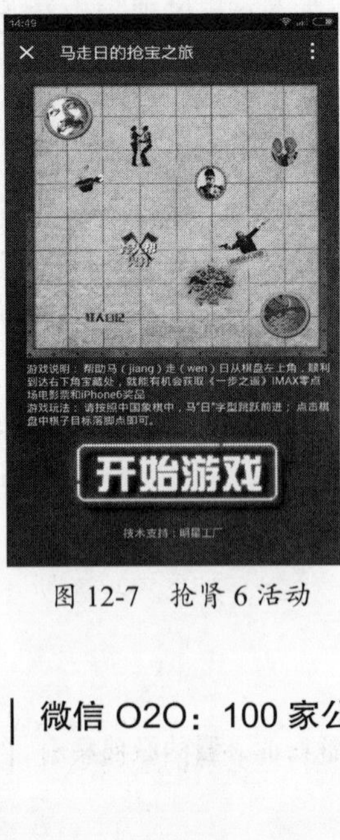

图 12-7　抢肾 6 活动

图 12-8　热门综艺

图 12-9　看剧抢红包

12.3 海南航空：微信航空售票

海南航空股份有限公司（以下简称海南航空）于 1993 年 1 月成立，起步于中国最大的经济特区海南省，致力于为旅客提供全方位无缝隙的航空服务。

【公众号】HNairlines

微信运营概览

对于航空公司来说，没有什么事情比机票销售更重要的了。因此任何一家航空公司的微信营销，都少不了机票预订功能。如果单纯地凭借“机票预订”功能来吸引微信用户，肯定达不到预期的目标。实力强大的航空公司，之所以会受到用户的信赖和光顾，不仅因它拥有众多航线，而且还提供了高质量的贴身服务。

“海南航空”微信公众平台的微信营销策略，在于其非常完善的会员制度。当注册成为海南航空的会员后，不仅可以实现机票预订功能，而且还可以享受海南航空所提供的各种服务。同时，与会员制度绑定的积分制度，也让会员非常重视自己的会员特权，不愿意错过下一次的光顾。

现阶段航空业也属于服务行业，因此，服务的质量决定着航空公司的业绩。为了让自己的服务质量更上一层楼，“海南航空”微信公众平台专门提供了许多服务工具，例如，微信自助值机、自助改期等。

O2O 落地

1. 微会员

对于微信用户来说，只有注册成为会员，才可以享受“海南航空”平台所提供的各种服务。对于海南航空公司来说，为了提高服务质量，可以对关注客户进行分析，然后推出更符合他们需求的服务，实现差异性服务。

关注“海南航空”微信公众账号后，点击“会员中心>注册与绑定”菜单，就会弹出“注册与绑定”信息列表；点击信息列表里的“加入金鹏俱乐部”信息就会进入“用户注册”页面。需要通过两个步骤来完成注册功能。

第 1 步：输入用户信息，包括姓名、证件类型、证件号码、手机号码、邮箱、密码和验证码等信息，如图 12-10 所示。

第 2 步：输入手机号码，获取验证码，实现手机验证功能，如图 12-11 所示。

最后，点击“注册”按钮，实现用户注册功能，同时正式成为“海南航空”微信公众平台的会员。

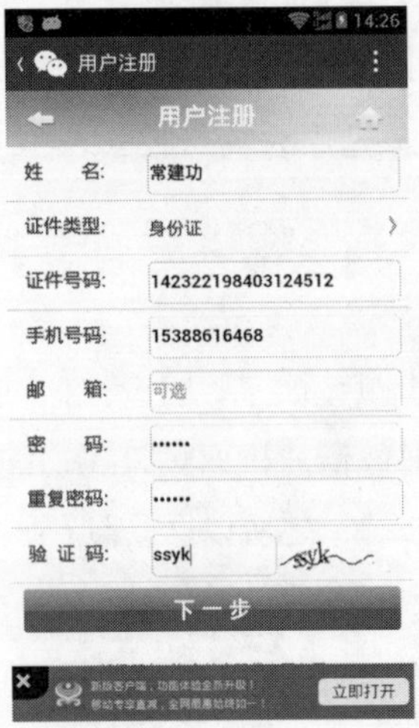

图 12-10 “用户注册”页面

图 12-11 “手机验证”信息

“海南航空”微信公众平台的微会员功能模块，通过要求客户输入自己的姓名和身份证来验证客户的真实性。同时，为了能够更好地帮助客户，还需要客户输入自己的手机联系方式。通过这种方式，该微信公众平台不仅可以从资料中分析客户的需求，还能通过信息推送服务为客户提供有利的信息。

2. **微售票功能**

“海南航空”微信公众平台实现了售票功能，即用户只需要拥有一台智能手机，就可以随时随地预订机票，同时还集成了微信支付功能，手指轻轻一点就可以完成支付操作，非常方便快捷。

（1）机票预订和支付

关注“海南航空”微信公众平台后，就可以随时随地预订海南航空的机票。点击“机票预订>机票预订”菜单，就会弹出海航机票预订信息。点击提示信息里的“海航机票预订”则会进入“航班查询”页面（如图 12-12 所示），要完成机票预订功能需要通过 3 个步骤。

第 1 步：于“航班查询”页面选择出发城市、到达城市、出发日期和选择舱位等信息，获取航班列表信息，如图 12-13 所示。

第 2 步：选择符合要求的航班后，于“订单填写”页面输入乘机人、联系人和报销凭证等信息，生成预订航班机票订单，如图 12-14 和图 12-15 所示。

第 3 步：于“订单支付”页面中，查看订单信息，如果确认没有任何错误，点击“确认支付”按钮，通过微信支付功能实现支付，如图 12-16 所示。

图 12-12 “航班查询”页面

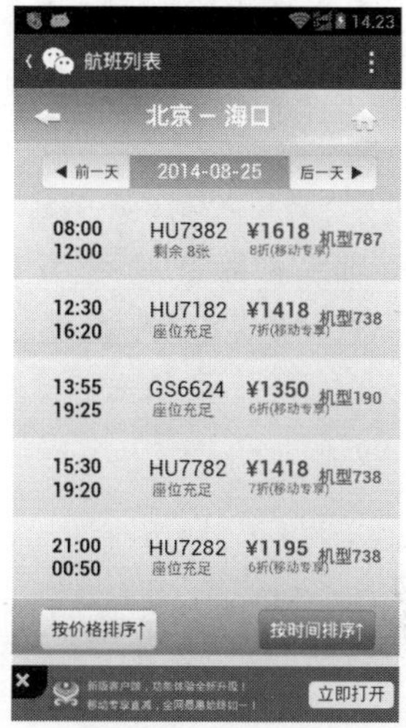

图 12-13 航班列表

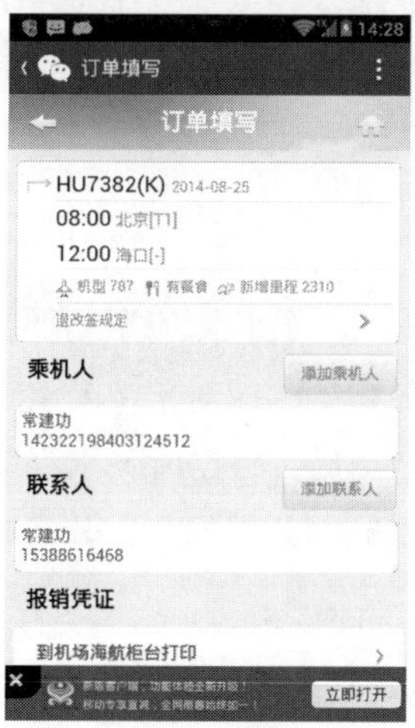

图 12-14 “订单填写”页面 1

图 12-15 “订单填写”页面 2

（2）订单管理

完成机票预订后，如果还想查看所预订机票信息，可以点击“机票预订>我的订单”菜单，就会弹出“我的订单”信息。点击提示信息里的“我的订单”则会进入“订单管理”页面，如图 12-17 所示。在“订单管理”页面中，展示了近期的订单列表，查看订单详情，只需要用手指轻轻点击就会进入该订单详情页面。

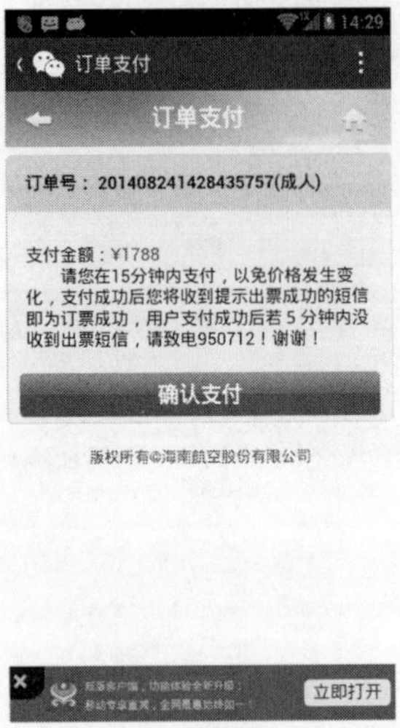

图 12-16　“订单支付”页面

图 12-17　“订单管理”页面

“海南航空”微信公众平台所提供的微售票模块，功能非常强大，不仅可以快速地查找该航空公司的航班，实现预订功能，而且还集成了微支付功能。为需要乘坐飞机的客户提供了方便，再也不需要电脑联网，也不需要一个个电话打不停，只需要动动手指就可以购买飞机票。

3. 积分制度

为了支持“海南航空”微信公众平台所推出的微会员和微售票功能，同时加强与微信用户直接的关系，该平台专门提供了里程积分功能，即对于“海南航空”微信公众平台关注者，只要通过该平台预订机票、登机消费后，根据所飞里程就可以获取相应积分。当积分积攒到一定数量，就可以直接到该航空公司的“积分商城”进行商品兑换。

点击“会员中心>里程查询”菜单，就会弹出“我的里程”信息列表，如图 12-18 所示。点击信息列表里的 Logo 图片就会进入“里程查询”页面，在该页面中将显示该用户的里程数。

对于微信用户来说，如果在注册为会员之前，已经乘坐过海南航空公司的飞机，还可以将已经飞过的里程进行补登。点击“我的里程”信息列表里的“里程补登”选项，就会进入“里程补登”页面（如图 12-19 所示），在该页面中输入相应的内容，点击“确定添加”按钮就可以实现添加里程功能。

图 12-18 “我的里程”信息列表

图 12-19 “里程补登”页面

点击“我的里程”信息列表里的“积分兑换查询”选项，就会进入“积分兑换查询”页面，在该页面中展示了可以兑换的产品，主要分为机票产品和非机票产品。

“海南航空”微信公众平台所推出的“里程查询”，是对微会员和微售票功能的一个很好的补充。微信用户通过该平台购买飞机票的机会越多，积攒积分的数量就会越多，同时兑换的产品就越好、越多。

4. **海南航空服务**

“海南航空”微信公众平台，除了提供机票预订和管理功能外，还提供了网上办理登机牌、网上自助改期、各种订阅和各种查询等功能。

（1）值机

在微信公众平台里，经常会提供一种名叫“值机”的功能。所谓值机（Check-in），就是航空旅行中帮旅客办理行李托运、机位预订、登机牌打印的柜台。为了提高服务质量，节省旅客的登机时间，“海南航空”微信公众账号专门提供了一种方便快捷的登机手续办理方式——网上值机服务，即如果无需托运行李，那么通过网上办理登机手续提前预订座位并将登机牌打印出来，就可以直接通过安检登机，无需到机场服务柜台排队办理登机牌。

点击“机票预订>办理登机牌”菜单，就会弹出办理航班乘机手续信息。点击提示信息里的“前去办理”则会进入“办理乘机手续”页面，如图 12-20 所示。点击提示信息里的“查询或取消”则会进入“查询值机”页面。

图 12-20 “办理乘机手续”页面

（2）自助改期

当机票预订成功后，如果由于某些原因没办法按时登机，还可以网上自动改签。点击“机票预订>自助改期”菜单，就会进入“自助改期”页面，在该页面中输入相应的内容，就可以通过手机自助更改机票日期。

“海南航空”微信公众平台所提供的上述自助服务，对于海南航空公司来说，可以极大地降低成本；对于乘客来说，解决了航班窗口排队等待的麻烦，极大地提高了用户体验性。

12.4 欧珀莱：无处不在的 O2O 营销

“AUPRE/欧珀莱”是具有 140 年悠久历史的专业化妆品先驱资生堂集团专门针对中国市场开发的高档化妆品品牌。品牌创立于 1994 年，拥有超过 300 万的爱用者，行销网络遍及中国全境。

【公众号】AUPRESSLC

微信运营概览

在现实生活中，有一种比较特殊的网购形式，即在微信公众平台里选取商品，在线付款，然后快递到货的交易方式。该种方式可以不具备线下的实体店铺。

欧珀莱的微信营销特点是，微信用户只需要关注其官方微信公众账号，就能获得一张存储于微信中的电子会员卡，可参加该公司组织的各种活动和折扣。同时为了解决线上订购的商品或者服务，如何到线下领取的问题，欧珀莱还提供了柜台导航自助服务。

“欧珀莱”微信公众账号设置有 3 个一级菜单，分别为“品牌专区”“会员权益”和“定制试用”菜单，每个一级菜单包括多个二级菜单，可供微信用户自定义选择。

O2O 落地

1. 微信会员

对于欧珀莱关注者，只要成为会员，就会享受会员折扣。同时，会员的每一次消费，都可以获取积分，当积分积攒到一定数量就可以兑换相应的化妆品。

“会员权益”菜单里的子菜单为欧珀莱专门提供给会员的专享服务，分别为“积分查询”“会员答谢”和“答谢预约”。点击“会员权益>会员答谢”菜单后，就会进入“欧珀莱花之友”页面（如图 12-21 所示），如果消费者还不是会员，那么可以点击信息中的“注册”链接，打开非会员注册框。

图 12-21 “会员答谢”页面

图 12-22 注册页面

注册会员时，必须输入必填项（带有*选项），即用户名、密码、确认密码、手机号，点击“注册”按钮则可以实现注册功能，如图 12-22 所示。登录会员号后，不仅会显示登录消费者信息，同时也可以享受会员特权。

2. 欧珀莱产品介绍

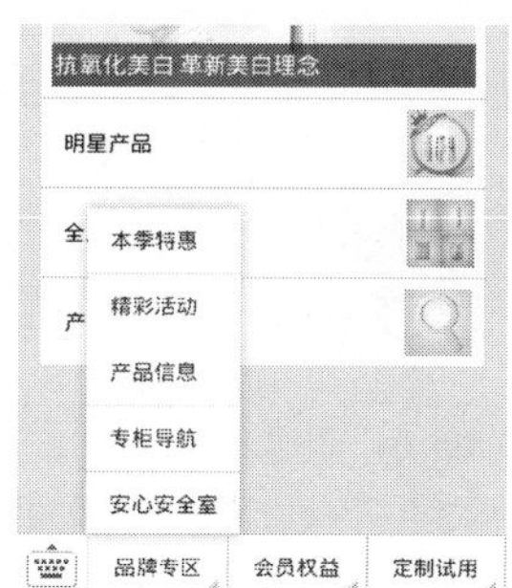

图 12-23 “产品信息”列表

在化妆品行业里，消费者最关心的是化妆品的功效，因此欧珀莱专门于“品牌专区”里介绍了各个系列的化妆品。微信用户只需要点击“品牌专区>产品信息”菜单，就会弹出欧珀莱的产品信息列表，如图 12-23

所示。

消费者可以根据自己想要了解的产品项目的名称，点击该项目进入查看。如果想要查看欧珀莱的全系列产品，则只需要点击“全系列产品”列表项，即可进入“全系列产品”列表，如图 12-24 所示。查看列表中的项目只需用手指轻轻点击即可进入，如图 12-25 所示。

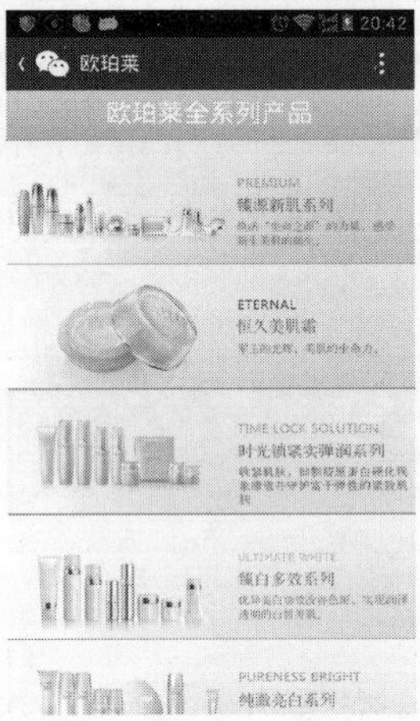

图 12-24 “全系列产品”列表

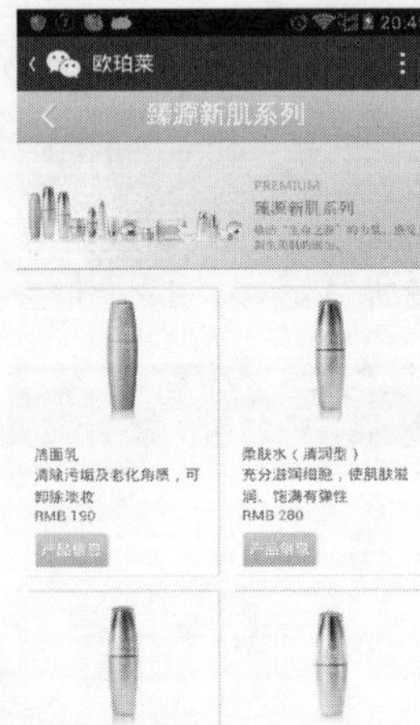

图 12-25 PREMIUM 化妆品信息

当消费者知道欧珀莱的产品名称，如果想了解该产品的详细信息，则只需要点击“产品信息”列表里“产品查询”列表项，即可进入查询页面。在该页面的“输入产品关键字”文本框中，输入相应的关键字，点击“查询”则可以显示该产品的信息，如图 12-26 所示。

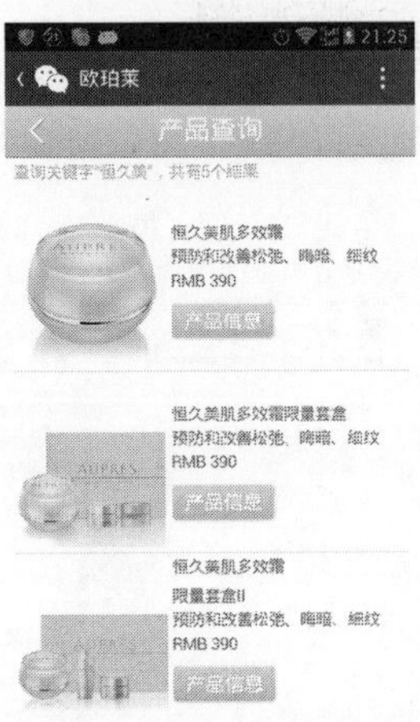

图 12-26 恒久美化妆品信息

“欧珀莱”微信公众账号产品查询功能非常强大，不仅可以查看该产品的所有系列产品，而且还可以通过名称去查询。为了吸引消费者，在推送产品信息时，都采用了图文结合的形式，每个产品的介绍内容不长，2～3 屏的阅读量，很实用，也很适合手机用户阅读。

3. 微信活动

欧珀莱将微信作为一个促销平台，会定期发布一些促销信息，以促进成交。“品牌专区”里的“本季特惠”和“精彩活动”菜单，通过图文并茂的形式为消费者提供了最新产品促销、优惠信息，以及限时活动，成交名单、获奖名单等信息。点击“本季特惠”将弹出 7 月的优惠信息，如图 12-27 所示。点击“精彩活动”将弹出欧珀莱的最近活动信息，如图 12-28 所示。

图 12-27 “本季特惠”信息

图 12-28 “精彩活动”信息

为了提高微信的活跃度和互动量，欧珀莱结合新产品会定期更新试用产品。点击“定制试用”菜单，将弹出“申请试用”信息，如图 12-29 所示。在“申请试用”信息列表里，提供了“当期试用”和“正品试用”两种类型。用手指轻轻点击“正品试用”，则可以显示“正品试用”信息，如图 12-30 所示。

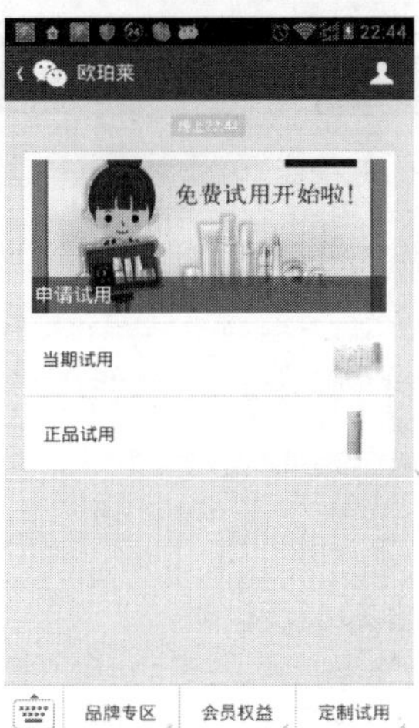

图 12-29 “申请试用”信息

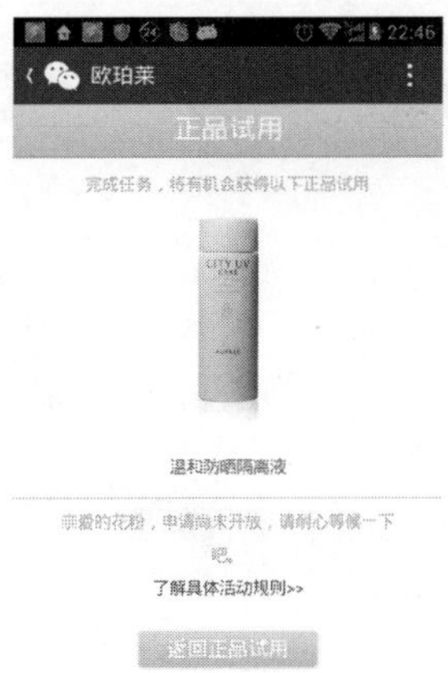

图 12-30 “正品试用”信息

对于消费者来说，化妆品优惠信息和试用信息是最有价值的内容。因此“欧珀莱”微信公众账号不仅会定期更新这些内容，而且对这些内容进行了提醒提示，而每次提醒时间为上午 9:00 左右。在具体推送微信信息时，一定要把握微信用户的阅读习惯，即微信推送时间也非常重要。调研结果显示，微信用户希望接收提醒消息的时间段为，22.76%的用户希望在 8:00～11:00，22.56%的用户希望在 18:00～20:00。

4. 欧珀莱柜台自助导航

在 O2O 营销中，线上和线下如何对接是一个非常核心的问题，即当微信用户对欧珀莱产品感兴趣后，如何能够快速到达附近的欧珀莱柜台？为了解决这个问题，欧珀莱提供了柜台自动导航服务。

只需要点击“品牌专区>专柜导航”菜单，就会弹出欧珀莱的柜台信息。在柜台信息列表里，提供了“根据省市查找欧珀莱专柜”和“附近的欧珀莱专柜”两种方式实现柜台的自助导航。

用手指轻轻点击“附近的欧珀莱专柜”，则会查询到距离当前地址最近专柜的详细地址及联系电话，如图 12-31 所示为“欧珀莱（长安百盛店）”的详细地址。点击“地图”则会在地图里标明欧珀莱（长安百盛店）的具体位置，如图 12-32 所示。

用手指轻轻点击“根据省市查找欧珀莱专柜”，则会弹出“欧珀莱专柜查询”查询框，在该查询框里输入信息，则会显示如图 12-33 所示的关于“西安专柜”的信息。

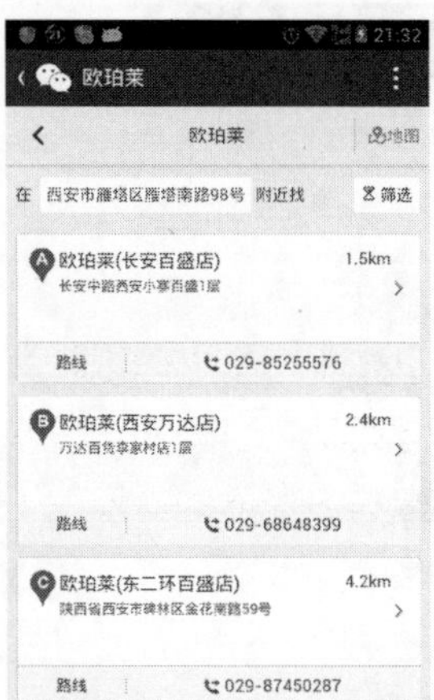

图 12-31　欧珀莱柜台地址

图 12-32　在地图里标明欧珀莱柜台具体位置

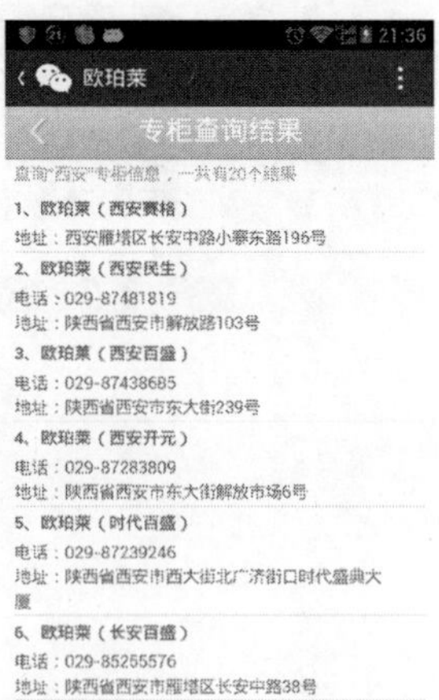

图 12-33　西安专柜信息

5. **微信测试**

为了针对不同的用户，提供不同的产品，欧珀莱专门提供了一套肌肤测试试题，用于收集用户的信息。点击“定制试用>肌肤测试”菜单，将弹出“AUPRES 在线肌肤测试”信息，如图 12-34 所示。在信息列表里，点击“查看全文”就会显示肌肤测试试题，如图 12-35 所示

图 12-34 “在线肌肤测试”信息

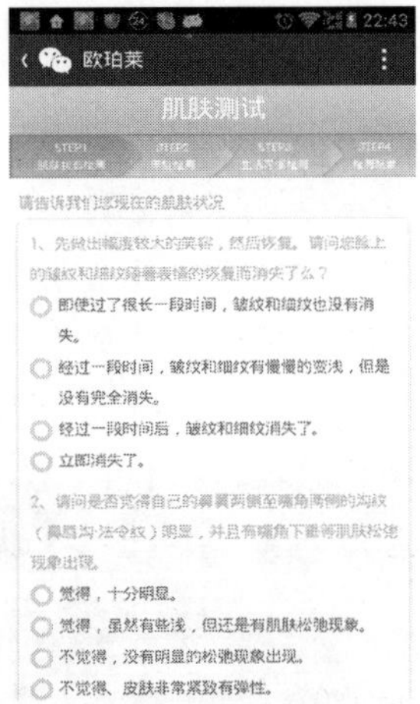

图 12-35 肌肤测试试题

“欧珀莱”开发基于客户互动式的答题功能，采用类似“一站到底”的模式引导微信用户参与答题。在答题的过程中，不仅普及了化妆品的常规知识，宣传了公司的品牌，而且还收集了关注客户的肌肤问题和需求，为产品的改进和研发提供帮助。

12.5 聚美优品：多媒体整合营销

聚美优品是中国第一家专业化妆品限时特卖商城，同时也是中国最大的正品女性团购、品牌化妆品团购和护肤品团购网。聚美优品本质上是一家垂直行业的 B2C 网站。从最初每日一件限时折扣团购模式到如今“化妆品团购”模式，每天在网站推荐十几款热门化妆品。

【公众号】jumeivip

微信运营概览

微博、社交网站、手机客户端 App 和网上在线平台等媒体都各具特色，甚至具有

一些不可替代的属性。如果想实现最佳的营销效果，不能单独依靠微信作为营销工具，需要综合各媒体，发挥其优势，整合营销资源，才能达到最大化的营销效果。

聚美优品微信营销特点，在于挖掘微信随时、随身和随地分享特征。只要领取微会员卡，就可以随时随地购买该商城的商品。同时为了达到最大化的营销效果，该微信公众平台还集成了手机客户端和微官网。

O2O 落地

1. **微会员卡**

关注“聚美优品”微信后，只要注册成为会员，就可以通过手机购买该商城里的化妆品。点击“我的聚美>微会员卡”菜单后，就会进入申请微会员卡页面，如图 12-36 所示。用手指轻轻点击“点击领取”，则可以打开“填写会员卡资料”页面，在该页面输入相应信息，点击“注册”则可以成为聚美优品商城的会员，如图 12-37 所示。

图 12-36　领取微会员卡

图 12-37　注册为会员

由于聚美优品是中国最大的化妆品限时特卖商城，因此其微信公众账号里的微会员卡功能，主要是为了方便微信用户通过手机随时购买化妆品。

2. **获取客户端**

聚美优品客户端具有特殊功能，例如，不分战场于公交、地铁、被窝里进行抢购；比电脑更方便快捷的支付方式；下单后可以通过手机随时查看订单物流情况；仅仅摇一摇就可以获取现金券。点击“我的聚美>客户端下载”菜单后，就会弹出客户端下载链接信息（如图 12-38 所示）。点击下载链接，就会通过手机下载客户端。

安装完下载后的客户端，就会于手机屏幕里生成快捷方式，如果要打开该客户端，只需要点击该快捷方式即可，具体界面如图 12-39 所示。与微信公众账号相比，不需要查找，只需要点击就可以进入，非常简单、方便和快捷。

图 12-38　客户端链

图 12-39　访问聚美优品商城

12.6　林清轩：一家传统护肤品牌的 O2O 之路

林清轩成立于 2003 年，创业初期，这个品牌只有芦荟手工皂和芦荟胶两款单品。从手工皂和芦荟胶后，才开始慢慢丰富手工皂的产品线，开始进入护理品行业。如今已有 20 种不同类型的手工皂，其他产品也从护肤到彩妆，从洗发、润发到足浴等日用护理单品发展到了近 200 款。

历经 11 年的发展，林清轩已有 400 家门店分布在近 20 个省市，一部分入驻在百货商场，一部分开在商业中心地段。林清轩一直致力于将中国传统的草本与西方香薰精油相配伍，制造出一系列安全有效、环保的个人护理用品。

【公众号】Linqingxuan-SH

微信运营概览

林清轩是一个上海原创品牌，是中华文化的积极倡导者与传播者。林清轩重视线上的销售渠道，打造新的营销模式。林清轩开始和支付宝合作，200 家门店正式推出支持支付宝付款的业务。林清轩周一闪送，每周送不停，而且送的东西每周都不一样。

O2O 落地

1. 周一闪送

林清轩自从开通微信营销以后，还推出了特别有意义的活动。周一闪送，0 元就能拿到价值好几百元的护肤产品。每周一中午 12 点准点闪送，准点闪送前 100 名可获得正价商品一个，凡参加闪送活动，未抽中产品者即可获得林清轩线上线下通用代金券一张。中奖者，如未收到短信验证码，可在林清轩公众号底部“嘉人专区”菜单中点击“闪送验证码”获取。

图 12-40　林清轩微信店铺

再提示大家一点哦，林清轩不但有周一闪送的活动，还推出了周一闪购的活动。

如图 12-40 所示为林清轩微信店铺。

2. 线上线下协作创赢

林清轩的 O2O 做得非常顺畅，用了短短几个月的时间，线上线下的壁垒差不多完全打通。2014 年初便开始筹备 O2O 的业务，其目的在于调整线上线下两条线的业务链条。

2014 年 7 月，林清轩开始和支付宝合作，8 月份，200 家门店正式推出支持支付宝付款的业务。支付宝付款业务上线后通过支付宝钱包交易的新顾客就达到了 80%，这直接让其成交范围从店内扩大到了店外。支付宝服务窗上线短短一个半月，关注用户已达到 8 万，使用支付宝付款购物的笔数超过了 4 万笔。

O2O 最重要的就是支付闭环。线上的用户到线下可以使用线上的支付手段，然后通过支付宝的服务窗把线下的用户引导到线上，这就是一个借助支付形成闭环的业务流程。

对于林清轩来说，O2O 并不仅仅是支付，而是希望用户可以在移动端与其各种业务模型产生互动，互动的结果可能会产生购买，这就是 O2O 整个业务架构的一种方式。除此之外，在 O2O 领域，林清轩有专门的运营团队，团队会针对 O2O 的客户群，对持有智能手机、iPad 等移动终端设备的用户定制营销活动。如图 12-41 和图 12-42 所示，是林清轩使用支付宝付款的截图。

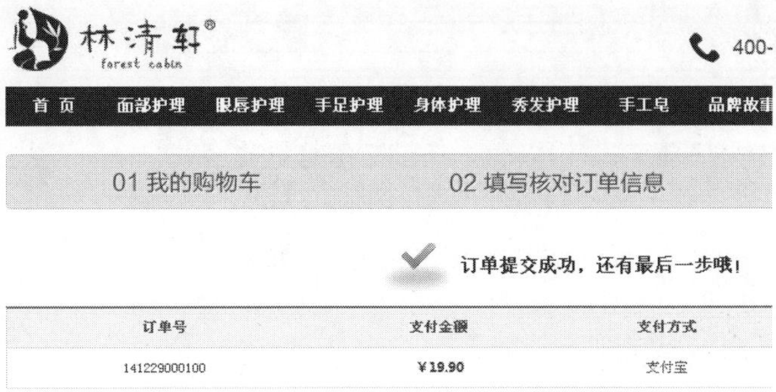

图 12-41　林清轩使用支付宝付款截图 1

图 12-42　林清轩使用支付宝付款截图 2

3. 无线端带来的成交量

林清轩的后台数据显示，目前通过天猫手机客户端完成的成交量已经占到了天猫旗舰店总订单数的七成以上。所以林清轩计划加强移动端的布局，正在制作一个提供给美容顾问与用户互动的离店购买软件。与美容顾问的互动，除了能够提高用户体验之外，也是促进成交的一种方式。

林清轩平常不做促销打折活动，其全年最大的一次促销活动是在感恩节，当天会推出全天 8 折的优惠，平时只提供会员价 8.8 折。2014 年“双 11”，林清轩进入了美妆分会场，除了天猫旗舰店之外，亚马逊、京东以及银行的网上商城也是林清轩的线上销售渠道，其中天猫旗舰店占据了很大比重。

林清轩线下布局非常大，它是全产业链发展模式，在安吉有自己的天然农场，在云南、台湾、福建有合作基地。庞大的线下链条为线上的销售做了铺垫，使得 O2O 进程更为顺畅。

O2O 的布局起于移动支付，但在线下门店通过支付宝付款的销量依然属于线下的成绩。尽管如此，移动支付有一个反向的助力，会促使更多线下用户习惯线上购物模式，而用户通过移动端与品牌的互动才是双线打通最大的收获。如图 12-43 所示，是林清轩在天猫旗舰店的销售情况。

图 12-43　林清轩在天猫旗舰店的销售情况

12.7　健网：私人健身工作室

健网（http://www.5ifit.com）隶属于广州杰士路信息科技有限公司，致力于为人们提供体形改进和体重管理相关的资讯和服务，喊出了“更有型，更健康”的口号。

【公众号】jw_5ifit

微信运营概览

健网的微信营销特点，在于挖掘微信的随时、随身和随地分享特征。该网站的公众账号提供了丰富的减肥知识以及资讯，同时还实现了私教预约功能。“健网”微信公众账号共设置了 3 个一级菜单，分别为“健身周刊”“私教预约”和“健网推荐”，每个一级菜单包括多个二级菜单，用户可自定义选择。

O2O 落地

1. 获取健身资讯

健网的资讯非常丰富，“健身周刊”菜单包括“官微导航”“往期周刊”“网页周刊”子菜单，点击“健身周刊>往期周刊”选项，将展示周刊资讯，如图 12-44 所示。“健网推荐”菜单包括“健网官页”“健网论坛”“健身补剂”“拓展野战”“健身学院”子菜单，如图 12-45 所示。

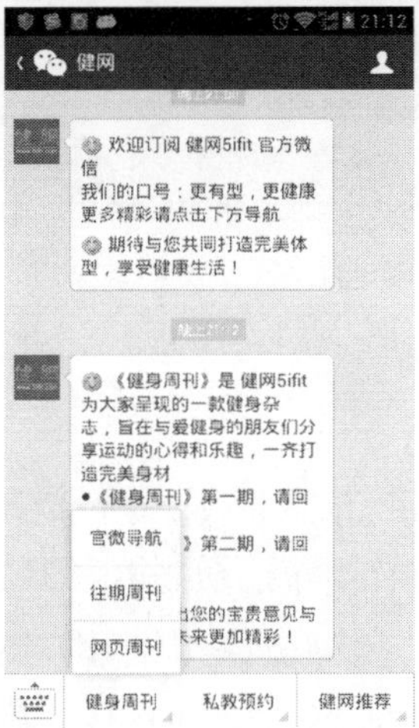

图 12-44 “往期周刊”信息

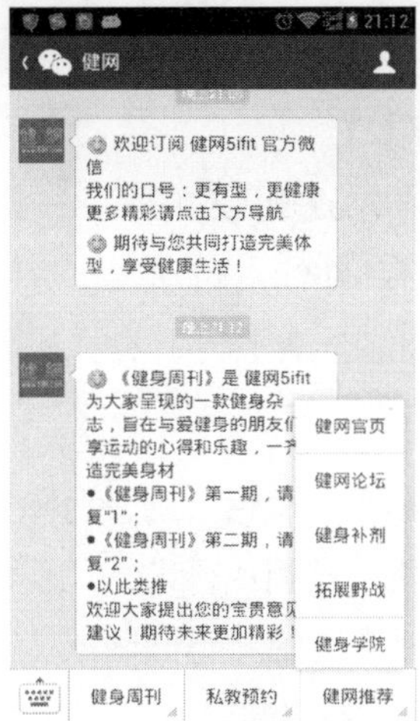

图 12-45 “健网推荐”菜单

健网收集健身用户可能会关心的内容，专门聘请专业人士编写相关资讯，制作成自定义菜单，在与微信用户的互动中引导其有选择地去点击，极大地提供了用户体验性。

2. **私人健身工作室**

对于健身房来说，重金招一些知名的健身教练坐阵，也能吸引不少慕名而来的客源。为了扩大健身教练的影响力，“健网”微信公众账号专门提供了“私教预约”选项，该选项包括“珠江新城”“越秀东湖”“大学城北”“东莞东城”各个城区分店的私人教练，如图 12-46 所示。

图 12-46 “健网推荐”菜单

12.8 航班管家：打造完美旅程

北京市活力天汇科技有限公司（简称活力公司）是目前国内领先移动互联网创新企业，致力于为移动互联网用户的联系交流以及各种实用需求提供最佳的解决方案。产品线包括航班管家、接机大屏幕、酒店管家、冒泡、拍拍等，涉及商旅信息、移动社区、LBS、移动支付等无线互联网领域。目前，已经向超过 5000 万的商旅用户提供一站式的旅行搜索及服务

【公众号】hangbanguanjia

微信运营概览

与其他微信公众账号相比，“航班管家”更注重细节的服务，即不仅提供了飞机票的查询、预订和在线支付功能，而且还提供了关注航班、送机和接机、候机等功能。“航班管家”微信公众平台，有“机票”“航班动态”“行程服务”和“个人中心”4个菜单。

在微信营销中，微信公众平台除了可以微推送信息、微推送位置外，还可以微推送功能。与其他内容相比，没有比作用强大、操作简单的功能更能体现公司实力了。在具体推送功能时，绝对不能跟风，人云亦云。应该细致地调查用户需求，推送能够帮助用户解决实际问题的功能。“航班管家”微信公众平台所推送的功能，就符合上述要求。

O2O 落地

1. 关注航班

对于送机、接机或者出行的用户来说，必须提前到达飞机场。但是太早到达飞机场，也没有必要。航班管家专门针对用户这个需求，提供了“航班动态”菜单。用户只要输入航班号，就可以全程关注该航班的最新信息。“航班管理”不仅会提供原计划起飞和到达的时间，如果航班延误，还会提供实际起飞和到达的时间。帮助用户制订计划，在合适的时间到达机场，再也不会出现由于航班延迟而提前好几个小时到达机场的情况。

点击“航班动态”菜单，就会进入“航班动态”页面。如果是接机或者送机用户，只需要在该页面上端输入航班号就可以关注该航班；如果是出行用户，除了上述方式外，还可以扫描机票上的二维码，也可以直接关注该航班，如图 12-47 所示。关注航班成功后，就可以直接查看该航班的动态信息，如图 12-48 所示。

航空管家所提供的关注航班模块，功能非常强大，不仅可以实现输入航班号方式，而且还可以通过扫描二维码方式来实现，极大地提高了乘客的体验性。

2. 预订送机

对于出行的用户来说，有两种情况非常麻烦。其中之一是，在陌生的城市，需要到达飞机场；另一种是飞到陌生的城市，需要到达该城市目的地。但是只要你关注了“航班管家”，这些统统都可以解决。

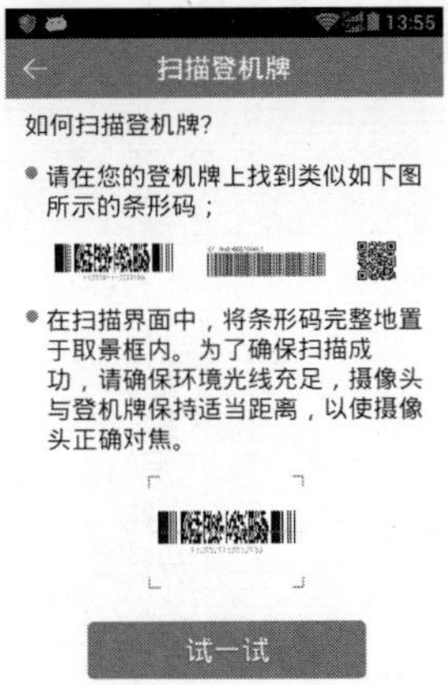

图 12-47　扫描方式

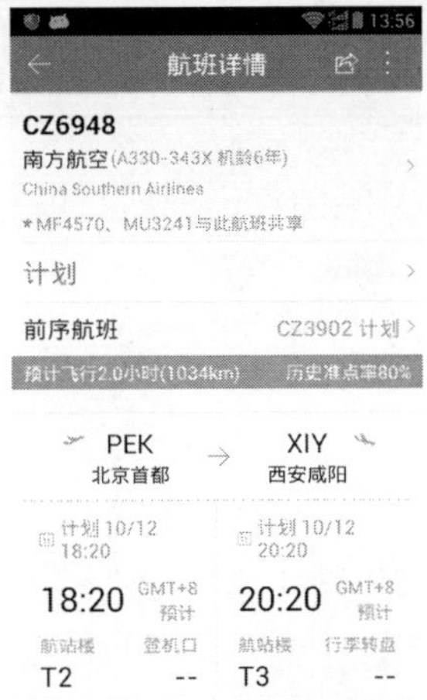

图 12-48　航班详情

例如，一个不熟悉北京和西安的用户，当需要从北京飞往西安时，可以提前预订送机和接机。点击“行程服务>转车接送机”菜单，就会进入接/送机页面。

如果需要在北京预订送机服务，只需要点击“送机”选项就会进入“送机”页面。在该页面中，选择送机城市、用车日期、用车时间、送达机场、出发地，然后再点击“去选车吧”按钮（如图 12-49 所示）就会进入选车信息页面。在该页面中，选择好合适的车型，同时输入用户的姓名和电话就会产生预订送机服务订单。在该订单里，不仅会显示出租车的服务商，而且还会显示车程数和订单总额（如图 12-50 和图 12-51 所示）。最后，只要点击“付款”按钮就可以借助于微信支付功能实现在线支付功能。由于预订接机服务与之非常类似，故不再重述。

对于一些精打细算的用户，如果感觉预订出租车比较贵的话，还可通过查看机场大巴来提前制订出行路线。点击“行程服务>机场信息>机场交通”菜单，就会进入“机场大巴”页面，如图 12-52 所示。在该页面中展示了机场大巴的各条路线，只需要手指轻轻点击就可以查看路线（机场到钟楼）的详细信息（如图 12-53 所示），不仅显示了运营时间、间隔时间和停靠车站，而且还提供了票价和咨询电话。

与海南航空所提供的微信服务功能相比，航空管家所提供的服务非常注重细节，即不仅提供了其他微信公众账号所提供的预订飞机票等功能，而且还从乘客的角度出发，提供了关注航班信息、接机、送机等功能。

图 12-49 “送机”页面

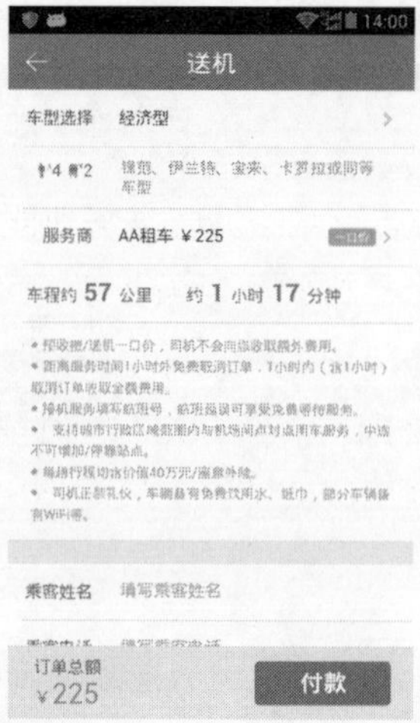

图 12-50 预订送机服务订单 1

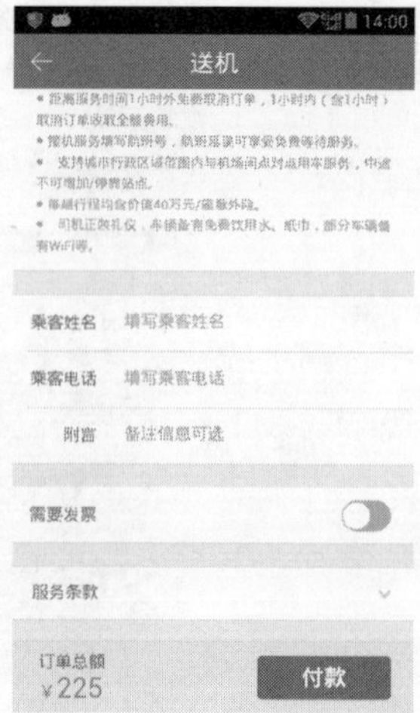

图 12-51 预订送机服务订单 2

图 12-52 “机场大巴”页面

图 12-53 “大巴详情”页面

12.9 上品折扣：融合线上和线下，积极尝试 O2O

相对国外而言，在中国的零售百货业态中，折扣业态一直是一种缺失的业态，而其中，2000 年成立的上品折扣充当了探索者的角色，是中国都市型百货折扣连锁店旗舰品牌，目前已有 8 家实体店和 1 家电子商务网站——上品折扣网。上品折扣经营的折扣百货商品，涵盖了 600 余款国内外知名品牌。目前，上品折扣在信息化和网络化方面都是零售行业中的典型，与微信合作，在 O2O 的尝试上也取得了一定成绩。

【公众号】shopin2000

微信运营概览

上品折扣旗下有 10 家实体门店覆盖京城各繁华地段，1 家面向全国的官方购物网站，网站汇聚 10 店超值商品。上品折扣为全国首家对接微信支付的百货商场。上品折扣官网上线于 2009 年 5 月，与传统百货接触电商不同的是，它从一开始就完全采用线下与线上一体化经营策略，是国内首家开设线上线下同价的百货电商平台。上品折扣开发上品 Pad 进行导购，信息化线下销售。上品折扣联手微信，探索全渠道零售。支付宝结账，提高门店收银效率。

O2O 落地

1. 上线上品折扣网，完成网络化

上品折扣官网上线于 2009 年 5 月，与传统百货接触电商不同的是，它从一开始便完全采用线下与线上一体化经营策略，是国内首家开设线上线下同价的百货电商平台。线上与线下一体化经营的好处就是可以有效地避免库存缺货或管理混乱，因为线上每卖出一件，线下实体店就会在单品管理系统中锁定该商品，并减去相应的库存数量。在 2010 年 4 月，上品折扣网系统再次升级，多店购物系统上线，而刚上线时还是单店购物系统。

依托现有的实体店连锁体系，上品折扣能够全方位地整合线下各个门店、各个品类的商品资源，最大化地吸纳实体卖场资源，让卖场在进行实体营销的同时能够充当电商平台的线下仓库，从而实现零库存与虚实一体化的电子商务模式。如图 12-54 所示为上品折扣网首页。

图 12-54　上品折扣网首页

2. 开发上品 Pad 进行导购，信息化线下销售

上品折扣借鉴了餐馆用Pad点菜的模式,开发了自主品牌上品Pad用于销售环节。上品Pad不仅可以用来采集商品数据，并且可以实现现场的物品销售，还可以充当一个库存管理工具。借助上品 Pad，上品折扣将线下的销售过程实现了信息化，提升了企业竞争力。

上品折扣于 2009 年开始大范围地为线下实体店的导购人员配备这款 Pad 设备，在经过导购员的专业培训后，现在上品折扣的 6000 名销售员已经全部能够熟练地使用上品 Pad，每个人的数据都可以对接到同一个系统中。上品折扣强制性要求所有商品的信息必须从Pad录入,其本质上就是通过Pad形成一个严格的商品数据采集机制。同时，Pad 也是一个极为有效的库存管理工具，一件商品经由 Pad 下单售出，库存信息就会在后台实时减掉，单品管理的数据化问题也由此得到解决。

如果是网购的订单，这些 Pad 同样能发挥作用，让库存变得统一起来，并且其操作流程更为简单：订单直接通过内部网络传到导购的 Pad 上，这时候导购就可以知道哪些商品被卖掉，然后把订单上的商品逐个刷完后按下“确定”，做下简单的包装，交给拣货员，就算完成网购订单的处理了。这样既有效地利用了门店作仓库的优势，减少库存压力，又不会让库存管理变得混乱。

3. 联手微信，探索全渠道零售

与支付宝联手后，上品折扣又联手微信，于 2014 年 4 月在杭州市下沙区开设了上品折扣微信体验店，这个由上品折扣与微信联合推出的 O2O 体验店彻底打破了传统商店的经营模式，将线上线下的管理系统进行了充分的打通和整合。

在这家体验店内，没有收银台，取而代之的是导购人手一个的上品 Pad，它们是用来录入顾客要买的商品信息的。当顾客选购完商品之后，交给导购，导购再将商品货号输入系统，在 Pad 上生成一个二维码。这时顾客再打开微信，扫描一下二维码（如图 12-55 所示），就能在手机上生成订单，并且进入微信支付的界面，完成支付后即可以提货离店。操作熟练的话，整个过程不到一分钟。为了帮助消费者熟悉这个新的支付方式，体验店还在每层设置了一个服务中心，而不愿意用微信支付的顾客也可以在服务台刷银行卡或者现金支付。

据悉，除了上品折扣杭州市下沙区实体店之外，在地铁广告、公交站牌、自行车亭等只要有上品折扣的二维码的地方，消费者都可直接通过微信扫描，进行购买商品。整个流程也就免去了服务员开票和用户去收银台交费的环节，能够让顾客轻松迅速地

完成整个交易过程。另外，上品折扣微信店还能通过微信，获取顾客的消费行为、会员数据等最宝贵的顾客基本信息，具备这些基本信息后，上品折扣未来可以从各种维度进行深度营销活动。

图 12-55　微信扫描二维码

12.10　春雨医生：你身边的微信医生

春雨医生成立于 2011 年，诞生于移动互联网浪潮下，是一款移动健康 App。简单来讲，春雨医生的核心功能为用户可以通过手机找到执业医师进行远程在线问答。这一模式在儿科、妇产科、皮肤科等领域获得成功。

春雨医生 2011 年上线移动 App，当时仅有"症状自查"与"咨询医生"两大主要功能。并且，当时的"咨询医生"还会限制用户的咨询次数，每天只能问一次。3 年多的时间里，"病患自查"通过累积用户提出的上百万条咨询数据，推出了"病患自查"的智能搜索引擎，而"咨询医生"已经通过众包机制做到了 24 小时随时待命的医生咨询服务，还上线了会员制。除此之外，"春雨医生"还推出了自己的健康工具、上线了资讯模块。服务不仅变得多样，并且也具有了相当的深度。

【公众号】springraindoctor

微信运营概览

春雨医生提供数据分析结果，可以让患者通过微信自我诊断，从而方便就医。春雨医生能够即时回复患者准确的诊断意见，根据不同用户特质而定的健康方案，时刻在您身边给予最佳的健康意见。别致易用，全新感觉。

O2O 落地

1. **更准确的诊断意见**

为了很好地解决患者与家人的健康问题，春雨医生提供了一个与专业医生直接对话的可能，通过详细的病情描述和直接交流，春雨医生可以即时地带给患者更准确的诊断意见，让您的身体更加健康。如图 12-56 所示，为“提问详情”截图。

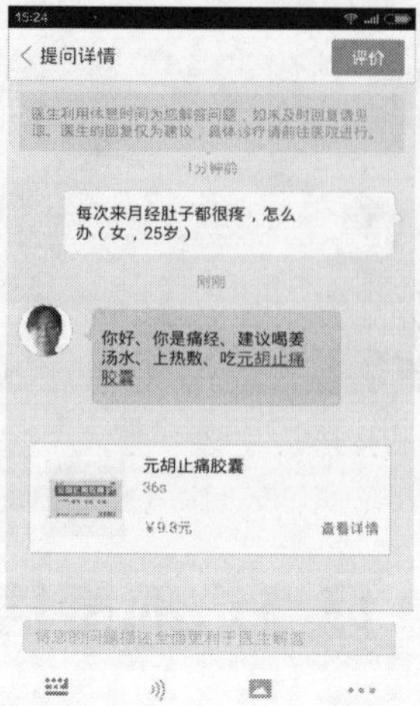

图 12-56　“提问详情”截图

2. 别致易用，全新感觉

春雨医生的“病患自查”功能是通过用户把自己的病情输入到查询栏里边，然后春雨医生会告诉用户病因、需要吃什么药等，如图 12-57 所示。

图 12-57　“自我诊断”截图

12.11　珀莱雅：陪聊式微信对话

珀莱雅作为中国领先的护肤品牌，创建于 2003 年。随着时间的推移，目前该护肤品牌已在全国 500 个城市，32 个省、直辖市和自治区建立起用户体验购买网点。

【公众号】proyachina

微信运营概览

在微信营销中，推荐采用“对话式的信息进行交流”。因为在具体的对话式，用户会将其看成是一对一或一对多的私密交流，而微信也正是由于对话关系聚集信息。用户在阅读信息时会高度集中对话的对象，因此极大地提升了用户和微信公众平台的互动性。当用户通过微信与微信公众账号对话时，该公众账号可以采用自动回复或人工回复的形式进行信息处理，珀莱雅采用了自动回复方式。

珀莱雅除了利用微信营销平台的信息发布功能外，还使用了基本会话功能，让品牌与用户之间做交换沟通，实现聊天式营销目的。聊天式营销只需在系统中设置必要的关键字，消费者在提到相关的字段时，系统便会发出与之相关的信息。这种营销方式大大地节约了广告宣传的成本，并能将品牌深入人心。

O2O 落地

添加关注后，输入一些信息，珀莱雅会在对话框中显示提示信息，为消费者提供聊天功能。根据珀莱雅的提示，在消息输入框中回复“小珀老师”，即可了解一些护肤知识，如图 12-58 所示。根据珀莱雅的提示，在消息输入框中回复“促销”，即可了解珀莱雅促销信息，如图 12-59 所示。

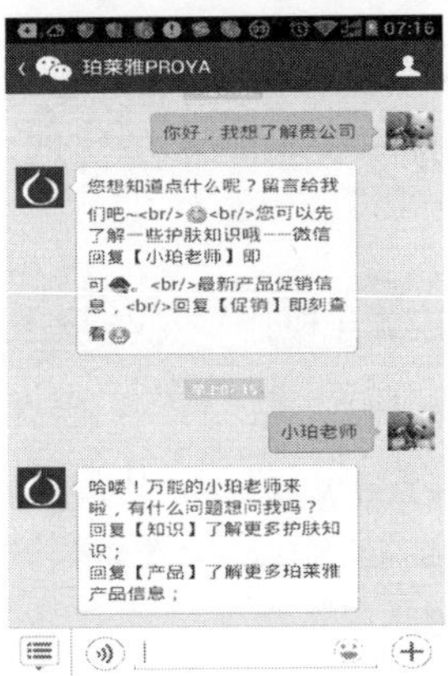

图 12-58　查询护肤知识

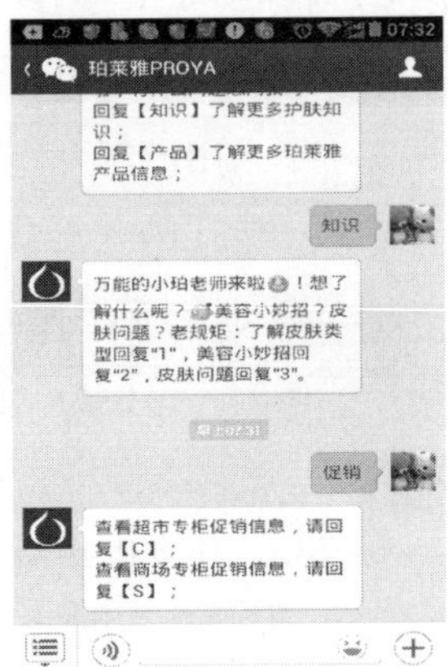

图 12-59　查看促销信息

"珀莱雅 PROYA"微信公众账号采用陪聊式微信对话方式推送信息，不仅更容易获得精准微信用户，而且还极大地保持了与用户之间的高黏性。

12.12 金鹏健身会所：健身会所微信新体验

金鹏游泳健身会所是目前泰州市高档次的综合性会员制场所，会所面积 3000 余平方米，采用理性典雅设计风格，致力打造平五星级健身会所，为顾客的健康、家庭、事业、保驾护航。

【公众号】tzjp888

微信运营概览

根据调研数据显示，61.25%的用户关注微信公众平台是出于休闲娱乐的原因；41.9%的用户关注是为了获取生活百科知识；40.86%的用户关注是为了获取时事信息、最新时事资讯；25.81%的用户关注是为了获取商家的最新动态，可以及时了解商品的促销信息，获得优惠。可以发现，微信的用途与微博有几分相似，即除了最基本的联系朋友、分享信息以外，最主要的就是用来休闲娱乐和获得资讯。由于金鹏游泳健身会所属于休闲娱乐行业，因此开通其微信公众账号非常有必要。

与"银座健身"微信公众账号相比，金鹏游泳健身会所也集成了微官网，实行会员制度。同时为了方便微信用户了解会所，该健身会所还将自己所经营的服务项目专门封装于"金鹏健身"菜单里，更方便查询和了解。

O2O 落地

对于健身行业来说，顾客不仅关心健身房的环境、教练，而且还对其所提供的服务项目比较关注。一个采用最新设计风格，聘请顶级教练，但是只设置单一的服务项目的健身房，对顾客的吸引力并不会太大。

金鹏游泳健身会所采用理性典雅设计风格，融合现代气息与都市生活的健康理念，集游泳、运动、休闲、娱乐为一体，引进全球顶级健身器械，内设游泳区、有氧训练区、形体塑造区、活力大操房、Spinning 动感单车、台球、乒乓球、网络休闲区、桑拿沐浴厅、体测中心，并推出丰富多彩的课程：瑜伽、普拉提、有氧拉丁、塑身舞蹈、肚皮舞、爵士舞、踏板操、球操、高低冲击舞步等。会所还拥有资深的教练团队，优质的服务。这些信息资讯都集成在"金鹏游泳健身中心"微信公众平台的微官网。

微信用户如果想查看金鹏游泳健身会所提供的服务项目，只需要点击“金鹏健身”菜单就可以，该菜单设置了“金鹏优越”“金鹏瑜伽”“金鹏舞蹈”和“动感单车”子菜单。如图 12-60 和图 12-61 所示的页面为该健身会所游泳项目的介绍。

图 12-60　“金鹏游泳”页面 1

图 12-61　“金鹏游泳”页面 2

“金鹏游泳健身中心”微信公众平台为了提高微信用户的阅读兴趣，采用了图文结合的形式来组织各种资讯。同时，为了扩展宣传范围，提供了“发送给好友”和“分享到朋友圈”链接，微信用户手指轻轻点击就可以分享该资讯。

12.13　搜狐视频：互动式营销

搜狐视频是中国最有竞争力和影响力的综合视频平台之一，已建成国内最大的视频资源储备库，覆盖数十万部集电视剧、电影、纪录片、动漫作品及国内外数百档综艺节目。

【公众号】souhushipin

微信运营概览

“搜狐视频”微信公众账号定位于与搜狐视频用户和潜在用户互动分享平台，旨在增加用户黏度，将潜在用户转换成普通用户，将普通用户发展成核心用户。该平台主要采用微信营销中的信息推送服务，每天为搜狐用户推送最热推荐、火爆电影、美剧大片、热播电视剧、搞笑综艺、独家动漫和音乐空间。

O2O 落地

首次关注“搜狐视频”微信公众账号后，就会弹出“自动回复”信息，提示了该微信公众平台可以实现的功能。根据“小狐”的提示，在消息输入框中回复数字“7”，就会弹出最热推荐信息列表，如图 12-62 所示。查看列表中的项目只需用手指轻轻点击即可进入，如图 12-63 所示。

图 12-62　最热推荐

图 12-63　电视剧《风中奇缘》

观看其他节目的方式与此类似，故不再重述。搜狐视频将目前主流资源划分成电影、电视剧和综艺等类别，微信用户只要输入自己想要了解内容的关键字，通过服务器分析，就会根据用户的需求自动筛选并推送给用户所需要的内容。对于微信用户来说，完全脱离电脑的限制，躺着、走着都可以观看推送内容。